ÉTICA APLICADA
———
COMUNICAÇÃO SOCIAL

ÉTICA APLICADA

COMUNICAÇÃO SOCIAL

COORDENAÇÃO
MARIA DO CÉU PATRÃO NEVES
RUI SAMPAIO DA SILVA

Título original:
Ética Aplicada: Comunicação Social

© os autores dos textos e Edições 70, 2017

Revisão: Teresa Antunes

Capa: FBA

Depósito Legal n.º 428437/17

Biblioteca Nacional de Portugal – Catalogação na Publicação

ÉTICA APLICADA

Ética Aplicada: comunicação social / coord. Maria do Céu
Patrão Neves, Rui Sampaio. – (Ética aplicada; 2)
ISBN 978-972-44-1899-5

I – NEVES, Maria do Céu Patrão, 1959-
II – SAMPAIO, Rui

CDU 17

Paginação:
EDIÇÕES ALMEDINA, S.A.

Impressão e acabamento:
PENTAEDRO, LDA.

para
EDIÇÕES 70

1.ª edição: junho de 2017

Todos os direitos reservados.

EDIÇÕES 70, uma chancela de Edições Almedina, S.A.
Avenida Engenheiro Arantes e Oliveira, n.º 11 – 3.º C – 1900-221 Lisboa / Portugal
e-mail: geral@edicoes70.pt

www.edicoes70.pt

Esta obra está protegida pela lei. Não pode ser reproduzida,
no todo ou em parte, qualquer que seja o modo utilizado,
incluindo fotocópia e xerocópia, sem prévia autorização do Editor.
Qualquer transgressão à lei dos Direitos de Autor será passível
de procedimento judicial.

Índice

Na intrincação de poderes
Maria do Céu Patrão Neves e *Rui Sampaio da Silva*   9

I
TEMAS FUNDAMENTAIS

O poder político e os *media*
Francisco Pinto Balsemão 29

O poder económico e os *media*
Alberto Arons de Carvalho. 63

Comunicação e cidadania
Luís Marques Mendes. 87

Un espacio público mundial
Daniel Innerarity 103

II
QUESTÕES ÉTICAS ESPECÍFICAS

Da objectividade dos jornalistas
Sara Pina. 131

O problema da verdade no jornalismo
José Manuel Fernandes 149

A liberdade de informação e de expressão
Diana Andringa 169

A noção de interesse público e a defesa da vida privada
Paulo Martins 191

A relação entre o jornalista e as suas fontes
Rogério Santos. 211

Valores do trabalho jornalístico
Francisco Karam. 229

Ética da comunicação governamental
José Manuel Santos e *Gisela Gonçalves* 247

III
CÓDIGOS DEONTOLÓGICOS E AUTO-REGULAÇÃO

A auto-regulação dos *media*
Joaquim Fidalgo 271

Códigos deontológicos no jornalismo: frágeis, numerosos e necessários
Rogério Christofoletti 293

A deontologia dos jornalistas portugueses
Carlos Camponez. 317

A deontologia dos jornalistas brasileiros
Luiz Martins da Silva. 335

Na intrincação de poderes

Maria do Céu Patrão Neves
Rui Sampaio da Silva

Ética Aplicada: Comunicação Social, à semelhança dos demais volumes desta colecção, dirige-se a todos os cidadãos que assumem plenamente esta condição de pertença a uma comunidade e o empenhamento na sua contínua construção e desenvolvimento, para o que carece de informação fidedigna e criticamente apresentada que lhes permita tomar posições responsáveis no exercício de uma cidadania esclarecida.

Não se trata, pois, de uma obra de carácter eminentemente deontológico, que interpele apenas os profissionais da comunicação social, todos eles já necessariamente comprometidos com a observância do código deontológico da profissão. Dirige-se-lhes também, certamente, enquanto principais responsáveis pela boa prática jornalística, o que nem o poder crescente das empresas e agências de comunicação pode minimizar ou relativizar. Por isso, contempla os códigos deontológicos, enquanto mínimos éticos a cumprir por todos os profissionais. Mas abre-se igualmente aos efectivos destinatários dos processos e técnicas de comunicação, o cidadão comum.

Afinal, toda e qualquer profissão apenas se justifica pelos benefícios que traz à comunidade. Tem sido assim ao longo da história da humanidade. Uma nova actividade humana surge quando responde positivamente ao que interpreta como uma necessidade social; desenvolve-se em número de profissionais e expande o seu domínio de intervenção à medida que a sociedade reconhece a sua pertinência e, sobretudo, a sua valia social. É sempre a sociedade, como força colectiva anónima, que decide as profissões que se extinguem, porque perderam utilidade, e as que se estabelecem, porque prestam um serviço proveitoso à comunidade. Depois, as profissões organizam-se e institucionalizam-se; segue-se o empenho na qualificação e na formação; e, também entretanto, a atenção aos procedimentos preconizados e às normas de conduta – o que assinala igualmente a maturidade de uma profissão.

No caso específico da comunicação social, a matéria-prima que trabalha, o produto que oferece é a informação, que obtém privilegiadamente, confirma e complementa, divulga e promove, suscitando o comentário e o debate que se lhe refere. O avassalador progresso técnico dos meios de comunicação da informação – o telégrafo no século XVIII, o telefone e a rádio no século XIX, a televisão e a internet no século XX – constituiu condição indispensável para o surgimento e estruturação dos actuais modelos de comunicação, ao mesmo tempo que lhes coloca novos desafios como sejam os suscitados pelo aparecimento das redes sociais e da promoção de cada cidadão a produtor e difusor de notícias. Paralelamente, a implantação, expansão e consolidação da democracia no mundo constituíram condição indispensável para o ampliamento e fortalecimento da comunicação, sendo que apenas na transição de ditaduras para a democracia a propaganda cede lugar à informação, permanecendo esta sujeita a exigentes desafios como seja o da fidelidade aos factos e à verdade, no contexto de uma objectividade em certa medida impossível e da mais recente vaga dos «factos alternativos» e da «pós-verdade». Em síntese, a evolução dos meios tecnológicos (superação de limites físicos) e a ausência de barreiras humanas (essencialmente políticas) definiram o perfil da comunicação social contemporânea, permitindo uma ampla circulação livre da informação que o cidadão requer e o profissional providencia.

Neste contexto, o jornalista pauta hoje o seu exercício profissional por rigorosas exigências estabelecidas ao nível dos conhecimentos e das técnicas, mas também requisitos ao nível da integridade das condutas. Na perspectiva restrita do profissional da comunicação social, o seu desempenho individual como também os múltiplos relacionamentos que estabelece e sustenta – desde os colegas aos administradores, desde as fontes ao público – devem observar as normativas de acção que a própria profissão elabora num processo de auto-regulação. Estas normativas, que constituem os códigos deontológicos, são de natureza ético-moral, visando a perfectibilização do carácter do profissional, e jurídico-administrativas, visando assegurar a qualidade e prestígio da profissão, prevendo estas últimas sanções para os infractores. No seu conjunto, as normas deontológicas procuram estabelecer os padrões de actuação que mantenham e reforcem mesmo a confiança dos cidadãos na profissão.

Não obstante os méritos da auto-regulação, o facto de esta se constituir num círculo fechado, num pronunciamento de jornalistas para jornalistas, expõe-na a ser exercida de forma corporativista, violando a sua finalidade; e por ser de natureza amplamente consensual e de cumprimento acessível a todos, não pode ser muito exigente e certamente não esgota os requisitos morais que se colocam a cada profissional.

E estes requisitos já não são apenas formulados pelos profissionais quando nos reportamos a sociedades democráticas, que se fundam na participação dos cidadãos na vida pública, e se caracterizam por um nível de instrução média assinalável e pelo activismo dos cidadãos, quer através do desenvolvimento do associativismo, quer de iniciativas sociais *ad hoc*. Neste contexto, também os destinatários da actividade profissional se podem e devem pronunciar sobre as condutas que preconizam; também e sobretudo todos os que interagem com esta actividade, todos os que nela estão implicados e por ela são afectados, se podem e devem pronunciar. No caso da comunicação social os potenciais intervenientes são, afinal, todos os cidadãos. Daí o surgimento das éticas aplicadas, na década de sessenta do século passado, as quais, de acordo com a sua designação, se aplicam a uma actividade socioprofissional, não a partir da perspectiva restrita do profissional, auto-reguladora, mas da perspectiva alargada da sociedade, hetero-reguladora. Trata-se da aplicação da moral comum a uma actividade profissional particular.

Uma ética aplicada é sempre uma hetero-regulação, e num regime democrático nenhuma profissão pode ser exclusivamente auto-regulada pela simples razão de que nenhuma se exerce para se servir, mas para servir a sociedade, sendo que os cidadãos têm uma palavra a dizer sobre o serviço que lhes é prestado. É desta forma também que se exerce o poder dos cidadãos sobre a comunicação social.

Justificamos, deste modo, por que *Ética Aplicada: Comunicação Social* se dirige a todos os cidadãos ao mesmo tempo que interpela os profissionais, e também por que, tendo a ética aplicada aos *media* surgido como garante da legitimidade dos poderes instituídos, deve cada vez mais tornar-se expressão genuína do poder dos cidadãos para garantir a sua própria legitimidade.

Esta obra começa por destacar alguns dos poderes mais preponderantes que se intersectam com os *media*, como são o político e o económico. Francisco Pinto Balsemão desenvolve uma aprofundada reflexão sobre as intrincadas relações entre «O poder político e os *media*», guiada pela questão: *o que são e o que vão ser os* media *no século* XXI? Partindo da constatação de que ao mesmo tempo que é manifesto o crescimento galopante dos novos *media*, os dados estatísticos comprovam o declínio dos *media* clássicos (inclusive nas suas versões digitais), o autor destaca o constante reforço do papel das redes sociais enquanto transmissoras de notícias (com os riscos daí resultantes), e alguns desenvolvimentos como as *chat apps* e os *chatbots*. E, todavia – defende –, o jornalismo e os *media* clássicos continuam a ser indispensáveis pelo tratamento ético, rigoroso e desenvolvido da informação, a salvaguarda da liberdade de expressão e a fiscalização dos poderes públicos e também de organizações económicas, exercendo-se, neste âmbito, como um contrapoder legitimado pelo público. Pinto Balsemão conclui que, «com o avolumar da informação, verdadeira e falsa, e a velocidade da sua circulação» e com as falhas flagrantes de algoritmos utilizados por empresas como o Facebook ou o Google, se torna essencial uma «função de legitimação informativa» que só pode ser devidamente exercida pelos *media* de qualidade.

«O poder económico e os *media*» é analisado por Alberto Arons de Carvalho a partir da «liberdade de empresa», que ele considera insuficiente para proteger a actividade jornalística de pressões económicas que ameaçam a autonomia, a independência e o pluralismo dos *media*. Apresenta assim quatro princípios que devem regular a relação entre os *media* e o poder económico para salvaguardar a integridade do jornalismo: transparência, especialidade, não concentração e independência, sendo este último particularmente desenvolvido pela diversidade de domínios a que se aplica. O autor reflecte então sobre alguns aspectos específicos como o apoio estatal à imprensa local e regional ou a órgãos dirigidos a públicos minoritários, desde que tal responda ao interesse público e vise promover o pluralismo dos *media*. «A liberdade de imprensa já não constitui apenas uma liberdade perante o Estado, mas também através do Estado», devendo a intervenção do Estado ser regulamentada sem ferir o princípio de independência. Também a publicidade, enquanto modalidade de comunicação, deverá ser regulada por princípios como os de licitude, veracidade e identificabilidade. Outra esfera fundamental de protecção dos *media* perante interesses económicos é a dos direitos e garantias que promovem a autonomia e a participação dos jornalistas nas empresas de comunicação social.

Às reflexões sobre os poderes político e económico e os *media*, seguem-se dois trabalhos sobre o poder dos cidadãos.

O exercício da cidadania requer uma comunicação social que informe os cidadãos e promova o debate sobre assuntos públicos, sendo a partir deste facto que se desenvolve a reflexão de Luís Marques Mendes em «Comunicação e cidadania». O autor destaca dois períodos marcantes nas três décadas que se sucederam à revolução de 25 de Abril: um de consolidação da liberdade de informação (anos setenta e oitenta), não obstante a existência então de pressões políticas sobre as redacções; e outro de liberalização da comunicação social (anos noventa), que enriqueceu a vida cultural e o debate público. Marques Mendes detém-se também nos actuais desafios da comunicação social, como os gerados pela fulgurante expansão dos novos *media*, que obrigam os tradicionais a reforçar a análise e a contextualização das notícias, bem como sobre o jornalismo de investigação, realçando ainda os benefícios da actual mudança estrutural da comunicação social, sendo disso exemplo a existência de uma informação mais diversificada e especializada. O autor alerta por fim para os perigos que ameaçam a idoneidade da comunicação social – o imediatismo, a concorrência desenfreada, o populismo ou a interferência do poder económico – e sublinha a necessidade de uma melhor regulação dos *media*.

Em «Un espacio público mundial», Daniel Innerarity sublinha que a globalização teceu uma rede de interdependências e tornou premente a necessidade de estratégias comuns para resolver problemas globais e para cultivar os bens públicos das nossas sociedades, os quais deixaram de ser apenas «bens soberanos», decididos no seio de um Estado-nação. Problemas relacionados com mudanças climáticas, segurança ou desenvolvimento económico requerem hoje uma «inteligência cooperativa» e um esforço conjunto da humanidade. Por analogia com a governação nacional, a promoção dos «bens públicos globais» requer cooperação intergovernamental e instâncias de representação que transcendem as fronteiras nacionais, bem como a constituição gradual de um espaço público mundial habitado por novos actores, que «vigiam e denunciam», e dominado por um novo sujeito, a humanidade global. A promoção de bens comuns e o surgimento de organizações internacionais que estendem o seu poder aos espaços nacionais tornam necessárias novas formas de legitimação política num «mundo sem arredores», onde se esbate a distinção entre o interesse particular e o comum. Os *media* têm, naturalmente, um papel de grande responsabilidade na constituição deste espaço público transnacional.

Estes temas fundamentais e transversais à comunicação social constituem o amplo enquadramento para a compreensão de alguns dos principais problemas de natureza ética que se destacam na segunda secção.

Esta começa por incidir sobre o problema absolutamente essencial «Da objectividade dos jornalistas» que Sara Pina analisa sob uma dupla perspectiva, como problema simultaneamente epistemológico e ético na prática do jornalismo: epistemológico, porque a possibilidade de um conhecimento objectivo tem sido amplamente debatida nos domínios da ciência e da filosofia por críticos do ideal de objectividade e defensores de concepções não ingénuas de objectividade; ético, na medida em que o abandono do ideal de objectividade pode abrir as portas a uma contaminação e, eventualmente, a uma manipulação ideológica da informação jornalística. A autora analisa as motivações e origens históricas do ideal de objectividade no jornalismo, destacando igualmente as suas dificuldades e salientando que o jornalista acede à realidade condicionado pelas suas circunstâncias pessoais, sociais e culturais. O acontecimento mediático, longe de ser um facto bruto, resulta de operações de interpretação, contextualização e articulação linguística. Apesar das dificuldades teóricas inerentes ao ideal de objectividade, os deveres de exactidão e rigor, bem como a distinção entre informação e opinião, são amplamente reconhecidos no universo dos códigos deontológicos do jornalismo, existindo procedimentos investigativos que podem guiar os jornalistas no cumprimento destes deveres.

José Manuel Fernandes prolonga esta temática através da abordagem específica de «O problema da verdade no jornalismo». A partir de dois exemplos históricos, mostra como a própria escolha de títulos noticiosos mina o ideal ou, nas palavras do autor, o «mito» da objectividade; afinal, a visão jornalística da realidade é sempre selectiva, inevitavelmente tingida por juízos de relevância. A este respeito, José Manuel Fernandes distingue as noções de objectividade e de isenção: a primeira é, em rigor, inatingível, devido à nossa subjectividade; a segunda, decorrendo da consciência de que não há um acesso puro, não-interpretativo, à realidade, conduz à realização de «um esforço acrescido de imparcialidade», ancorado nas regras e métodos desenvolvidos pela profissão jornalística. O jornalista, tendo perdido «o monopólio da intermediação», torna-se «aferidor» da informação e «explicador» do seu sentido, o que reforça o seu papel de intérprete, e não de mero cronista dos acontecimentos. Como avaliar então o papel da verdade no jornalismo? Invocando Carl Bernstein, o autor defende que no jornalismo se aspira à «melhor versão alcançável [*obtainable*] da verdade», dado que o texto jornalístico é o resultado de um conjunto de escolhas sobre o que deve ser noticiado e descrito.

Diana Andringa, em «A liberdade de informação e de expressão», reflecte sobre um dos temas clássicos da ética da comunicação social, analisando vários casos em que, ao abrigo da liberdade de informação, se transgride normas deontológicas relativas, por exemplo, à defesa da privacidade, à presunção de inocência e à não-estigmatização de minorias. Neste contexto, destaca a perda progressiva de terreno da política em benefício de histórias do quotidiano, o que também constitui um problema de natureza ético-deontológica. A análise da autora não recai, porém, apenas sobre os profissionais, mas contempla também os cidadãos que, beneficiando das novas tecnologias da comunicação, actuam hoje como jornalistas sem terem o devido conhecimento dos princípios éticos da profissão. Ainda ao nível do público, a autora chama a atenção para os abusos da liberdade de expressão que, a coberto do anonimato, ocorrem frequentemente nas colunas de comentários disponibilizadas por órgãos de comunicação online e que estão sujeitas a um escrutínio bem menos rigoroso do que a tradicional carta do leitor. O texto aborda igualmente o problema cada vez mais relevante das falsas notícias, que só pode ser resolvido satisfatoriamente com a tomada de consciência, por parte do público, da importância de um jornalismo fidedigno, o qual tem de ser pago.

«A noção de interesse público e a defesa da vida privada», por Paulo Martins, vem precisamente na sequência do tema anterior como exigência que se coloca à liberdade jornalística de distinguir o que é do interesse público, e lhe compete divulgar, e o que é vida privada, e que deve manter reservada. Tal como salienta o autor, não é fácil circunscrever de forma rigorosa a esfera privada: por um lado, diferentes tradições culturais podem delimitá-la de modo distinto; por outro, a própria noção de privacidade envolve várias dimensões que devem ser distinguidas. Paulo Martins analisa, de forma precisa e aprofundada, a noção de interesse público, frequentemente invocada, mas raramente definida de forma adequada. O «interesse público» não pode ser confundido com o «interesse do público», com o que o público quer saber, devendo ser fundamentalmente determinado pela relevância dos assuntos para a vida pública (como é notório no caso de questões de segurança e saúde públicas, bem como da denúncia de violações da lei) e para a tomada de decisões informadas e conscientes por parte dos cidadãos. Também importante nesta reflexão é a preocupação em distinguir diferentes categorias de indivíduos – desde «figuras públicas» a «cidadãos anónimos» – a que correspondem diferentes graus de protecção da privacidade.

Uma outra perspectiva sobre a gestão da informação jornalística é a que incide sobre «A relação entre o jornalista e as suas fontes», tema que Rogério Santos desenvolve cobrindo uma diversidade assinalável de fontes: «jornalistas, porta-vozes de instituições e organizações governamentais, porta-vozes de instituições e de organizações não-governamentais, cidadãos individualizados». Partindo, por um lado, de um esclarecimento das noções-chave de cultura jornalística e noticiabilidade e, por outro, de uma descrição das rotinas, interesses e tipos de fontes noticiosas, o autor analisa os problemas deontológicos subjacentes ao relacionamento entre os jornalistas e as fontes, na intersecção entre o poder das fontes e a necessidade que delas tem o jornalista. Destaca, então, as tensões e a natureza por vezes conflitual de tal relação (bem patente na tentação que a fonte política pode ter de usar o jornalista como mero instrumento difusor de informação politicamente favorável), mas também a possibilidade de um relacionamento ético e deontologicamente correcto, pautado por factores como «confiança, compreensão pelo papel do outro, respeito pelas diferenças e interesses». O artigo termina com a análise de alguns casos ilustrativos de problemas éticos característicos da relação entre os jornalistas e as suas fontes.

Esta secção dedicada a problemas da ética da comunicação social encerra com dois trabalhos que incidem fortemente sobre os valores que estruturam a ética da comunicação social, assim procedendo à passagem para a terceira secção, de natureza deontológica e especificamente dedicada à prática profissional.

Em «Valores do trabalho jornalístico», Francisco Karam oferece uma perspectiva sobre o *ethos* profissional do jornalismo, enquadrada historicamente e baseada em valores fundamentais da profissão: o *interesse público*, «primeiro grande valor do jornalismo moderno»; a *credibilidade* e a *legitimidade*; a *honestidade*, «com os leitores, com o público e consigo mesmo»; a *independência* perante o poder político e económico, perante pressões e aliciamentos; e a *responsabilidade*, que deve ser entendida não apenas como uma avaliação das consequências do trabalho jornalístico, mas também como uma prestação de contas perante o público (no sentido de *accountability*). Perante as dificuldades e os limites com que os jornalistas frequentemente se confrontam na sua defesa dos valores basilares da profissão, Francisco Karam afirma sugestivamente que «os valores não devem ser abandonados; os limites é que precisam de ser ultrapassados». O autor salienta ainda o papel da teoria ao nível da crítica e do aperfeiçoamento das práticas jornalísticas, num esforço que «envolve história, valores e *ethos* profissional».

José Manuel Santos e Gisela Gonçalves, em «Ética da comunicação governamental», começam por sublinhar que os governos, sendo entidades simultaneamente públicas e políticas, geram tensões ao nível da comunicação governamental, fazendo-a oscilar entre um irresistível marketing político e a função mais nobre de informar os cidadãos e promover uma comunicação bidireccional. O lado mais sombrio da comunicação política é ilustrado pela figura do *spin doctor* – especialista de comunicação que manipula os jornalistas e o público. Já no que se refere aos critérios de avaliação da comunicação política, os autores adoptam uma ética das virtudes como quadro de referência porque, em vez de centrar a análise ética nas consequências da acção (utilitarismo) ou numa lista de deveres (ética deontológica), se deveria ver no carácter do agente o verdadeiro fundamento da vida moral. Distanciam-se assim: do utilitarismo porque uma «análise pura e dura de custos e benefícios» orientada para o bem global da sociedade pode conduzir à relativização de valores e normas morais e a uma insuficiente defesa das minorias; mas também da ética deontológica pelas dificuldades de aplicação de normas gerais abstractas. No domínio da comunicação política, a ética das virtudes apostaria no desenvolvimento de virtudes como a veracidade, a coerência ético-política e a fiabilidade dos agentes.

Na terceira secção, intitulada «Códigos deontológicos e auto-regulação» quisemos reunir as perspectivas portuguesa e brasileira para que um público mais alargado identifique os requisitos éticos essenciais, que são afinal partilhados, estando, aliás, em conformidade com a Declaração dos Direitos Humanos.

Joaquim Fidalgo, em «A auto-regulação dos *media*», analisa as funções da auto-regulação, entendida como «a definição, aceitação e implementação voluntária de um conjunto de princípios e regras de conduta por parte dos seus directos intervenientes». A auto-regulação nasce da tentativa de conciliação de liberdade e responsabilidade no exercício do jornalismo, bem como da preocupação em o blindar contra pressões políticas e económicas. Entretanto, atendendo aos limites de uma regulação ética confiada exclusivamente aos profissionais da comunicação social, tornou-se comum uma «co-responsabilização» dos poderes públicos na regulação dos *media*; também o público, longe de ser hoje um mero receptor de informação, passou a ser reconhecido como um actor de pleno direito, alargando-se, assim, o âmbito da auto-regulação, que inclui códigos deontológicos, livros de estilo, conselhos de redacção, provedores, conselhos de imprensa ou associações de *media watching*. E face às críticas de ineficácia por vezes dirigida à auto-regulação, o autor sublinha que a censura moral do jornalista pelos seus pares não é irrelevante; além disso, a acção conjugada dos mecanismos de auto-regulação associada a outros mecanismos de regulação, que salvaguardem a liberdade dos *media*, contribui eficazmente para a sua credibilidade e responsabilidade.

A reflexão prossegue naturalmente para a apreciação dos códigos deontológicos em vigor: primeiro os internacionais e depois o português e o brasileiro.

Rogério Christofoletti, em «Códigos deontológicos no jornalismo: frágeis, numerosos e necessários», partindo de uma clarificação da natureza e funções dos códigos deontológicos, destaca os principais resultados dos estudos comparativos de códigos deontológicos internacionais, nomeadamente a tendência comum a nível mundial da preferência por recomendações em vez de sanções; uma reduzida atenção dada aos problemas colocados pelos novos *media*; e a centralidade atribuída às noções de verdade e interesse público. Este último ponto é objecto de uma interessante análise pelo autor, que alerta para o facto de o interesse público ser frequentemente invocado para justificar práticas eticamente questionáveis. Em sintonia com o texto de José Manuel Santos e Gisela Gonçalves, o autor apela também à ética das virtudes, por entender que um mero conjunto de regras ou normas é por si só insuficiente para regular a acção. Uma educação apropriada que desenvolva as virtudes necessárias para a promoção dos bens inerentes a uma prática (neste caso, a do jornalismo) seria, assim, fundamental. Na parte final do seu artigo, e denotando a inspiração em autores como Strentz, Herrscher, Ward e Wasserman, Rogério Christofoletti explora a possibilidade de elaboração de um conjunto de valores e normas deontológicas universalmente válidas.

Carlos Camponez, em «A deontologia dos jornalistas portugueses» identifica uma «crise no *dever* da auto-regulação dos jornalistas portugueses», destacando os anos noventa do século XX como «o período de apogeu e queda da expressão do papel da deontologia e da auto-regulação entre os jornalistas». Um marco então importante foi a substituição do Conselho de Imprensa pela Alta Autoridade para a Comunicação Social, que deixou um vazio regulatório em parte ocupado pelo Conselho Deontológico do Sindicato dos Jornalistas, entidade que aprovou o Código Deontológico do Jornalista em 1993, um instrumento de auto-regulação frágil por se cingir apenas aos membros do Sindicato. Posteriormente, a perda de influência dos jornalistas nas redacções e a redução da percentagem de jornalistas sindicalizados erodiram ainda mais a eficácia da auto-regulação, o que motivou «o regresso do poder regulador do Estado». Hoje, o sistema português reconhece competências de âmbito deontológico à Comissão da Carteira Profissional de Jornalista, à Entidade Reguladora da Comunicação Social e ao Conselho Deontológico do Sindicato dos Jornalistas. Considerando os desafios e desenvolvimentos recentes do jornalismo contemporâneo, Carlos Camponez defende a actualização do código deontológico português a partir de uma reflexão sobre novos problemas ético-deontológicos.

De forma análoga, Luiz Martins da Silva, em «A deontologia dos jornalistas brasileiros», analisa, sob uma perspectiva deontológica, a história recente e a situação actual do jornalismo brasileiro, elaborando um diagnóstico crítico em que se destaca: a vulnerabilidade da comunicação social a interesses e pressões; a fragilidade regulatória de entidades como a Empresa Brasil de Comunicação, sem independência política, e o Conselho de Comunicação Social «pouco visível, pouco actuante»; e um défice no relacionamento entre os cidadãos e os *media*. O autor considera ainda que foi já neste século que a comunicação social brasileira sofreu os «mais sérios abalos institucionais», exemplificando com o fim da Lei da Imprensa, a qual, apesar dos seus defeitos, era um instrumento de regulamentação. A Federação Nacional de Jornalistas é hoje a guardiã da ética jornalística no Brasil, não obstante a ausência de poder sancionatório do seu Código de Ética, «em nome de uma ampla e irrestrita liberdade de expressão» e de «uma certa leniência para com os jornalistas a serviço de assessorias de imprensa». Numa visão mais optimista, o autor termina destacando vários desenvolvimentos positivos, como a prática de *media watching*, progressos na formação académica dos jornalistas e um crescente reconhecimento da importância da deontologia do jornalismo.

O percurso realizado evidencia que as preocupações especificamente deontológicas e o compromisso com a auto-regulação, tal como as questões éticas suscitadas pela prática jornalística e a necessidade de integração de uma hetero-regulação cidadã, são rigorosamente imperativas para o exercício da comunicação social como um quarto poder ou como um contrapoder – de acordo com a perspectiva que se adoptar – e, em qualquer dos casos, como um poder entre poderes.

É óbvio que, como quarto poder, a comunicação social se soma aos poderes instituídos, podendo disputar um espaço de intervenção e competir por protagonismo e autoridade; enquanto, como contrapoder, a comunicação social circunscreve os demais poderes à sua respectiva esfera de competência e controla o exercício dos mesmos em função da missão legitimadora de cada um. O traço de separação entre estes dois estatutos radicalmente distintos nem sempre é igualmente óbvio. Uma necessária supervisão democrática por parte da comunicação social sobre os poderes instituídos (na sua assunção como contrapoder) pode facilmente resvalar para uma indesejável sobreposição quando não usurpação desses poderes (já não apenas na sua assunção como quarto poder, mas na disputa pelo primeiro poder): o trabalho da comunicação social, no modo de obter e transmitir informação, pode influenciar a orientação da elaboração de leis (poder legislativo), bem como as modalidades da sua aplicação e mesmo as agendas da governação em geral (poder executivo) e ainda a percepção do sentido de justiça e dos pronunciamentos expectáveis (poder judicial). Por outro lado, uma supervisão democrática sobre a própria comunicação social, que então se imporia, é escassa em recursos, quando proporcionalmente considerados com o poder sobre que incidem; além de que o princípio axial da liberdade de expressão da comunicação social inviabiliza qualquer intervenção, percepcionada como ingerência, e neutraliza qualquer crítica a procedimentos, apresentada como opção editorial.

É neste contexto que a idoneidade deontológica de empresas e profissionais e o empenho numa auto-regulação e no seu estrito cumprimento poderão contribuir decisivamente para o exercício da comunicação social como um contrapoder, enquanto regulador democrático dos demais poderes; é ainda neste contexto que o contributo dos cidadãos, através da manifestação das exigências éticas da sociedade, que uma hetero-regulação efectiva, poderá contribuir decisivamente para o exercício da responsabilidade social que compete à comunicação social enquanto poder. A responsabilidade é a única modalidade ética do exercício do poder.

Esta responsabilidade ganha um peso acrescido se considerarmos que a comunicação social, além do poder que lhe assiste, apropriado ou próprio, decorrente das zonas de interpenetração com os outros poderes, exerce sempre um domínio ímpar como espaço privilegiado de formação e transmissão de valores.

A este nível, a comunicação social pode desenvolver uma pluralidade de acções de sentidos divergentes: pode dar expressão aos valores constituintes da moral comum e assim também aos principais grupos sociais que a protagonizam na justa proporção do peso que têm nessa mesma sociedade, contribuindo para a educação das gerações mais jovens e para a paz social; pode também, e concomitantemente, dar expressão a novas propostas axiológicas, frequentemente controversas, pela sua natureza ou apenas pela novidade que suscita invariavelmente apreensão, promovendo o debate crítico plural, e assim associando uma força transgressora, obreira da evolução dos costumes, à firmeza das convicções que confere tranquilidade à prática quotidiana; mas pode também optar por uma direcção comercialista que forneça os conteúdos que angariam um maior número de clientes e assim atraia um maior volume de publicidade, independentemente das mensagens transmitidas e sendo que estas tendem então a roçar o aberrante para se revestirem do sensacionalismo necessário para a prossecução desta directriz; e pode ainda adoptar uma orientação ideológica particular que envicse a apresentação dos factos como a produção de opiniões, forjando realidades e induzindo percepções, expondo-se ao risco de se perder como acção de formação cívica para se converter num instrumento de acção política e de, assim, resvalar para o mero estatuto de propaganda.

Não é este o espaço para desenvolver cada uma destas, entre outras possíveis, vertentes de actuação da comunicação social, no auto-reconhecimento do seu poder e assunção da sua responsabilidade social, e avaliando as suas opções na fidelidade à sua finalidade específica e nas consequências dos seus procedimentos. Importa-nos tão-somente afirmar que não há decisões axiologicamente neutras e evidenciar o domínio da comunicação social como um laboratório de valores. É a comunicação social que selecciona o que lança para o espaço público, o contexto em que o faz, a perspectiva que lhe imprime, a insistência que lhe atribui, etc. E se o novo tende a provocar rejeição, o banalizado tende a ditar aceitação. Porque o cidadão comum tende a consumir acriticamente o que lhe é fornecido, até mesmo pela ingénua convicção de que o que a comunicação social divulga constitui a mais plena verdade; porque tende naturalmente a utilizar a informação mediatizada para se enaltecer como situando-se na vanguarda das ideias e dos costumes; porque, simultaneamente, tende a recear a crítica do que lhe é dado percepcionar como sendo a opinião pública da qual não quer ficar à margem... De facto, a comunicação social tende a unificar o espaço público através de uma via absolutamente contrária à que preconiza: reduzindo a diversidade de opiniões e assim o pluralismo característico das sociedades democráticas, ao instaurar um modo correcto de pensar, que divulga, e apontar os modos incorrectos de pensar, que critica; ao preconizar um modo correcto de agir, que promove, e acusar os modos incorrectos de agir, que denuncia.

Além do sucinto delinear da relação da comunicação social com os poderes – em que esta joga verdadeiramente o seu perfil –, a não menos sucinta reflexão sobre a influência da comunicação social já não apenas junto das instituições mas também junto dos cidadãos – em que assume a sua missão –, conduz-nos a reiterar que só a assunção da responsabilidade social por parte da comunicação social fundamenta eticamente a sua acção, para o que uma efectiva cidadania contribui igualmente.

I

TEMAS FUNDAMENTAIS

O poder político e os *media*

Francisco Pinto Balsemão
Grupo Impresa

1. Não existe liberdade de informação em boa parte do planeta

Na abordagem de «O poder político e os *media*», é necessário, antes do mais, ter presente que, em pleno século XXI, não existe liberdade de informação em muitos países do mundo. Em África, na Ásia, no Médio Oriente, na América Latina e na própria Europa, grande parte da população mundial está privada, pelo poder político, de aceder às notícias e opiniões que constituem a essência do jornalismo livre.

As modalidades de intervenção variam, mas bastará recordar o que sucede na China ou na Rússia para constatarmos que, nesses e em muitos outros países, os *media*, incluindo sites e blogues e as próprias redes sociais, estão impedidos de exercer as suas funções. Além de disposições legais limitativas da propriedade dos *media* e do seu desempenho quotidiano, há jornais, rádios ou televisões que são fechados, jornalistas torturados, assassinados ou detidos, proprietários perseguidos e arruinados, etc. Isto sucede hoje, quase diariamente, nas mais diversas latitudes e longitudes.

Portugal sofreu os efeitos da censura de poder político aos *media* durante mais de 40 anos. E para que se entenda, mais em pormenor, como funcionavam os mecanismos castradores da liberdade de informar, transcrevo parte da introdução que escrevi, em 2013, para o livro *O Que a Censura Cortou*:

> Quarenta anos decorridos sobre a saída do n.º 1 do *Expresso*, interrogo-me sobre como conseguíamos ter o jornal à venda todos os sábados. As intervenções da Censura, que então se chamava oficialmente Exame Prévio, eram tão frequentes, tão drásticas, tão em cima da hora de fecho e às vezes tão inesperadas (por se aplicarem a matérias aparentemente inofensivas), que, na sexta-feira à noite, tínhamos quase sempre de mexer em várias páginas, para substituir notícias ou artigos que haviam sido cortados ou suspensos. [...]
>
> Estas actividades, que implicavam delicadas opções de carácter editorial, tinham de ser efectuadas com enorme rapidez. O grosso das decisões relevantes da Censura chegava ao fim da tarde, princípio da noite, de sexta-feira, dia de fecho do jornal, e os censores sabiam que quanto mais tarde recebêssemos as suas decisões sobre as provas que éramos obrigados a enviar-lhes, mais dificultavam a impressão e a distribuição do *Expresso*.[1]

Readquirida a liberdade de informação, embora com limites ou condicionantes a ter presentes, não podemos comodamente esquecer o muito que padecemos com a censura no século XX.

---

[1] PINTO BALSEMÃO, Francisco, «O 25 de Abril Salvou o Expresso», *in*: CASTANHEIRA, José Pedro, *O Que a Censura Cortou*, Lisboa, Expresso, 2013.

Por isso, também, não podemos ignorar que a luta pela liberdade de informação está longe de uma vitória à escala planetária. Devemos noticiar, denunciar e criticar os abusos e violações cometidos pelo poder político, não apenas em grandes potências, como as já mencionadas China e Rússia, mas também noutros países, da Venezuela à Turquia ou à Hungria, do Irão à Argélia ou à Guiné Equatorial. Devemos apoiar movimentos e associações, como os Repórteres sem Fronteiras, o IFEX (International Freedom of Expression Exchange), o IPI (International Press Institute) ou a SEEMO (South and East Media Organization), que ajudam os que lutam no terreno contra os abusos e pela melhoria de condições do exercício do direito a informar.

A única consideração ética, aplicável a todas as actuações do poder político restritivas da liberdade de informação, é a sua condenação por palavras e actos que possam conduzir a uma melhoria das condições do exercício, pelos *media*, das funções que lhes competem numa sociedade democrática.

Haverá cambiantes consoante cada caso. Existirão situações em que os regimes dêem sinais de avanço em direcção à liberdade de informação e aí haverá que apoiá-los e ajudá-los nas várias etapas a percorrer, como sucedeu a seguir à queda do Muro de Berlim, com alguns dos países que saíam da órbita soviética ou em fases pós-ditadura em países da América Latina. Mas, em termos genéricos, há uma luta que tem de continuar a ser travada, porque existe uma causa que está longe de ser vencedora.

Acresce que, mesmo nos países onde se pode dizer que vigora o regime democrático, nunca se pode dar como garantida a liberdade de informar e de ser informado, porque subsistem tentativas de intervenção por parte do poder político e de outros poderes.

2. O que são (e o que vão ser) os *media* no século XXI?

Na abordagem do nosso tema há uma segunda questão prévia que deve ser esclarecida: o que são e o que vão ser os *media* no século XXI?

A pergunta é pertinente. Os *media* ditos clássicos (*legacy media*) – a Imprensa, a Rádio, a Televisão e mesmo as respectivas versões digitais – tendem a perder influência, quando não a desaparecer, na sociedade em que vivemos. Esta tendência é mais visível na Imprensa: os jornais diários, os semanários, as revistas vendem cada vez menos exemplares e vêem as suas receitas publicitárias diminuir.

Os números quanto à circulação paga são reveladores. Em Portugal, entre Janeiro e Junho de 2013, a circulação paga acumulada do mercado total era de 101 849 772 exemplares (com 102 publicações); no mesmo período de 2016, passa para os 80 711 859 exemplares (com 85 publicações). No primeiro semestre de 2016, a quebra de circulação paga acumulada das publicações Impresa foi de 8,8%, face ao primeiro semestre de 2015. A queda das receitas de publicidade é semelhante com o investimento em Imprensa a baixar 19,2% entre Janeiro e Setembro de 2015 e 2016.

Este fenómeno não é exclusivamente português. Ocorre em todo o mundo, desde países com maior nível de desenvolvimento, como os Estados Unidos da América ou o Reino Unido, até países como o Brasil ou a Argentina.

Na televisão, os números não são tão assustadores. As televisões generalistas gratuitas perdem audiência para os canais pagos distribuídos por cabo ou satélite e para iniciativas que vão proliferando de OTT (*Over the Top Television*), que permitem aceder a programação linear ou a conteúdos à escolha (VOD – *Video on Demand*), através de *streaming* obtido directamente via internet (como o Netflix, mas também a Amazon, e até algumas empresas de televisão clássica, como a BBC, através dos *iPlayers*). Além disso, há a concorrência, em tempo ocupado pelo consumidor e em capacidade de resposta e de iniciativa, das redes sociais.

Em Portugal, houve uma transferência de audiência das televisões generalistas para os canais temáticos. Em termos médios, de 2015 para 2016, verificou-se uma descida de 7% no consumo de canais generalistas (–77 600 indivíduos) e um aumento de 11,4% no consumo de canais temáticos (+66 500 indivíduos). Não obstante, a audiência total de televisão (generalista + temáticos) subiu 1,2% (+22 600 indivíduos), de 2015 para 2016, devido a um aumento de 16,6% no consumo de «outros» – que incluem, nomeadamente, o consumo em diferido.

No que se refere à publicidade televisiva, a tendência recente, em Portugal, é de ligeira subida: mais 5,2% de Janeiro a Setembro de 2016, em comparação com o mesmo período de 2015, crescendo a televisão generalista (*Open TV*) 4,1%, 147,5 milhões de euros, e a televisão por cabo 10,5%, 33 milhões de euros. Isto, apesar de a publicidade digital ter subido 21,9% e já representar um montante investido superior à soma do investimento na Imprensa e na Rádio (56,6 milhões de euros contra, respectivamente, 28,5 e 22,9 milhões de euros). Só que o grosso da publicidade digital (70% a 80%) vai para o Google, o Facebook, o Snapchat, etc., não para os *media* portugueses.

Atendendo a que esta repartição desequilibrada acontece na maioria dos países, será que Ian Bogost tem razão quando afirma que: «[visto que] quase todas as receitas do Google ou do Facebook provêm da publicidade, pode dizer-se que, por esse critério, estas empresas se integram na indústria dos *media*, com um foco no "broadcasting" e no entretenimento»[2]?

---

[2] BLOST, Ian, «Facebook Is Not a Technology Company», *The Atlantic*, 3 de Agosto de 2016. Disponível em: http://www.theatlantic.com/technology/archive/2016/08/facebook-is-not-a-technology-company/494183/.

A questão não é pacífica porque faltam critérios editoriais, jornalísticos ao Google e ao Facebook e não são os respectivos algoritmos que os podem aplicar.

Este panorama não é estático. Nas 24 horas do dia, além das tarefas rotineiras (dormir, comer, trabalhar, etc.), as pessoas continuam a dispor do mesmo tempo mais ou menos livre para a informação, o entretenimento e a interacção. Só que, com o aparecimento e crescimento da internet, mudaram os seus hábitos: consomem informação e entretenimento como, quando e onde querem, habituaram-se a não pagar pelos conteúdos e passaram elas próprias a produzir e distribuir conteúdos. Acresce que surgiu, entretanto, um fenómeno a que Nicholas Carr chamou «divided attention disorder»[3]: somos tão solicitados e atraídos pelo telemóvel, pelo *iPad*, pelos alertas, pelos emails, etc., que acabamos por não nos conseguir concentrar e, muito menos, definir e seguir prioridades. O consumo de cada vez mais notícias, verdadeiras e falsas, de cada vez mais opiniões, algumas úteis e válidas, outras, dolosas, produzidas ao abrigo do anonimato que a internet proporciona, conduzem à dispersão, às dúvidas sobre o que é verdadeiro e o que não é, à fragmentação. Esta instabilidade representa um enorme desafio para as marcas sérias e que pretendem ser duradouras.

3. Qual a evolução previsível a curto/médio prazo?

Num artigo recente, Damian Radcliffe[4] apontava sete tendências que estão a mudar o jornalismo e o consumo de notícias (no sentido lato da palavra) e que resumimos seguidamente.

---

[3] Cf. CARR, Nicholas, *The Shallows: What the Internet Is Doing to Our Brains*, New York, W. W. Norton, 2011.

[4] Cf. RADCLIFFE, Damian, «Seven Ways Tech Is Changing Journalism and News Consumption», *The Huffington Post*, 20 de Junho de 2016. Disponível

1.ª tendência: as redes sociais são cada vez mais os nossos «portais para as notícias» (utilizadas por 51% dos consumidores online para descobrir, discutir e partilhar conteúdos noticiosos).

Sendo assim, como vão os *media* «clássicos», profissionais, diferenciar os seus conteúdos, que são mais dignos de confiança e mais credíveis e mais profundos, nestes «portais», onde, em prosa, fotos, vídeos, se misturam «informações» e «opiniões» de todos os tipos?

Admitindo que essa diferenciação é desejada por parte das pessoas que visitam as redes sociais (quais? os mais velhos? os mais cultos?), como vão os *media* atraí-las? Com a colocação das suas notícias nas redes sociais, como já fazem muitos dos títulos portugueses e de outros países, atraídos pelo canto da sereia dos *Instant Articles* do Facebook? Ou, como veremos a seguir, concentrando a sua actividade, e a sua diferença, no *como?* e no *porquê?*, deixando o *quando?* e o *onde?* e até o *quem?* para as redes sociais? E como vão obter receitas com isso: com a venda de conteúdos, num mundo digital onde a gratuidade e a pirataria são a regra? Publicidade, fechando cada vez mais os olhos à delimitação de fronteiras com o jornalismo, como já hoje sucede com o «branded advertising» e o «product placement»?

2.ª tendência: novas rotinas matinais, em vez do jornal, os serviços via internet, do *Expresso*, do *Público*, do *Observador*, do *Diário de Notícias*, do *New York Times*, do *El País*, etc.

A experiência do *Expresso Curto* é um sucesso, em termos de aberturas (40 000 diariamente para uma *mailing list* de 120 000), mas, de novo, o serviço é gratuito e o preço da publicidade comparativamente barato (obrigando, mesmo assim, a um preço mais elevado, para se diferenciar, pela qualidade dos

---

em: http://www.huffingtonpost.co.uk/damian-radcliffe/tech-and-journalism_b_10549114.html.

seus conteúdos, da publicidade «a granel» que é oferecida ao mercado através do *programmatic advertising*).

3.ª tendência: as *chat apps* são o próximo passo nas redes sociais.

Prova disso é o êxito do WhatsApp e, claro, do Snapchat, cada qual com as suas características e os seus públicos. De novo, os *media* ditos «clássicos» têm de se aventurar por esta nova via. É o que já estão a fazer, por exemplo, a BBC, o *Wall Street Journal* ou o Buzz Feed, e o *Expresso* com o Snapchat, desde as eleições legislativas de 2015. Será este um caminho que os *media* têm mesmo de trilhar? E serão capazes de o fazer? E, de novo, como ganhar dinheiro?

4.ª tendência: os *chatbots* estão a criar novos utensílios de conversa, à base do humor e da interactividade.

Valerá a pena os *media* entrarem nesta área? Para fazer algo como o Kik Bot do *Washington Post* ou o Trumpchat que «produz» *snippets* noticiosos recorrendo a uma voz que imita a de Donald Trump? E, mais uma vez, como se ganha dinheiro com um ou mais *chatbots*?

5.ª tendência: os robôs tornam-se jornalistas.

O jornalismo automatizado ou robótico já é utilizado, por exemplo, pela Associated Press para noticiário sobre a bolsa, balanços de empresas, etc. E começa a ser aplicado a resultados desportivos.

Faz sentido para os *media* apostar nestes novos «colegas»? Em que áreas? Quanto custa? E quanto podem poupar em custos?

6.ª tendência: conteúdos a 360°.

O Facebook e o YouTube já têm imagens a 360°. Será possível aos *media* clássicos não as terem nos respectivos sites? E quanto custa? Como fazer receitas por esta via?

7.ª tendência: a realidade virtual é a nova fronteira virtual. A produção de conteúdos em realidade virtual vai-se generalizando e o *New York Times* e a BBC estão já na vanguarda. Os sites dos *media* podem prescindir da realidade virtual? E, pela última vez, como ganhar dinheiro com conteúdos de realidade virtual?

4. Os *media* são necessários?

4.1. Perante a realidade deste futuro que já é presente, é legítimo perguntar se o jornalismo e os *media* clássicos são necessários numa sociedade democrática na segunda década do século XXI.

Parto do princípio de que o jornalismo, seja qual for a plataforma utilizada, tem um conjunto de funções a desempenhar.

1.ª função: seleccionar, certificar, ordenar, hierarquizar a informação, obedecendo a critérios deontológicos, como em qualquer outra actividade, e podendo ser objecto de sanções, quando não cumpra.

Note-se que, com o aumento exponencial do recurso às redes sociais e aos agregadores de conteúdos e motores de busca, como primeira e quase instantânea fonte de informação, o clássico «mandamento» sobre o que deve conter cada notícia – *o quê? onde? quem? como? porquê?* – parece subdividir-se. As redes sociais e os agregadores de conteúdos e motores de busca divulgam «*o quê?*», «*quando?*», «*onde?*» e, por vezes, «*quem?*». O jornalismo profissional fica com «*como?*» e «*porquê?*», além de muitas vezes ter de corrigir os erros das redes sociais na parte que lhes competiria e em que frequentemente falham, por inépcia ou propositadamente.

Esta missão de correcção é, com efeito, cada vez mais importante, perante a quantidade de falsas notícias que são postas a circular, propositadamente ou não, nas redes sociais. Muitas dessas falsidades (exemplo: «O Papa Francisco apoia Trump») inserem-se em campanhas organizadas, antecedidas ou acompanhadas por *hacking*.

2.ª função: salvaguardar a liberdade de expressão, uma das traves-mestras da democracia, desde que utilizada adequadamente, ou seja, através de jornalismo profissional competente. Thomas Jefferson dizia que se tivesse de escolher entre ter um governo sem jornais ou ter jornais sem governo, não hesitaria em escolher a segunda opção.

3.ª função: veicular, ordenadamente, opiniões e pontos de vista diferentes.

A opinião, desde que não misturada com a notícia, é parte essencial do jornalismo. Sobre um mesmo acontecimento, devidamente noticiado, pode e deve haver diversas opiniões, umas a favor, outras contra, outras propondo terceiras ou quartas vias.

Os sites e os blogues vieram permitir que esse leque de opiniões seja ordenadamente apresentado. E o leitor que escolha. Sem prejuízo de cada meio de comunicação social ter a sua opinião própria e a expor em editorial da responsabilidade da Direcção.

4.ª função: funcionar como aguilhão perante a indiferença da opinião pública, face a acontecimentos, como guerras, terramotos, naufrágios de barcos com lotação esgotada de migrantes, etc. Acontecimentos que, cada vez mais, podem ser vistos em directo, mas cada vez mais, também, são «rechaçados» com um simples *zapping* no telecomando ou um clique no telemóvel.

Para que estas funções sejam cumpridas no dia-a-dia, os *media* e o jornalismo não podem situar-se na sociedade como mais um poder, um quarto poder, ao lado dos três outros. Um jornal, uma rádio, uma televisão ou um site, e, menos ainda, um blogue ou uma rede social, não devem substituir-se ao Estado, não têm de assumir-se como grande educador do povo e muito menos estar ao serviço de um projecto de poder pessoal ou partidário, político ou económico, cultural ou desportivo. A qualidade e a independência de um meio de comunicação social revelam-se pelo percorrer de um caminho próprio, de acordo com critérios deontológicos, de modo a permitir que o leitor, o ouvinte, o telespectador tire, por si próprio, as suas conclusões.

Por tudo isto, nunca me referi aos *media* como quarto poder, mas como contrapoder, no sentido de serem a outra face da mesma moeda, o que não significa deverem estar por princípio contra o poder executivo, o poder legislativo ou o poder judicial. Significa que estão do outro lado e não podem ser confundidos. Significa que, numa democracia, os meios de comunicação social não podem circunscrever-se a funções neutras ou técnicas, mas precisam também de desempenhar um papel activo como guardiões do templo de valores essenciais como a liberdade, a igualdade de oportunidades, o direito à diferença. Isso implica a capacidade e a vontade de investigar e denunciar abusos de poder, corrupções, faltas de transparência e de o fazer tanto em relação aos poderes clássicos como aos novos poderes, sem excepção. Sempre com humildade e sem esquecer a «tarimba» da prática de regras essenciais, como, por exemplo, a de ouvir todas as partes ou a de separar notícias de opinião.

Sem a iniciativa, a capacidade de investigação e a coragem jornalística de diversos meios de comunicação social, verdadeiros abusos dos poderes democráticos instituídos – de Watergate à Casa Pia, do *impeachment* de Collor de Melo à detenção do ex-ministro José Dirceu, dos Wikileaks ao caso Portugal Telecom/Banco Espírito Santo – não teriam sido revelados nem punidos.

4.2. Poder-se-á pôr em causa a legitimidade deste contrapoder não eleito. Uma resposta possível é que, nas sociedades livres e que funcionam em economia de mercado, essa legitimidade é criada, mantida ou destruída pelo público. O público é o grande juiz.

O público – os leitores, os espectadores, os ouvintes, os utilizadores de internet – será uma entidade informe, não organizada, que se tem revelado sabiamente capaz de escolher. Apesar de eventualmente não preparado para exercer na plenitude os seus direitos e faculdades de escolha, por falta de educação específica para a literacia dos *media*, o público tem exercido o seu enorme poder, ao longo dos séculos. O poder de fechar canais de televisão, simplesmente por não os ver. O poder de fechar rádios: há rádios que têm de fechar porque não têm audiência. O poder de fechar jornais e revistas, que, em vários casos e durante muito tempo, foram importantes e acabaram, porque as pessoas não os querem mais, não os compram mais, regra geral porque detectaram e não perdoaram os seus erros.

Dizer-se que o público é estúpido, que o público engole tudo, é completamente falso. O público não perdoa que o enganem, e, por isso, tem arruinado empresas de televisão, de imprensa, de rádio, ou de edição de livros, ou de edição de DVD que não souberam comprar os seus catálogos devidamente. Tem abandonado sites, portais, redes sociais e motores de busca na internet que deixam de ter visitantes e *page views* e ficam a falar sozinhos. O público tem condenado ao fracasso ou ao sucesso livros, filmes, peças de teatro. Não partamos do princípio de que, apesar do enorme poder do marketing, aquilo a que se chama o público não é capaz de, em cada momento, decidir o que é bom e o que é mau (ou, talvez, o que lhe interessa e o que não lhe interessa) e, ao longo de um determinado período de tempo, de condenar ou promover o que considera pior ou o que julga melhor.

Acresce que a interactividade possibilitada pelas novas tecnologias permite uma intervenção cada vez maior dos destinatários das mensagens e, por isso mesmo, questiona cada vez mais o desempenho dos jornalistas. Fenómenos recentes como os blogues – muitos deles, aliás, também de curta duração, por falta de interessados – demonstram-no à saciedade.

4.3. Demarcado o terreno onde nos movemos, é de assinalar que o jornalismo tem sido atacado, nos últimos tempos, por várias razões.

Ainda não há muito tempo, por exemplo, numa conferência promovida pelo *Expresso*, no Porto, a 4 de Dezembro de 2013, cujo tema era «O Jornalismo (que temos) é útil à Democracia?», José Pacheco Pereira declarou: «Os jornalistas interiorizaram o discurso e a linguagem do poder, sem uma reflexão e distanciamento críticos.» E Rui Rio afirmou: «O jornalismo é um dos responsáveis pela degradação do regime democrático.»

Numa análise mais aprofundada e não desprovida de fundamento, escreveu Vítor Bento, em 2012:

> O maior dano que a comunicação social tem vindo a impor ao debate político-social é o de assentar numa narrativa pré-formatada da situação, que filtra todos os contributos do espaço público através dessa pré-formatação. O que lhe é conforme é ampliado e ecoado por todos os meios; o que não lhe é conforme é rapidamente abafado, quando não mesmo distorcido para se conformar – mesmo que por caricatura – com a dita narrativa.
>
> Não é, note-se, uma acção de censura propriamente dita, ou de limitação da liberdade de expressão, pois esta existe e produz diversidade. Está para além disso. [...]
>
> Não é também, acredito – porque sou muito céptico quanto às teorias da conspiração –, o fruto de uma qualquer conspiração concertada. Nem sequer de uma qualquer má intenção domi-

nante. É «apenas» o produto de um enviesamento ideológico que prevalece na comunicação social, cruzado com os efeitos do «pensamento colectivo» (*groupthink*) de uma corporação.[5]

Mas há quem vá mais longe e decrete a desnecessidade do jornalismo profissional, não só porque, como afirmam Pacheco Pereira, Rui Rio e Vítor Bento, está manipulado ou condicionado, mas porque as redes sociais permitem prescindir dele. Leia-se, por exemplo, o que escrevem, num dos trabalhos premiados pelo Júri do Projecto Liberdade de Expressão e Redes Sociais, os autores (quatro alunos do 3.º ciclo da Escola Secundária do Entroncamento):

> Uma vantagem que as redes oferecem é a ausência (ou quase) de censura, ou seja, a manipulação, as pressões e limitações que os diversos agentes dos meios de comunicação social (jornalistas, cronistas, comentadores, humoristas, pivôs, etc.) por vezes sofrem, por parte do poder político ou de grupos económicos de que dependem, não se verificam nas redes sociais, gozando estas, por consequência, de uma maior liberdade de expressão. Os jornais, por vezes, ainda actualmente, sofrem pressões externas para publicarem ou não um determinado assunto.

E, partindo do princípio (errado) de que os *media* são, ou eram, o quarto poder, os quatro jovens vão mais longe:

> Podemos considerar, embora corramos o risco de sermos acusados de exagero, que as redes sociais trouxeram um «quinto poder», em que as pessoas podem manifestar o seu descontentamento ou desagrado, em que se promove o debate de ideias, onde se procura através de argumentos racionais ou de variadas técnicas retóricas captar a atenção e influenciar as crenças e acções

---

[5] Bento, Vítor, "Prefácio", *in*: Arroja, Ricardo, *As Contas Politicamente Incorrectas da Economia Portuguesa*, Lisboa, Guerra & Paz, 2012, p. 13.

dos indivíduos em relação a várias temáticas, incluindo a política. O uso da palavra democratizou-se, sendo restituído ao cidadão actual um pouco do sentido original da democracia grega, em que todos os cidadãos livres eram chamados a pronunciar-se sobre os assuntos do Estado.

4.4. Será que, num futuro cada vez mais próximo, o jornalismo, como o definimos, se tornará cada vez mais doente, enfraquecido, pré-formatado e, finalmente, obsoleto e dispensável para o funcionamento da democracia?

As acusações de Pacheco Pereira e de Rui Rio e a tese de Vítor Bento poderão aplicar-se a alguns casos e, por isso, constituirão úteis avisos, mas não são extensíveis a marcas de jornalismo credíveis e prestigiadas, como é o caso do *New York Times* ou do *Guardian*, do *Der Spiegel* ou do *Le Monde*, do *El País*, da BBC, da CNN, ou, modéstia à parte, do *Expresso*, da *Visão* ou da SIC Notícias.

É claro que há enviesamentos e excessos de corporativismo, mas, mesmo em Portugal, essa não é a regra geral. Aliás, tal como há bons e maus advogados, bons e maus médicos, bons e maus juízes, etc., também há bons e maus jornalistas.

A questão levantada pelos quatro jovens do Entroncamento – Divo Gonçalves, Francisco Touricas, Francisco Espíndola e Vasco Machado – é diferente. O que prevêem e apoiam é, pura e simplesmente, a substituição do jornalismo profissional pelo UGC, o *user generated content*, também chamado jornalismo do cidadão. Louvo, valorizo e utilizo as novas tecnologias e reconheço o muito que contribuem para melhorar a vida, o conhecimento e a proximidade de milhões e milhões de pessoas por esse planeta fora. Não podemos, no entanto, esquecer que o mundo maravilhoso da internet criou novos universos, muitos deles virtuais e nem todos positivos, precisamente porque, através dela, o exercício da liberdade ultrapassou limites que não são aceitáveis.

Dizer-se que, com a internet, a produção de informação aumentou exponencialmente não chega. Há que perguntar, primeiro: que tipo de informação? Tudo o que está na internet? Rumores, mentiras, «opiniões», insultos? Devassa sistemática e muitas vezes consentida da privacidade? Vídeos de um minuto, sem conteúdo informativo, como o «Charlie bit my finger – again», um dos primeiros vídeos virais, que já foi visto mais de 820 milhões de vezes? Não se trata apenas de um problema de qualidade e de credibilidade, mas também de poder.

Com a desinformação, em que descarrila boa parte do UGC, surge uma enorme assimetria, na qual o poder dos desinformadores não assume qualquer responsabilidade pelos transtornos e danos morais e materiais que causa, porque está imune a sanções. Os danos causados pela credibilidade da mentira são, em muitos casos, irreparáveis e os seus causadores impossíveis de identificar, julgar e punir. Acresce que, com o desenvolvimento das tecnologias digitais, o *hacking* se tornou cada vez mais eficiente e profissionalizado e, com ele, a possibilidade de criar, através das redes sociais e dos agregadores de conteúdos e motores de busca, campanhas de descredibilização e destruição de pessoas, empresas, marcas e instituições à escala mundial. Além disso, a quantidade afoga e distorce a qualidade.

Quando o próprio Eric Schmidt, actual Presidente Executivo da Alphabet, a *holding* do Google, afirma que a internet se transformou em grande parte numa lixeira de opiniões avulsas e anónimas e de não-notícias, temos de convir que, mesmo quando o lixo não é nauseabundo e causador de prejuízos irreparáveis, conduz à estupidificação ou, pelo menos, à infantilização.

Sendo assim e aceitando que subir o nível é, pelo menos, vantajoso para salvar o que resta da democracia, não podemos equiparar o chamado jornalismo do cidadão ao jornalismo profissional. Se não houver quem separe o trigo do joio, se não houver quem exerça as funções de depuração e filtragem, acentuar-se-á a tendência para cada vez mais alinhar por baixo, o que é nocivo para uma democracia enfraquecida pelas razões já expostas.

5. As relações com os poderes

Os poderes instituídos compreendem esta tese da necessidade do jornalismo?

Em primeiro lugar, assinale-se que, em democracia, o poder político surge cada vez mais empenhado em dar prioridade à segurança em relação à liberdade, incluindo nesta a liberdade de informação. Tenho chamado a atenção para o facto de cada vez se levantarem mais dúvidas quanto à eficácia – e, por conseguinte, à sustentabilidade – da democracia do presente, da democracia de padrão ocidental.

As revelações de Edward Snowden sobre o funcionamento da NSA – National Security Agency (agência de segurança dos EUA) vieram confirmar o que já temíamos e, no fundo, sabíamos. As ameaças reais não são apenas de terrorismo violento e divulgado pelos *media*, como é o caso do Exército Islâmico, ou Daesh. São também ameaças reais de conflito nuclear (para não falar só do Irão: quem tem o poder de carregar no botão vermelho no Paquistão?); são também ameaças que já saíram da ficção científica, de ciberguerra, entre Estados ou empreendida por grupos terroristas. Tudo isto reforça a necessidade, e o pretexto, de os nossos dados, pessoais e profissionais, serem cada vez mais conhecidos por distantes centros de poder e decisão.

Por mais que nos consolemos, dizendo que se encontram em boas mãos, não sabemos exactamente onde estão e quem manda nesses centros de poder e decisão. As cedências – que, mais ou menos conscientes, mais ou menos condescendentes, vamos fazendo em nome da segurança – diminuem a nossa liberdade, ensombram, no presente, a democracia representativa ou liberal, como agora se diz, e fazem-nos duvidar sobre a viabilidade do seu futuro.

O que aconteceu, com as revelações de Snowden foi sermos confrontados com a realidade, com a imensidão da actuação da NSA, com as dezenas de milhares de funcionários que para ela trabalham, com o alcance mundial da sua actividade, com o maior ou menor grau de colaboracionismo de empresas multinacionais que todos conhecemos e utilizamos como clientes.

Isto tem consequências a nível individual. Há conversas que já não temos por medo de estarmos a ser escutados, há prosas que já não escrevemos por medo de sermos lidos, há locais onde já não vamos por medo de sermos filmados ou fotografados, há sites onde já não clicamos por medo de ficarmos registados.

Tem também consequências no plano colectivo. Os serviços de informação e de retaliação (pensemos nos *drones* ou mesmo em Guantánamo) que, em nome da segurança, se vão criando, instalando e desenvolvendo, não respeitam, por motivos de eficácia e de segredo, as regras básicas da democracia. Poder-se-á argumentar que sempre existiram serviços secretos e que, para funcionar, a democracia necessita de um certo grau de opacidade. Mas quando a transparência é abafada ou desfocada em permanência, os cidadãos, a comunidade, as instituições democraticamente eleitas, perdem de vez a capacidade de controlar quem passa a exercer o poder efectivo.

A segurança sobrepõe-se à liberdade dos cidadãos e das instituições; e, em seu nome, a impenetrável opacidade perturba a transparência e o próprio funcionamento dos mecanismos que alicerçam e movimentam a democracia. No plano colectivo, como no individual, cada vez mais a segurança será invocada para cercear a liberdade e devassar a privacidade.

A pergunta que, logicamente, surge a seguir é: afinal quem manda? Os governos, democraticamente eleitos, e que escolhemos e derrubamos através de eleições livres sem necessidade de revoluções ou de recurso à violência, detêm, uns mais do que outros, como é óbvio, um elevado grau de poder. Mas, com a globalização, existem, cada vez mais, outras fontes de poder não democraticamente designadas.

Além dos monstruosos e nem sempre identificáveis serviços de recolha e tratamento de informação que referimos (só os Estados Unidos da América têm, ao que parece, 16 agências secretas, sendo indispensável sublinhar que serviços semelhantes existem na Rússia ou na China), e nunca esquecendo a presença universal das máfias, organizadas e equipadas tecnologicamente à escala mundial, a democracia está também ameaçada por grandes multinacionais, grandes fundos de pensões (só o BlackRock gere verbas equivalentes a duas vezes o PIB [Produto Interno Bruto] da Espanha).

Estes novos poderes, associados à entidade mítica e indefinida que denominámos «mercados», são incontroláveis pelos mecanismos normais da democracia que criámos no Ocidente. Pelo contrário, parecem juntar-se ou aliar-se com outras fontes de intervenção, também elas incontroladas: as agências de *rating*, por exemplo, ou os grandes detentores de dados – sobre as nossas preferências de consumo, relações amorosas ou de amizade, gostos musicais ou literários, etc. – que dominam as redes sociais e a agregação de conteúdos (bem como a publicidade que aparece no sítio adequado à hora certa) e que colaboram com os serviços secretos.

Um país, uma moeda, um sector da economia podem ser arruinados ou salvos pela conjugação de esforços deste tipo de entidades a que Ignacio Ramonet chamou «poderes globalitários». E, como sabemos, os governos nacionais, mesmo os mais poderosos, têm dificuldades, sobretudo, em regimes democráticos, em enfrentá-los. Recorde-se o discurso de posse do primeiro mandato de Barack Obama, as promessas então feitas de «domar» a Wall Street, e o que, desde aí, efectivamente (não) aconteceu.

Acresce que as organizações internacionais criadas pelos Estados nacionais não são eficazes. Veja-se a incapacidade de rever o estatuto da ONU (Organização das Nações Unidas), mesmo que apenas no que respeita à composição do Conselho de Segurança; veja-se a inoperacionalidade das instituições europeias ao longo da presente crise e a imposição de um sistema de comando, também ele ineficaz, de cariz intergovernamental. Recorde-se que a tentativa de atribuir poderes mais vastos e de alcance geográfico global a novas formações de Estados, como é o caso do G20, não resultou.

Por outro lado, sem sairmos da Europa, registe-se que é visível o êxito de partidos recém-nascidos (ou renascidos) que reivindicam o nacionalismo, a discriminação dos estrangeiros, o racismo puro e duro, e, por uma ou outra razão, defendem a limitação de certos direitos individuais, entre eles o direito a informar e a ser informado. Alguns desses partidos encontram-se no poder, em consequência de eleições, em princípio, livremente realizadas. É o caso da Hungria e da Polónia.

Mesmo que a expressão eleitoral da maioria dos movimentos populistas não ultrapasse os 10/15% – e há casos em que ultrapassa – o que já é preocupante, ela não deixa de pesar nas decisões dos governos, na composição das coligações, nas grandes opções. Afecta, portanto, o funcionamento da democracia representativa ou liberal.

Todo este panorama permite-nos afirmar que se adensam as dúvidas sobre a capacidade de exercício do poder efectivo pelos órgãos nacionais de soberania democraticamente designados e pelas organizações internacionais por eles criadas.

Há autores, como John O'Sullivan, Presidente do Danube Institute, que alertam para o seguinte:

> [...] a existência de uma transferência do poder dos órgãos eleitos e consequentemente responsáveis, como o Parlamento, para agências burocráticas semi-independentes, que elaboram as

suas próprias leis ou regulamentações, para os tribunais e, mais recentemente, para os órgãos europeus ou para órgãos transnacionais. As elites liberais e progressistas no topo dos principais partidos políticos alinharam nesta transferência ou mudança de poder. Ajudou-as a ignorar os evidentes anseios dos eleitores. Fizeram-no através do simples expediente de não discutir esses anseios, mantendo-os fora da política. A imigração e a «Europa» são exemplos disso. Com o andar do tempo, as maiorias deixaram de ser o factor decisivo na decisão e tornaram-se apenas mais um interveniente no sistema. A democracia maioritária sofreu uma mutação e entrou num sistema a que John Fonte, do Hudson Institute, chama pós-democracia. [...]

Como escreveu já há alguns anos o cientista político holandês, Cas Mudde, «o populismo é uma resposta democrática liberal ao liberalismo não democrático. Critica a exclusão, pelas elites, de temas importantes da agenda política e apela à sua repolitização». O surgimento do populismo na Europa é uma reacção deste tipo. A resposta é discutir os temas até ao fundo.

Nesse sentido, retirar o Brexit dos populistas e entregá-lo ao Parlamento é positivo. Passará a ser resolvido dentro das regras da democracia liberal, mas maioritária. Já os desafios ao Brexit através dos tribunais são exemplos quase perfeitos de pós-democracia, através dos quais elites poderosas usam instituições não responsáveis (e regulamentações por vezes razoáveis) para derrubar decisões maioritárias.[6]

É necessário, contudo, reconhecer que foram nascendo ou renascendo, outras modalidades de instalar e praticar a democracia, com largo contributo da capacidade de rápida comunicação e intervenção quase instantânea criada pelas novas

---

[6] O'Sullivan, John, «Populism vs Post-democracy», *The Spectator*, 31 de Dezembro de 2016. Disponível em: http://www.spectator.co.uk/2016/12/populism-vs-post-democracy/.

tecnologias. Perante a desagregação da pirâmide hierárquica, a sociedade organiza-se em rede, procurando compensar a perda de eficácia das instituições clássicas.

Surgem respostas, por vezes menos óbvias ou menos sistematizáveis, mas nem por isso desprezíveis ou ignoráveis, para revitalizar a democracia e validar os serviços por ela prestados. Entre essas respostas – de que, em Portugal, as candidaturas independentes às autárquicas e às europeias são uma erupção visível – incluem-se, por vezes iniciadas através de manifestações inorgânicas e ocupações, várias modalidades de libertação da sociedade civil, bem como a auto-regulação, os *single interest groups*, ou as decisões com participação directa dos interessados.

Atendamos a algumas delas, que já funcionam, embora nem sempre nos apercebamos da sua relevância:

– A libertação da sociedade civil e a consequente dispensa do Estado pressupõem a criação de instrumentos de solidariedade e de entreajuda. As ONG (Organizações Não Governamentais) ganham espaço e autonomia (por exemplo, o Banco Alimentar contra a Fome que, hoje, não pretende apenas minorar o sofrimento dos pobres, mas eliminar as causas da pobreza). Por outro lado, a sociedade civil dá prioridade ao funcionamento e intervenção de instituições que substituam, com vantagem, o Estado (por exemplo, a Fundação Calouste Gulbenkian, em Portugal, é mais eficaz do que o Ministério da Cultura).

– Num outro plano, a criação de sistemas de auto-regulação permite uma emancipação das regras provenientes do poder político tradicional. É o caso do futebol e de outros desportos (por exemplo, a Federação Portuguesa de Futebol tem leis, sanções e tribunais próprios).

– Noutro plano ainda, os grupos concentrados num só objectivo (*single interest groups*) exercem, através da internet e por outras vias, direitos constitucionais, como a petição pública ou a convocação de manifestações, e desfazem-se quando obtêm o que pretendem (por exemplo, a luta pela legalização do casamento homossexual).

– As modalidades alternativas de tomar decisões, com intervenção directa dos interessados, funcionam, e bem, a nível municipal (por exemplo, orçamentos participativos).

Há a tentação de pensar que estas diversas modalidades da democracia de proximidade substituirão a democracia clássica. Como argumento favorável, registe-se que todas elas ultrapassam facilmente o colete de forças das fronteiras nacionais e se projectam a uma escala mais global: os Bancos Alimentares já se organizam num movimento europeu; as grandes fundações têm a sua associação mundial; a FIFA – Fédération Internationale de Football Association (Federação Internacional de Futebol) exerce o seu poder à escala planetária; muitos dos *single interest groups* unem os seus esforços e campanhas para além dos territórios de partida; os municípios que praticam o orçamento participativo já se reúnem regularmente além-fronteiras.

Estas novas maneiras de viver a democracia são, sem dúvida, positivas. Mas qual é o seu verdadeiro alcance? Reforçarão a democracia, permitindo que esta funcione melhor e atraia os cidadãos indiferentes e abstencionistas? Substituirão progressivamente o sistema até aqui em vigor? Será que a parte consegue tomar conta do todo? As redes não são efémeras por natureza? Quantas candidaturas verdadeiramente independentes triunfaram? O voto electrónico será mais eficaz do que o voto presencial? Se quisermos recorrer a um símbolo: os referendos dos Cantões suíços serão um exemplo generalizável?

Não sei responder a estas perguntas. Mas sei que, como estamos, com a democracia que temos no presente, não conseguiremos transpô-la, adaptá-la, mantê-la viva e actuante no futuro. Estou certo ainda de que se não quisermos cair em situações absurdas, como a gerada pelas eleições de 2014 na Suécia, ou de 2016 em Espanha, não nos basta reconhecer que temos direitos. É preciso também exercê-los. E fazê-lo de modo a que as decisões que podem salvar e dinamizar a sociedade sejam tomadas a tempo e, sobretudo, executadas sem atrasos nem desvios pseudojustificados pelos conservadores de todos os quadrantes, por desculpas formais e adiamentos mesquinhos. Pensemos, por exemplo, nas eternas e suicidariamente adiadas revisões da lei eleitoral portuguesa.

A cidadania implica presença, acção, coragem e, portanto, exercício activo dos direitos conquistados. Embora a abstenção seja um direito, não é pela ausência, pelo alheamento, que se consegue a mudança. Existem, aliás, países democráticos onde os cidadãos que se abstêm são penalizados. O que se nota, como pano de fundo, é uma falta de crença na representatividade do sistema, incluindo os partidos e as próprias eleições. Mas, até agora, não surge alternativa. Paulo Rangel resume bem a questão de fundo:

> A revolução tecnológica, ao criar uma rede de relações que largamente abstrai do espaço, do território e do lugar, de algum modo, «desvincula» o poder – e o poder político, em particular – desse fundamento territorial. Há como que uma «desmaterialização» do poder e da política. Esta debilitação dos laços territoriais foi acompanhada e potenciada pela facilitação vertiginosa da mobilidade humana, num movimento antropológico já talvez com outro sentido. Um movimento de que poucos dão fé e que aponta para uma cada vez menor «sedentarização» e para alguns laivos de um «neonomadismo» humano. O salto tecnológico obriga a repensar a democracia liberal num quadro «pós-territorial» – aquilo a que tenho chamado a democracia «pós-territorial».[7]

---

[7] RANGEL, Paulo, «Redes Sociais, Populismo de Democracia Direta», *Público*, 3 de Janeiro de 2017, p. 44.

A crise do Estado-nação está, em qualquer caso, por detrás da crise da governação em democracia. A queda do Muro, que já ocorreu há 27 anos, e a globalização entraram em conflito com a manutenção das estruturas e dos espaços formais no âmbito nacional. Não é, contudo, à escala nacional que se enfrentam e resolvem problemas como a crise do sistema financeiro ou o terrorismo ou as migrações.

A alternativa da participação, nas redes sociais, não tem equivalente na representação, na ordem interna e na ordem internacional, do novo cidadão, equipado tecnologicamente.

Em tudo isto e por tudo isto, a dimensão ética é cada vez mais importante. Por um lado, a corrupção está cada vez mais presente na avaliação do sistema. Uma corrupção que, em muitos casos, o próprio sistema oculta e até protege no plano nacional e no plano internacional. Por que razão ainda existem tantos paraísos fiscais? Por outro lado, os critérios tecnocráticos impostos pelo FMI (Fundo Monetário Internacional), pelo Eurogrupo, pela CE (Comissão Europeia), pelo BCE (Banco Central Europeu), pela própria OCDE (Organização de Cooperação e de Desenvolvimento Económico), sobrelevam e dominam as considerações mais profundas e humanas da justiça e da solidariedade social.

Nesta luta desigual, o papel positivo dos *media* é em muitos casos – da denúncia de casos de corrupção à «leitura» crítica de indecifráveis relatórios de instituições internacionais e nacionais (daí a importância crescente do jornalismo de dados) – essencial para recordar e recuperar a dimensão ética do mundo em que vivemos ou devíamos viver.

6. As limitações no dia-a-dia

É fundamental salientar que, entretanto, no dia-a-dia, quem ocupa o poder político em democracia, pode sempre exercer pressões sobre os *media* e/ou criar limitações que afectam o exercício da liberdade de informar. Este tipo de pressões nem sempre obedece a critérios éticos.

Registe-se que o jornalismo é uma actividade profissional que se rege por regras deontológicas estabelecidas pela existência de uma carteira profissional, por Estatutos Editoriais (obrigatórios legalmente) e por Códigos de Conduta Jornalística (em auto-regulação).

Esta actividade profissional, em Portugal, é amplamente fiscalizada e escrutinada: pela Constituição; por leis especiais (Imprensa, Rádio e Televisão); por um regulador exclusivo (a ERC – Entidade Reguladora para a Comunicação Social) e por outro não exclusivo (a ANACOM, Autoridade Nacional de Comunicações); pela Comissão da Carteira Profissional, que pode proibir o exercício da profissão; pelo Sindicato dos Jornalistas, que se pronuncia acerca de questões e opções jornalísticas; por Conselhos de Redacção em cada meio de comunicação social, com poderes e funções definidas por lei; e pela União Europeia, que adopta Directivas com força obrigatória sobre assuntos que condicionam a profissão, bem como a actividade das empresas de comunicação social.

A esta longa lista podemos acrescentar a Comissão Nacional de Eleições e as suas tentativas de, em período pré-eleitoral e eleitoral, regular, ao milímetro ou ao segundo, a extensão ou a duração de cada peça noticiosa ou opinativa. Recordem-se as consequências nefastas que isso teve na ausência de debates televisivos em algumas eleições.

Por outro lado, deve ter-se presente que qualquer governo ou maioria parlamentar pode mudar a legislação vigente, restringindo a publicidade de certos produtos, por exemplo, ou alargando os poderes dos reguladores, ou limitando a concentração da propriedade de *media*, etc.

Acresce que, com mais ou menos limitações, o poder político intervém na escolha das pessoas que dirigem os órgãos reguladores. E não esqueçamos que, apesar das limitações introduzidas com a criação do Conselho Geral Independente, o governo continua a ter ampla interferência no financiamento e funcionamento da RTP (televisão, rádio, site, *iPlayer*, etc.).

Além disso, os governos podem: enviar e reenviar inspecções administrativas (Finanças, Trabalho, etc.) às empresas jornalísticas; patrocinar operações de venda de determinados meios a determinadas empresas, como quase aconteceu com a venda da TVI à PT; perturbar o mercado, como ocorreu com o nado-morto Canal 5, como ia sucedendo com a privatização da RTP e, embora com menores consequências, sucedeu recentemente com a inclusão da RTP 3 e da RTP Memória na TDT.

Sublinhe-se ainda que a ERC tem poderes de intervenção sobre os conteúdos e a publicidade e que, de 5 em 5 anos, aprecia o cumprimento pelas televisões da carta de intenções que esteve na origem da atribuição da licença, podendo cancelá-la se entender que houve incumprimento.

Se acrescentarmos a tudo isto a pressão dos grupos económicos e dos grandes anunciantes, com ameaças, por vezes concretizadas, de cortes de publicidade, e a indiscutível influência censória de instituições da sociedade civil, como os grandes clubes de futebol, teremos um quadro mais completo sobre o modo como pode ser cerceada a liberdade de expressão num país como Portugal.

Para que esse quadro fique completo, deverá assinalar-se a existência de empresas de *media* que não estão preocupadas em ganhar dinheiro para garantir a sua independência, mas apenas em influenciar o poder político para, por essa via, garantirem o êxito noutros negócios.

Tudo isto demonstra, mesmo sem recorrer a complicadas teorias da conspiração, que, em democracia, as relações entre os *media* e o poder são complexas e não obedecem a critérios éticos transparentes.

7. A legitimação do poder

Importa, por fim, realçar que, com o avolumar da informação, verdadeira e falsa, e a velocidade da sua circulação, os *media* de qualidade se tornaram ainda mais relevantes na legitimação do poder.

Por um lado, o conhecimento e a divulgação dos factos já não se compadecem com o ritmo lento das eleições, dos debates parlamentares, da publicação das leis no *Diário da República*, etc. As pessoas querem ser informadas ao minuto, os Ministérios e outras instituições do Estado têm sites e tentam mantê-los actualizados, os políticos de todo o mundo usam o Twitter.

Porém, a credibilidade de certas informações que os poderes querem, ou não, comunicar passa pelos *media* profissionais. Hoje é difícil a um detentor de poder ser interrogado por um jornalista e não responder. No entanto, a validação da informação assim obtida passa também pelo meio de comunicação social que a obtém e difunde (a história da licenciatura de José Sócrates esteve uma semana num site, mas só foi notícia depois de publicada no *Público* e no *Expresso*). Aí, a importância das marcas duráveis, reconhecidas e testáveis é fundamental.

As marcas mais credíveis são as que continuam a ter não só viabilidade económica, mas também influência junto da opinião pública. Julian Assange, o homem da Wikileaks, quando decidiu que ia ceder toda aquela informação, escolheu cinco marcas credíveis mundiais (*New York Times*, *The Guardian*, *Le Monde*, *El País* e *Der Spiegel*) para fazerem a filtragem, para porem a funcionar o princípio do contraditório, uma vez que havia pessoas envolvidas, para não divulgarem informação que pudesse pôr vidas em risco ou causar graves problemas de segurança. Não soltou, portanto, de qualquer maneira a matéria-prima de que dispunha e reconheceu a necessidade do jornalismo.

Esta função de legitimação informativa pelos *media* de qualidade é por vezes esquecida. Pelo contrário, parece que a «legitimação» dos conteúdos pelos algoritmos de empresas como o Google, nas pesquisas, e o Facebook, nas redes sociais, é suficiente. E não é. Como Carole Cadwalladr demonstrou em *The Guardian*, a propósito de o algoritmo do Google conduzir claramente a pesquisa sobre o holocausto no sentido de não ter havido holocausto e de «os judeus são maus»:

> O modelo de negócio do Google é construído no sentido de que se trata de uma plataforma neutra, de que o seu mágico algoritmo produz resultados mágicos sem a intervenção suja de qualquer ser humano. Não quer, desesperadamente, ser visto como uma empresa de *media*, como um fornecedor de conteúdos, como um meio noticioso e de informação, que deveria ser governado pelas mesmas regras que se aplicam aos outros *media*. Mas isso é exactamente o que [o Google] é. A maneira como, esta semana, foi editado o conteúdo acerca da maldade dos judeus demonstra-o à saciedade. E o nosso falhanço – o falhanço dos políticos e dos meios de comunicação social de o reconhecer e demonstrar – torna-nos um acessório do crime.[8]

Pressões como esta terão tido algum resultado: nos últimos dias de 2016, o Facebook e o Google reconheceram falhas (no Google, depois de ter atribuído lugar cimeiro nas buscas a uma «notícia» que atribuía a Trump a maioria do voto popular[9]); no mesmo dia, as duas empresas anunciaram que deixavam de dar guarida publicitária, no caso do Google, a sites que «deturpem ou escondam informação», e, no caso do Facebook, a sites «enganosos ou ilegais». No princípio de 2017, houve novo

---

[8] CADWALLADR, Carole, «Google is Not "Just" a Platform. It Frames, Shapes and Distorts How We See the World», *The Guardian*, 11 de Dezembro de 2016. Disponível em: https://www.theguardian.com/commentisfree/2016/dec/11/google-frames-shapes-and-distorts-how-we-see-world.

[9] Ver *Financial Times* de 15 de Novembro de 2016.

sinal de entendimento: o Facebook, o YouTube (que pertence ao Google), o Twitter e a Microsoft decidiram aliar-se, criando uma base de dados comum para identificar e eliminar ou, pelo menos, travar a proliferação de fotos, vídeos ou mensagens de teor terrorista na internet.

Das quatro gigantes tecnológicas, o Twitter e o Facebook parecem ser os mais usados pelos terroristas ou simpatizantes para difundir mensagens de ódio. Já por várias vezes foram alvo de processos judiciais interpostos por vítimas de atentados que os acusam de pouco fazerem para evitar que grupos como o Daesh usem as redes sociais para fazer propaganda.

A campanha eleitoral americana veio confirmar como tudo isto é relevante. A publicação de notícias falsas na internet e o papel negativo dos algoritmos do Facebook nas redes sociais e do Google nas pesquisas revelam que uma mentira muitas vezes repetida, à velocidade meteórica das redes sociais, se torna verdade, pelo menos para os destinatários que gostam do conteúdo dessa mentira e o põem no *top* do mais visto e lido.

Mais do que isso, o que se tem descoberto sobre a influência de Putin e da Rússia na campanha eleitoral contra Hillary Clinton e a favor de Donald Trump leva-nos muito mais longe: pelo uso das novas tecnologias, um poder político consegue intervir na decisão dos eleitores de outro poder político. Como Hillary Clinton declarou, a 12 de Dezembro de 2016: «Não é só um ataque contra mim e a minha campanha. É um ataque contra o nosso país. Isto vai além das preocupações políticas normais. Trata-se da integridade da nossa democracia e da segurança da nossa nação»[10].

---

[10] Ver *El País* de 17 de Dezembro de 2016, p. 3: «Obama Promete Represália perante as Interferências Russas nas Eleições».

Para que a democracia, se conseguirmos revigorá-la, funcione, tem de se denunciar a mentira e as falsidades, mesmo que se desagrade ao poder político eleito. A batalha está longe de ser ganha. Como escreveu Miguel Sousa Tavares:

> O jornalismo tem sido acusado de muitas coisas, até da vitória de Trump, ao não ter sido capaz de antecipar as mudanças subterrâneas da opinião pública, que poderiam ser detectadas através da leitura atenta das redes sociais. Discordo profundamente desta afirmação. O jornalismo – e o jornalismo americano, principalmente – esteve atento ao populismo, à demagogia, ao simplismo de análise e às mentiras do discurso de Donald Trump e à sua repercussão no eleitorado e tentou fazer-lhe frente com as melhores armas de que dispõe: a investigação, os factos, a reposição da verdade, a divulgação das opiniões qualificadas sobre cada assunto. Mas perdeu essa batalha, e é essa derrota que anuncia tempos perigosos. As redes sociais – agora na sua componente de fazedoras de verdades, produtoras de informação e formadoras de opinião pública – são a peste dos tempos de hoje.[11]

A sobrevivência, e sobretudo a adaptação da democracia representativa às novas realidades sociais e consequentes mudanças institucionais, só é eventualmente atingível com a permanência dos *media* profissionais, obedecendo a regras e critérios deontológicos e sujeitos a sanções quando não os cumprem:

> O jornalismo terá uma função clara se for visto pelos leitores informados como fonte credível e segura. Isso implica escolhas difíceis. Na dúvida, sacrifica-se a rapidez ao rigor. A relevância de

---

[11] SOUSA TAVARES, Miguel, «O Ano da Pós-Verdade», *Expresso*, 30 de Dezembro de 2016, p. 8.

uma informação é o primeiro critério que faz dela uma notícia. Tudo tem contexto, e não há contexto que se dispense em nome de mais partilhas e leitores. Só assim o jornalismo poderá segurar pelo menos as pessoas mais exigentes. Menos do que isto torna cada notícia publicada nos órgãos de comunicação social tradicionais tão enganadora como qualquer aldrabice partilhada por um cidadão pouco rigoroso.[12]

Para tal, o jornalismo deve fortalecer o que tem de essencial: a independência editorial perante todos os poderes (político, económico, cultural, desportivo e o próprio poder corporativo dos jornalistas); o cumprimento dos códigos de conduta que vigoram nos canais, nos títulos, nos sites; o respeito pelos respectivos Estatutos Editoriais; a aposta na auto-regulação como instrumento para evitar as intromissões excessivas da regulação.

A imutabilidade destes princípios não deve, porém, servir de desculpa para a não adequação do jornalismo às mudanças profundas da estrutura e do funcionamento da sociedade em que existe e das pessoas que serve – telespectadores, leitores, ouvintes, utilizadores das novas plataformas. O jornalismo tem de se adaptar, ou ir à frente, ao ritmo acelerado que as novas tecnologias impõem às diferentes modalidades de acesso à informação e, mais do que isso, de interacção com a informação.

Para concluir, será oportuno recordar, uma vez mais, a tese dos três patamares, defendida por Neil Postman[13]. O objectivo último do jornalismo é dar o salto do primeiro patamar, o da informação seleccionada, organizada e credível, para o segundo patamar, o do conhecimento, ou seja, para uma «informação

---

[12] OLIVEIRA, Daniel, «Se Não Querem a Pós-verdade, Deem-nos Notícias», *Expresso Diário*, 4 de Janeiro de 2017.

[13] Cf. POSTMAN, Neil, «Information, Knowledge and Wisdom», in: *4th World Editors Forum Conference*, Amsterdam, 1997.

que tem um ponto de vista, que nos conduz a procurar mais informação para compreender alguma coisa sobre o que se passa no mundo». «Quando se alcança o conhecimento, a informação faz sentido, é possível relacioná-la com a nossa vida e, especialmente, é possível determinar quando ela é irrelevante.» O terceiro patamar é o da sabedoria, que «não implica ter as respostas certas, mas as perguntas certas». Postman sugere que os jornais – e eu acrescentaria os *media* nas várias vertentes que a revolução tecnológica lhes permite abraçar – dediquem parte do seu espaço a «páginas de sabedoria», preenchidas por temas (e perguntas) relevantes acerca das notícias publicadas.

Resumindo: «Os repórteres transformam os factos em informação. Os editores transformam a informação em conhecimento. Os grandes editores transformam o conhecimento em sabedoria.»

Estarei a sonhar? Talvez. Mas, se deixarmos de sonhar, perdemos a ambição, a alegria de viver e a razão de existir.

O poder económico e os *media*

Alberto Arons de Carvalho
Faculdade de Ciências Sociais e Humanas
da Universidade Nova de Lisboa

Nas sociedades democráticas, a comunicação social desempenha uma actividade de carácter económico, integrada num mercado de livre iniciativa. Compete, pois, às empresas de comunicação social, em primeira instância, garantir o seu próprio financiamento, mobilizando recursos para a sua actividade. No entanto, se as empresas não tiverem condições económicas para a exercerem, tal situação afectará a sua liberdade e, eventualmente, o próprio pluralismo do sector. Desta forma, a sua actividade não deve ser analisada «apenas» através dos critérios normalmente aplicáveis a outras empresas de diferentes sectores da economia. Importa apreciar outros aspectos com implicações directas ou indirectas no direito a informar, a informar-se e a ser informado.

Nos regimes democráticos, particularmente na Europa, constitui entendimento generalizado que não basta assegurar a liberdade de criação de empresas jornalísticas e de comunicação social – a denominada «liberdade de empresa» –, bem como os direitos dos jornalistas para que a comunicação social seja mais diversificada e plural. Os poderes públicos deverão igualmente garantir as condições de exercício dessa liberdade, designadamente minimizando as dificuldades e os riscos económicos e financeiros da sua actividade e limitando os efeitos de uma excessiva concentração da propriedade.

Deste modo, as relações entre os *media* e o poder económico estão presentes em diversos aspectos da legislação da comunicação social. A liberdade de criação de empresas, as regras sobre a não concentração e o pluralismo das empresas de comunicação social, os regimes de incentivos e ajudas do Estado, a legislação sobre a publicidade comercial, as próprias regras sobre a actividade e o financiamento dos serviços públicos de rádio e de televisão, tal como alguns direitos dos jornalistas, em primeiro lugar o de participação e a garantia da independência, constituem um reflexo polifacetado dessa complexa relação, que é igualmente um dos objectos da regulação da comunicação social e das regras deontológicas inerentes à actividade jornalística.

O Estado não pode, pois, alhear-se das condições concretas em que a comunicação social exerce essa liberdade, nomeadamente nos seus sectores mais frágeis, desde logo, garantindo a liberdade de criação de empresas de comunicação social, corolário da liberdade de iniciativa económica privada e de organização empresarial, constitucionalmente assegurada.

No entanto, o princípio basilar que fundamenta o direito de fundar jornais sem autorização administrativa, caução ou habilitação prévias não é aplicável nas actividades de radiodifusão sonora e de televisão. A limitação do espaço radioeléctrico constitui hoje a única razão válida para que ainda vigore um «sistema de proibição sob reserva de autorização»[1], que

---

[1] Cf. MACHADO, Jónatas, *Liberdade de Expressão*, Coimbra, Coimbra Editora, 2002.

impõe a realização de uma selecção entre os candidatos à utilização daquele bem escasso. Por outro lado, a necessidade dessa escolha e a importância atribuída às emissões de rádio e de televisão justificam o conjunto de obrigações impostas aos operadores.

A progressiva adopção de tecnologia digital e sobretudo a utilização de outras formas de distribuição do sinal de rádio e de televisão, além das ondas hertzianas terrestres, como o cabo e a internet, garantem desta forma uma crescente acessibilidade, contribuindo para uma aproximação entre os regimes jurídicos aplicáveis, por um lado, à imprensa e, por outro, aos restantes meios tradicionais, a rádio e a televisão.

Aliás, tal tem justificado a adopção de uma interpretação extensiva do preceito constitucional (artigo 38.º, n.º 7) que dispõe que as estações emissoras de radiodifusão e de televisão «só podem funcionar mediante licença, a conferir por concurso público, nos termos da lei». Com efeito, a aplicação literal desta norma tem sido limitada aos casos em que é utilizado o espaço hertziano terrestre destinado à radiodifusão, bastando uma autorização, concedida essencialmente com base na verificação da qualidade técnica do projecto, quando este espaço não é utilizado, e um registo, quando se trate da difusão de serviços de programas televisivos exclusivamente através da internet e que não sejam objecto de retransmissão através de outras redes.

A diferenciação de regimes aplicáveis – para a imprensa, para os operadores de rádio e de televisão que utilizam o espaço hertziano terrestre e ainda para os operadores que não o utilizem – não impede que se possa concluir não existirem obstáculos formais inapropriados ao pleno exercício da liberdade de empresa.

Todavia, o relacionamento entre a comunicação social e o poder económico passa ainda por outros aspectos relevantes. Um deles tem que ver com as garantias de independência e pluralismo. A Constituição portuguesa não só considera o pluralismo como um dos princípios basilares do Estado de direito, como impõe a este (e a uma entidade reguladora para a comunicação social) a obrigação de o salvaguardar. A defesa do pluralismo, quer externo, que exclua a constituição de monopólios de meios de comunicação social, quer interno, que promova a possibilidade de expressão de diversas correntes de opinião dentro de cada órgão de comunicação, passa assim por um conjunto de princípios fundamentais: transparência, especialidade, não concentração e independência.

1. O princípio da transparência

A obrigatoriedade da divulgação da titularidade e dos meios de financiamento dos órgãos de comunicação social, que consubstancia o princípio da transparência, figura não só no texto constitucional (artigo 38.º, n.º 3) como na legislação sectorial da comunicação social. O seu propósito fundamental consiste em dar ao público, nomeadamente aos consumidores dos *media*, informação sobre quem dirige as empresas de comunicação social, quem assegura o seu financiamento e, através dele, quem os controla, podendo influenciar decisivamente o seu conteúdo, determinar a sua linha editorial e fixar as suas orientações políticas ou ideológicas[2]. Ao mesmo tempo, estas regras permitem às entidades reguladoras, a quem compete assegurar o pluralismo e a independência dos órgãos de comunicação social, desempenharem mais eficazmente a sua missão.

A divulgação da informação relativa à titularidade e aos meios de financiamento dos órgãos de comunicação social

---

[2] Cf. Derieux, Emmanuel, *Manuel de Droit de la Communication*, 3.ª ed., Paris, LDGJ, 1999.

deve ser concretizada de duas formas: nos sites desses órgãos de comunicação social; na falta destes, numa das dez primeiras páginas de todas as publicações periódicas detidas pela entidade sujeita àquele dever; ou numa das dez primeiras páginas de um jornal de informação geral e de âmbito nacional; ou ainda através de uma comunicação à Entidade Reguladora para a Comunicação Social (ERC), que disponibiliza essa informação publicamente no seu site oficial, através de uma base de dados especialmente criada para o efeito (cf. Lei n.º 78/2015, de 29 de Julho).

2. O princípio da especialidade

O princípio da especialidade (artigo 38.º, n.º 4 da Constituição) visa não comprometer a isenção e a independência da actividade informativa, nomeadamente face a interesses económicos, impondo, por consequência, que as empresas titulares de órgãos de comunicação social de informação geral apenas possam ter como objecto actividades inerentes ou complementares às jornalísticas, noticiosas, de rádio ou de televisão. Esta ambição de separar a actividade de informar de outras, designadamente comerciais ou industriais, não obsta a que as empresas detentoras de órgãos de comunicação social estejam integradas em grupos económicos cuja actividade principal se centra em matérias estranhas ao sector.

3. O princípio da não concentração

O princípio da não concentração, enunciado no texto constitucional (artigo 38.º, n.º 4), em que se atribui ao Estado a obrigação de impedir que ela se realize, «designadamente através de participações múltiplas ou cruzadas», não reflecte uma mera preocupação de defesa da concorrência, numa perspectiva económica associada aos objectivos de uma economia de mercado. Com ele, visa-se garantir o resultado da diversidade de órgãos de comunicação social – «a possibilidade de expressão e confronto das diversas correntes de opinião» (artigo 39.º, n.º 1, alínea f da Constituição). Por consequência, a missão de assegurar a não concentração é prioritariamente competência da ERC, ainda que em articulação com a Autoridade da Concorrência, obedecendo assim, mais do que a meros critérios economicistas, ao propósito de assegurar a diversidade de protagonistas e de pontos de vista.

No entanto, ao invés do que sucede em outros países, desde logo nas experiências europeias, a legislação portuguesa ainda centra as suas preocupações nos processos de concentração horizontal (a concentração num único mercado, por exemplo, dos jornais ou das rádios, ou dos operadores de televisão), nada prevendo sobre outros processos de concentração bem mais invasores dos princípios do pluralismo, como os decorrentes da concentração vertical (alianças ou fusões de empresas a operar em momentos diversos da cadeia de produção ou de distribuição de um determinado bem; por exemplo, um operador de televisão que adquire uma empresa de produção audiovisual) ou da concentração diagonal (quando uma única empresa tem participações em vários sectores da comunicação social ou adjacentes como a imprensa, rádio, televisão, telecomunicações).

O veto presidencial à legislação aprovada pelo Parlamento em 2009, invocando a ausência de um consenso parlamentar alargado e o estudo que a Comissão Europeia ainda estaria a ultimar sobre o tema da concentração na comunicação social, inviabilizou a entrada em vigor de um quadro jurídico actualizado e transversal a todo o sector, lacuna que as subsequentes alterações à legislação da rádio e da televisão não conseguiriam preencher.

Importa, todavia, assinalar que o processo de concentração na área da comunicação social não se reveste das características (nem da dimensão…) prevalecentes em outros Estados europeus. Tal dever-se-á à circunstância de, até ao final dos anos oitenta do século passado, não se terem constituído em Portugal grupos de comunicação social com alguma dimensão. De facto, apenas nessa época se daria a privatização das empresas jornalísticas nacionalizadas na sequência dos acontecimentos relacionados com o golpe militar de 11 de Março de 1975, se iniciaria o processo de legalização das rádios locais, acabando o duopólio Estado-Rádio Renascença que marcara a rádio nos primeiros anos do regime democrático, e, sobretudo, se terminaria o monopólio televisivo da RTP, com a criação de operadores comerciais que, aliás, rapidamente se tornariam os eixos de importantes grupos de *media*.

4. O princípio da independência

O princípio da independência, previsto no n.º 4 do artigo 38.º da Constituição («O Estado assegura a liberdade e independência dos órgãos de comunicação social perante o poder político e económico»), reveste-se de indiscutível relevo, atentas as consequências que dele advêm para a regulamentação de diversos aspectos do sector.

4.1. O regime de incentivos

Primeiramente, o Estado deve preocupar-se com a rentabilidade das empresas, visto que tal constitui uma condição necessária, embora não suficiente, para que exista uma efectiva liberdade da comunicação social.

A existência de incentivos do Estado à comunicação social ou, pelo menos, a alguns dos seus sectores de menor dimensão como os de âmbito regional e local, decorre do entendimento de que ela presta um «serviço de interesse público». Representa igualmente o reconhecimento da relevante contribuição da comunicação social para a vitalidade do regime democrático, para o que importa que aquela seja livre, influente e plural.

Deste modo, de uma atitude inicial favorável a uma total abstenção dos poderes públicos face à comunicação social evoluiu-se mais tarde para um intervencionismo limitado, de carácter financeiro, destinado, entre outros objectivos, a assegurar um maior pluralismo e, juntamente com a legislação antimonopolista, a limitar a concentração, a nível nacional ou local, que as leis do mercado tenderiam a impor. Este intervencionismo decorre igualmente do reconhecimento de uma «excepção cultural» – a recusa em deixar assimilar a comunicação social a uma qualquer mercadoria, dado o relevante papel que desempenha na formação e na informação dos cidadãos.

Mais do que simples auxílios a empresas, os incentivos estatais constituem ajudas aos consumidores da comunicação social, ao promoverem uma maior diversidade e pluralismo. Constituem igualmente uma resposta à fragilidade de alguns órgãos de comunicação, nomeadamente os de âmbito regional ou local ou os dirigidos a públicos minoritários, cujo universo de destinatários é mais restrito e as receitas de publicidade mais escassas. Esta prioridade concedida à comunicação social regional e local, particularmente à imprensa e à radiodifusão, cujo mercado é geograficamente limitado e, nas regiões menos desenvolvidas, economicamente menos apelativo, constitui uma acrescida razão que legitima este tipo de incentivos face aos críticos desta modalidade de apoios, que contestam qualquer tipo de ajuda concedida a empresas que as regras do mercado não viabilizem.

Sujeita a uma forte concorrência dos *media* electrónicos, em especial da televisão, mas igualmente dos novos serviços não lineares ou dos próprios meios de entretenimento através da internet, que retiram tempo para o consumo dos jornais, onerada pelo progressivo acréscimo dos custos de produção e distribuição, a imprensa aparece como destinatária da maior parte dos incentivos que visam, assim, assegurar a sua influência num contexto de evolução tecnológica. Deste modo, a liberdade de imprensa já não constitui apenas uma liberdade perante o Estado, mas também através do Estado.

No entanto, este intervencionismo deverá ser limitado e cuidadosamente regulamentado de modo a evitar a subordinação dos apoios a critérios subjectivos, que poriam em causa não apenas a neutralidade do Estado, mas também a independência dos órgãos de comunicação social face aos poderes públicos.

O subsídio à difusão, o apoio ao reequipamento, as reduções nas tarifas de telecomunicações, transportes ou correios e os benefícios fiscais encontram-se entre as formas de apoio mais utilizadas pelos diferentes Estados para apoiar a imprensa, as quais variam de país para país, quanto ao volume, prioridades, meios de comunicação abrangidos e critérios de aplicação.

As novas tecnologias dos *media*, a internet – um meio global, gratuito, imediato, interactivo e apetecível para as novas gerações – e o imparável crescimento do número de novos serviços decorrentes da entrada da televisão na era digital e as próprias formas alternativas de consumo de televisão acentuaram, nos últimos anos, em muitos países desenvolvidos, particularmente na Europa, a estagnação ou mesmo a queda das vendas de muitos jornais, tornando-os mais dependentes das receitas da publicidade, ela própria igualmente sujeita a plataformas mais aliciantes, como a televisão e a internet, que progressivamente têm assumido a liderança no volume de receitas publicitárias. Para essa recente situação contribuíram igualmente os novos serviços de programas televisivos temáticos de notícias e a imprensa gratuita.

É verdade que a internet representa igualmente uma oportunidade para a imprensa e para a rádio a nível regional e local, permitindo-lhes duplicar conteúdos, desenvolver outros específicos online e integrar conteúdos inovadores, multimédia e interactivos.

No entanto, estas possibilidades não afastam o espectro da crise, sobretudo da imprensa. O progressivo afastamento das gerações mais jovens, que ocupam uma maior parte dos seus tempos livres na internet (ao invés de a consumir os *media* clássicos, sobretudo a imprensa) constitui apenas uma parcela dos actuais desafios que se lhe colocam. À crescente oferta dos *media* e à progressiva fragmentação das audiências – novos serviços de programas televisivos, a imprensa gratuita, os serviços não lineares, os sites, entre outros, não corresponde um aumento proporcional do consumo dos *media*.

Este novo contexto recolocou a questão dos incentivos na agenda dos debates sobre as prioridades das políticas de comunicação social, particularmente nos países cujos índices de leitura de jornais são menores, como acontece nos países do sul do continente europeu, nomeadamente em Portugal.

Não se trata de atrasar uma inevitável crise, mas de apoiar um dos indicadores mais relevantes da vitalidade dos regimes democráticos. A sua plena justificação não invalida as preocupações a ter com a forma como esses incentivos são aplicados, já que eles não podem constituir um entrave à reestruturação das empresas ou uma forma de sustentar as suas ineficiências ou reduzir a sua competitividade. Pelo contrário, impõe-se que constituam, designadamente, uma forma de alargar os seus mercados de consumidores e de os equipar de acordo com as novas tecnologias. Além disso, a sua atribuição deverá ser fundada em critérios objectivos, de forma a assegurar a sua independência.

Os regimes de apoio, mais frequentes nos países escandinavos, Áustria e França, variam de país para país, dependendo de vários factores relacionados com as características do mercado e da indústria do sector. Por exemplo, em países do sul da Europa, a venda dos jornais faz-se quase exclusivamente em quiosques de venda ao público, o que remete a política de incentivos, por exemplo, para apoios à impressão, enquanto em países escandinavos predomina a venda por assinatura, tornando mais imperiosa a subsidiação da distribuição pelas empresas de correios. Em alguns destes países do norte da Europa, uma das formas de apoio visa garantir a existência de, pelo menos, um «segundo» jornal nas regiões ameaçadas pela concentração e pelo consequente fim da pluralidade na imprensa, tornando defensável um incentivo às empresas jornalísticas com menor volume de negócios que estejam em risco de cessar a sua actividade.

4.2. *As restrições ao financiamento dos operadores de radiodifusão e de televisão*

Uma segunda vertente do princípio da independência decorre da preocupação de a assegurar face a diversas entidades. Assim, tanto a legislação da radiodifusão como a da televisão estabelecem restrições ao exercício ou ao financiamento das actividades de radiodifusão sonora e de televisão, não permitindo desta forma que partidos ou associações políticas, autarquias locais e suas associações e organizações sindicais, patronais ou profissionais, directa ou indirectamente (através de entidades em que detenham capital ou por si subsidiadas) tenham uma participação activa na condução da vida interna das empresas e, através dela, influenciem a sua orientação editorial.

No entanto, na mesma legislação, excepcionam-se os casos em que a actividade for exercida por autarquias locais ou as suas associações exclusivamente através da internet e consista na organização de serviços de programas de natureza institucional ou científica.

De qualquer forma, a especificidade do meio, não só por utilizar um bem (ainda relativamente) escasso – o espectro radioeléctrico –, como por se tratar de um modo de comunicação de certo modo impositivo[3] justifica esta precaução, com consequências na independência dos operadores e consequentemente no seu pluralismo.

4.3. Os direitos dos jornalistas

Uma terceira abordagem do princípio da independência relaciona-se com os direitos dos jornalistas, nomeadamente aqueles que lhes conferem um espaço de autonomia no interior da sua própria empresa: a garantia da independência e o direito de participação.

A garantia da independência decorre da constatação de que a liberdade de expressão dos jornalistas se exerce quase sempre no âmbito de uma empresa de comunicação social, o que implica uma sujeição às regras inerentes a qualquer estrutura empresarial, de acordo com a sua organização e hierarquia. Estes jornalistas ficam desta forma numa situação de dupla subordinação: estão sujeitos às regras deontológicas e jurídicas inerentes à sua actividade e, ao mesmo tempo, encontram-se, como qualquer assalariado, numa relação de dependência e subordinação na sua empresa.

A importância da garantia da independência reside precisamente no reconhecimento de uma especificidade da actividade dos jornalistas que permite concluir que a liberdade da comunicação social não consiste apenas na liberdade de *cada* órgão

---

[3] Cf. CARVALHO, Alberto Arons de, CARDOSO, António Monteiro e FIGUEIREDO, João Pedro, *Direito da Comunicação Social*, 3.ª ed., Lisboa, Texto Editora, 2012.

de comunicação social, quer no momento da sua fundação, quer através da expressão da sua linha editorial, mas decorre igualmente da liberdade de expressão de cada jornalista e da sua possibilidade de intervir individual e colectivamente no conteúdo do órgão de comunicação social em que trabalha. Esta garantia da independência concretiza-se, por um lado, no direito a recusar a prática de tarefas profissionais contrárias à sua consciência, nomeadamente a de exprimir ou subscrever opiniões ou de se abster de o fazer, representando a prevalência da consciência individual de cada jornalista sobre a orientação editorial do órgão de comunicação social. Não se põe em causa a possibilidade de cada órgão definir a sua linha editorial, nomeadamente de acordo com a sua gestão e direcção. Mas não se poderá obrigar os jornalistas, mesmo sujeitos a uma relação de dependência hierárquica com a empresa, a serem meros instrumentos dessa orientação[4].

Ainda com base naquele direito, o jornalista pode recusar o cumprimento de «ordens ou instruções de serviço com incidência em matéria editorial emanadas de pessoa que não exerça cargo de direcção ou chefia na área da informação» (artigo 12.º, n.º 2 do Estatuto do Jornalista), o que visa impedir a ingerência directa na definição desses conteúdos por parte de pessoas de outras áreas, nomeadamente administrativas, incluindo os próprios accionistas ou seus representantes. No mesmo sentido, estipula-se no artigo 33.º, n.º 5 da Lei da Rádio que «os cargos de direcção ou de chefia na área da informação são exercidos com autonomia editorial, estando vedado ao operador de rádio interferir na produção dos conteúdos de natureza informativa, bem como na forma da sua apresentação». No entanto, o n.º 6 do mesmo artigo excepciona «as orientações que visem o estrito acatamento de prescrições

---

[4] Cf. *Ibidem*.

legais cujo incumprimento origine responsabilidade penal ou contra-ordenacional por parte do operador de rádio».

Inovador, a partir das alterações ao Estatuto do Jornalista introduzidas em 2007, é o direito conferido aos jornalistas de se oporem «à publicação ou divulgação dos seus trabalhos, ainda que não protegidos pelo direito de autor, em órgão de comunicação social diverso daquele em cuja redacção exercem funções, mesmo que detido pela empresa ou grupo económico a que se encontrem contratualmente vinculados, desde que invoquem, de forma fundamentada, desacordo com a respectiva orientação editorial» (artigo 12.º, n.º 3). Este novo direito, que visa responder a uma das consequências da concentração no sector, depara-se, todavia, na sua efectiva aplicabilidade, com a precarização das relações laborais em empresas do sector.

A garantia da independência envolve igualmente a protecção disciplinar dos jornalistas, que não poderão ser alvo de qualquer medida sancionatória por se recusarem a exprimir opiniões, a abster-se de o fazer ou a desempenhar tarefas profissionais naquelas condições.

Por outro lado, a garantia da independência traduz-se igualmente na chamada «cláusula de consciência», que consagra o direito do jornalista de extinguir a relação de trabalho com a empresa, por sua iniciativa e com direito a uma indemnização, como se tivesse havido um despedimento sem justa causa, no caso de ter sido reconhecida uma alteração profunda de orientação ou na natureza desse órgão de comunicação social. Considera-se, neste caso, que o vínculo laboral é menos importante do que a componente intelectual da actividade do jornalista.

O direito de participação representa também uma importante forma de salvaguardar a independência da comunicação social perante o poder económico.

As empresas, naturalmente também as de comunicação social, têm os seus proprietários, pessoas singulares ou colectivas que as organizam e assumem os riscos do investimento. Compete-lhes auferir as receitas, administrar, escolher, mesmo que através do director, o quadro de empregados, entre os quais os jornalistas, e estabelecer a orientação do órgão de comunicação social. Aparentemente, isso implicaria uma inteira subordinação dos jornalistas aos ditames da hierarquia da empresa – proprietários, administradores, directores e chefias intermédias – como consequência directa do direito de propriedade.

Mesmo que esse órgão de comunicação social estivesse sujeito a normas externas que garantissem alguns direitos dos jornalistas, a ausência de um direito de participação na sua estrutura limitaria de forma mais ou menos drástica a liberdade de expressão dos jornalistas. Além disso, agravar-se-ia a dependência perante os interesses comerciais que condicionam a actividade da comunicação social.

Torna-se deste modo claro que a liberdade de expressão dos jornalistas, a chamada «liberdade externa», não deve apenas ser assegurada perante os poderes públicos, mas igualmente face aos proprietários e à estrutura hierárquica por estes estabelecida nas empresas de comunicação social, que condiciona a «liberdade interna».

Através dos órgãos de administração, nomeadamente no momento da sua fundação, a empresa estabelece as linhas de orientação geral para execução por parte do director ou da direcção. Por sua vez, ao ingressar nela, o jornalista subordina-se a estas regras de conduta e aceita implicitamente a competência da empresa e do director para estabelecerem as directrizes gerais do órgão de comunicação social. Porém, dentro destas linhas de orientação, o jornalista goza de um espaço próprio de liberdade de decisão e de formação de opinião. A liberdade interna dos jornalistas representa, deste modo, uma compressão ou limitação, maior ou menor, do direito de orientação dos titulares do órgão de comunicação.

A liberdade da comunicação social exige hoje formas de organização interna das empresas do sector, tanto mais que a liberdade de expressão não pertence apenas aos responsáveis – administradores, directores, chefias –, mas igualmente, e de forma não menos relevante, aos jornalistas. Por outro lado, a crescente concentração e a consequente diminuição do pluralismo devem ser compensadas pela pluralidade interna em cada órgão de comunicação social. Se o jornalista puder exprimir livremente as suas opiniões, transformando o órgão de comunicação social num fórum diversificado, o público obterá uma informação melhor e mais variada.

Esta conclusão é ainda mais evidente se considerarmos que o pluralismo da comunicação social não fica assegurado pela mera consagração da liberdade de fundação de empresas. Mesmo em relação à imprensa, meio onde, como atrás se assinalava, não existem obstáculos formais à criação de novos órgãos, e onde a legislação não impõe obrigações de pluralismo como acontece aos operadores de rádio e de televisão, seria empobrecedor considerar que o pluralismo consiste apenas numa maior variedade de títulos e não na diversidade de opiniões contidas em cada um deles.

4.4. *As normas legais e deontológicas da profissão de jornalista*

A incompatibilidade do exercício da profissão de jornalista com o desempenho de diversas funções, designadamente no domínio da publicidade, representa igualmente uma importante forma de garantia da sua independência.

Não escasseiam razões justificativas para esta regulamentação particularmente exigente da profissão de jornalista, dado que se trata de uma actividade pública com reconhecida responsabilidade social, e o seu desempenho requer uma apreciável capacidade técnica. Além disso, o exercício adequado da profissão é fundamental para assegurar um direito tão importante para os cidadãos como o de ser informado.

Da tradicional definição de jornalista excluem-se os que exercem funções ao serviço de «publicações que visem predominantemente promover actividades, produtos, serviços ou entidades de natureza comercial ou industrial» (artigo 1.º, n.º 2, do Estatuto do Jornalista).

Além desta incompatibilidade relativa ao tipo de órgão de comunicação social – ainda que a legislação não se refira a serviços de programas de rádio ou de televisão com este teor, mas apenas a publicações periódicas –, existem outras relacionadas com funções paralelas à actividade jornalística. Desta forma, estão previstas diversas incompatibilidades, inscritas na lei, aliás, desde a primeira regulamentação do exercício da profissão em 1979: funções em serviços de informação e segurança ou em qualquer organismo ou corporação policial; serviço militar; funções enquanto titulares de órgãos de soberania ou de outros cargos políticos, bem como funções de assessoria, política ou técnica, a tais cargos associadas. Além disso, clarifica-se que são consideradas incompatíveis com o exercício da profissão de jornalista «funções de angariação, concepção ou apresentação, através de texto, voz ou imagem, de mensagens publicitárias» e «funções de marketing, relações públicas, assessoria de imagem e consultoria em comunicação ou imagem, bem como de planificação, orientação e execução de estratégias comerciais».

Considera-se também actividade publicitária, como tal, incompatível com o exercício do jornalismo, «a participação em iniciativas que visem divulgar produtos, serviços ou entidades através da notoriedade pessoal ou institucional do jornalista, quando aquelas não sejam determinadas por critérios exclusivamente editoriais» (artigo 3.º, n.º 2, do Estatuto do Jornalista). O mesmo diploma não considera, todavia, como incompatível «o desempenho voluntário de acções não remuneradas de promoção de actividades de interesse público ou de solidariedade social [...] e da actividade informativa do órgão de comunicação social para que trabalhe ou colabore» (artigo 3.º, n.º 3).

O regime de incompatibilidades inclui igualmente regras sobre o período de impedimento do exercício da actividade. O jornalista abrangido por estas normas fica obrigado a entregar a carteira profissional, que apenas será devolvida «quando cessar a situação que determinou a incompatibilidade» (artigo 3.º, n.º 4, do Estatuto do Jornalista). No caso de apresentação de mensagens publicitárias ou de participação nas iniciativas nesse campo acima referidas, o impedimento mantém-se por um período mínimo de três meses sobre a data da última divulgação e só se considera cessado com a exibição de prova de que está extinta a relação contratual de cedência de imagem, voz ou nome de jornalista à entidade promotora ou beneficiária da publicitação (artigo 3.º, n.º 5, do Estatuto do Jornalista). Um impedimento mais extenso, de seis meses, é imposto, relativamente às áreas editoriais relacionadas com a função que desempenharam, aos jornalistas que tenham exercido funções nas áreas da publicidade, marketing, relações públicas, assessorias de imprensa e consultadoria, entre outras da mesma natureza (artigo 3.º, n.º 6).

A habilitação com a carteira profissional constitui condição indispensável ao exercício da profissão de jornalista. A importância do título profissional não decorre apenas da necessidade de comprovar a qualidade de jornalista em pleno exercício da profissão, designadamente para permitir o acesso e permanência em locais públicos. Representa também um meio de limitar o exercício da actividade jornalística apenas a quem possua habilitação bastante, o que constitui igualmente uma forma de distinguir esse exercício face à actividade desenvolvida por autores de blogues ou outras formas de expressão similares – o chamado «jornalismo do cidadão ou jornalismo participativo».

Por isso, a lei considera como condição do exercício da profissão a habilitação com o título profissional – a carteira profissional, a emitir por uma entidade independente – a Comissão da Carteira Profissional de Jornalista (CCPJ). Esta é considerada como um organismo independente de direito público, ao qual são cometidas duas funções essenciais. Uma delas, que levou à sua criação em 1994, é o funcionamento do sistema de acreditação profissional; a outra, decorrente da alteração ao Estatuto do Jornalista aprovada em 2007, consiste no cumprimento dos deveres fundamentais que impendem sobre os jornalistas. Esta competência atribuída ao CCPJ, inédita em termos europeus, confere-lhe uma natureza de entidade de «auto-regulação induzida», na esteira da experiência do Conselho de Imprensa (1975–1990), igualmente criado por lei e não por iniciativa auto-regulatória do sector.

A consagração do princípio da independência na actividade dos jornalistas encontra igualmente eco nas preocupações de carácter deontológico. Na norma 10 do Código Deontológico aprovado pela Assembleia Geral do Sindicato dos Jornalistas em 1993, estabelece-se que «o jornalista deve recusar funções, tarefas e benefícios susceptíveis de comprometer o seu estatuto de independência e a sua integridade profissional» e ainda que «o jornalista não deve valer-se da sua condição profissional para noticiar assuntos em que tenha interesse». No entanto, estas normas estão longe de responder ao conjunto de questões colocadas pela garantia da independência dos jornalistas.

Tomemos, por exemplo, o *Livro de Estilo* do jornal *Público*. Aí se estabelece um conjunto de regras relativas à conduta dos jornalistas que visam fortalecer a independência dos jornalistas, bem como a imagem do próprio jornal no mesmo domínio, como, por exemplo, a recusa de «presentes, viagens, convites ou benesses de qualquer género, sempre que possam condicionar ou coarctar, de algum modo, a independência editorial», a obrigatoriedade de referir «de forma clara junto dos textos resultantes dessas viagens» sempre que os jornalistas viajam a convite de empresas ou em comitivas oficiais, e o convite à recusa de «cargos e funções incompatíveis com o Estatuto do Jornalista, ou qualquer género de actividade ou ligação empresarial, liberal ou assalariada que (caso da advocacia), pela sua natureza ou conflitualidade de interesses, condicione o trabalho jornalístico específico»[5].

4.5. A independência face ao poder político

Finalmente, uma quinta abordagem da garantia da independência deve ser assegurada face ao poder político. Tal representa inclusivamente uma das prioridades do texto constitucional.

De facto, numa das normas sobre a matéria em questão (artigo 38.º, n.º 4) visa-se salvaguardar «a liberdade e a independência dos órgãos de comunicação social perante o poder político e o poder económico, impondo o princípio da especialidade das empresas titulares de órgãos de informação geral, tratando-as e apoiando-as de forma não discriminatória...», permitindo a conclusão de que se visa aqui impedir que o quadro jurídico relativo às empresas de comunicação social, caso não assegure a especificidade do seu objecto e a objectividade e imparcialidade do respectivo regime de incentivos, possa pôr em causa a sua independência.

Numa outra norma do texto constitucional (artigo 38.º, n.º 6), retoma-se o princípio da independência face ao poder político, ou mais precisamente ao «Governo, a Administração e os demais poderes públicos», desta vez dos «meios de

---

[5] Público, *Livro de Estilo*, Lisboa, Público, 2005, p. 30.

comunicação social do sector público». Esta exigência está presente na generalidade dos documentos europeus sobre o serviço público de televisão, uma vez que compete em geral aos governos uma intervenção tutelar na gestão do sector público da economia, logo também da comunicação social. Importa assim garantir que a tutela económico-financeira exercida pelo Governo não condicione a independência das empresas concessionárias no que respeita aos conteúdos da sua programação e informação.

Esta preocupação ganhou corpo com a competência tradicionalmente atribuída aos governos para designar livremente os conselhos de administração da concessionária – a RTP – e na própria gestão financeira da empresa. Recorde-se que os conselhos de administração nomeiam, por sua vez, os directores de informação e programação, embora essa designação dependa de um parecer favorável vinculativo do Conselho Regulador da ERC. A mudança nos estatutos da RTP, em 2014, com a criação de um Conselho Geral Independente de seis membros, dos quais dois são designados pelo governo, dois outros pelo Conselho de Opinião da empresa e os restantes são cooptados, a quem passou a caber a designação do conselho de administração, bem como a imposição do referido parecer da ERC e a garantia da inamovibilidade dos mandatos dos gestores, introduzida na alteração aos estatutos da RTP em 2003, asseguram uma maior independência face ao poder político.

Pode assim considerar-se ultrapassada a época em que a inexistência destes mecanismos, bem como a situação monopolista da empresa, permitiam a criação de uma «cadeia hierárquica de controlo político» que se estendia desde o governo até à Direcção de Informação[6].

---

[6] Cf. CARVALHO, Alberto Arons de, *A RTP e o Serviço Público de Televisão*, Coimbra, Almedina, 2009.

4.6. Os princípios da actividade publicitária

A publicidade comercial desempenha uma função insubstituível na actividade da comunicação social, constituindo a sua principal fonte de receita. No entanto, ela deve ser igualmente encarada como uma forma de comunicação, cuja regulamentação se justifica, quer no contexto da liberdade de informação, quer na sua abordagem pelo prisma do direito a ser informado. A importância de que se reveste impõe uma cuidadosa regulamentação.

As características específicas da mensagem publicitária, longe das regras de objectividade e imparcialidade exigíveis aos conteúdos jornalísticos, e a circunstância de a actividade publicitária servir interesses comerciais, bem mais do que o direito à informação, não a eximem de regras essenciais, nomeadamente as que visem proteger os consumidores.

Desta forma, se é verdade que «sendo inerentemente comunicativa, a publicidade comercial deve ser protegida pelas liberdades fundamentais pertinentes, de expressão, de informação e de comunicação»,[7] tal não impede que essa actividade tenha de ser regulamentada de forma a salvaguardar outros valores. Assim se explica o tradicional elenco de princípios pelos quais ela se rege: licitude (proibição da publicidade que, pela sua forma, objecto ou fim, ofenda os valores, princípios e instituições fundamentais constitucionalmente consagrados), identificabilidade (obrigação de permitir a inequívoca identificação da publicidade como tal), veracidade (proibição da publicidade enganosa, ou seja, aquela que, por qualquer forma, induza ou seja susceptível de induzir em erro os seus destinatários, independentemente de lhes causar qual-

---

[7] Cf. MACHADO, Jónatas, *Liberdade de Expressão*, Coimbra, Coimbra Editora, 2002.

quer prejuízo económico, ou que possa prejudicar um concorrente) e respeito pelos direitos do consumidor (por exemplo, proibindo que encoraje comportamentos prejudiciais à sua saúde e segurança).

No que diz respeito à independência da comunicação social face ao poder económico, ganha maior relevância o princípio da identificabilidade, quer pela preocupação de garantir aos consumidores de informação uma evidente separação com os conteúdos informativos ou de programação, quer ainda porque, especialmente na televisão, as novas técnicas (por exemplo, a *colocação de produto*, o *product placement*, ou seja, a inclusão ou referência a um bem ou serviço, ou à respectiva marca comercial, num programa, a troco de pagamento ou retribuição similar) tornam mais imperiosa a sua regulamentação.

As empresas de comunicação social desempenham, de facto, uma actividade económica, estando sujeitas às regras de mercado e de livre concorrência, bem como aos êxitos ou inêxitos da sua relação com os consumidores e anunciantes. No entanto, as políticas públicas dos Estados democráticos não podem ignorar que elas desempenham uma actividade de evidente interesse público. A liberdade, o pluralismo, a diversidade e a sustentabilidade económica das empresas constituem factores absolutamente decisivos para assegurar os direitos de informar, de se informar e de ser informado.

Leituras recomendadas

CAMPONEZ, José, *Fundamentos de Deontologia do Jornalismo – A Auto-regulação Frustrada dos Jornalistas Portugueses (1974–2007)*, Dissertação de Doutoramento em Letras, Universidade de Coimbra, Coimbra, 2010.

CARVALHO, Alberto Arons de, CARDOSO, António Monteiro e FIGUEIREDO, João Pedro, *Direito da Comunicação Social*, 3.ª ed., Lisboa, Texto Editora, 2012.

Carvalho, Alberto Arons de, *A RTP e o Serviço Público de Televisão*, Coimbra, Almedina, 2009.

Derieux, Emmanuel, *Manuel de Droit de la Communication*, 3.ª ed., Paris, LDGJ, 1999.

Faustino, Paulo e Cádima, Francisco, *Políticas Públicas, Estado e Media*, Lisboa, Editora Media XXI, 2013.

Fidalgo, Joaquim, *O Lugar da Ética e da Auto-Regulação na Identidade Profissional dos Jornalistas*, Lisboa, Fundação Calouste Gulbenkian e Fundação para a Ciência e Tecnologia, 2009.

Machado, Jónatas, *Liberdade de Expressão*, Coimbra, Coimbra Editora, 2002.

Público, *Livro de Estilo*, Lisboa, Público, 2005.

Comunicação e cidadania

Luís Marques Mendes
Advogado

A comunicação social antes e depois da Revolução

É óbvia a influência que a comunicação social tem na formação da cidadania. Afinal, os *media* informam, esclarecem, ajudam a formar opinião, estimulam o debate e a reflexão, contribuem de modo decisivo para a participação dos cidadãos na vida pública. Uma comunicação social livre e plural é, assim, um incentivo a uma cidadania assumida com convicção e em plenitude. Ao invés, uma comunicação social tolhida na sua liberdade acaba a cercear a própria liberdade individual e o direito do cidadão a uma cidadania plena. O antes e o pós-25 de Abril são exactamente o verso e o reverso desta situação.

Durante décadas, no período do Estado Novo, o país viveu sem liberdade de informação. O que se afirmava então em Portugal era o regime da censura e do exame prévio. Jornais, rádios e televisão (e mesmo o teatro de revista ou o cinema) tinham uma liberdade vigiada, controlada e profundamente limitada. Notícias e opinião, sem esquecer a edição livreira e o vasto índex de livros proibidos, eram previamente analisadas por um regime de censura prévia, que o Estado impunha e que a ditadura controlava com mão de ferro. Na censura prévia não passava tudo quanto pudesse minar ou afectar o pensamento único então instituído.

Nada disto quer dizer que não houvesse jornalistas de qualidade, personalidade e carácter. Havia, naturalmente, e não eram assim tão poucos. O problema é que, independentemente das suas convicções, responsabilidade profissional e apego à liberdade, o seu espaço de acção estava limitado pela censura do regime, e a sua capacidade de intervenção estava, por isso mesmo, altamente diminuída.

Neste quadro, nem os meios de comunicação social estimulavam a participação dos cidadãos na vida pública, nem o objectivo de afirmação da cidadania se concretizava na sua plenitude. Era o tempo em que se queria uma comunicação social ao serviço do regime e não ao serviço da sociedade. O propósito não era o de contribuir para a construção de uma sociedade livre, forte e responsável. O objectivo era, apenas e só, o de projectar as ambições do regime, silenciando os seus pontos negros e amortecendo os seus bloqueios.

Com a revolução de Abril de 1974 tudo mudou. A censura prévia caiu de imediato e deu lugar à liberdade plena. A *capitis deminutio* do Estado Novo cedeu perante a abertura e a autonomia do Estado democrático. O direito do cidadão a ser plenamente informado teve total correspondência no dever dos *media* a informar sem quaisquer limitações. A comunicação social passou a assumir a responsabilidade que verdadeiramente lhe competia: ser um espaço de liberdade de informação e opinião, assumir o seu papel no fomento da participação dos cidadãos na vida colectiva, contribuir para elevar os níveis de literacia e de cultura na sociedade portuguesa, colaborar na construção e afirmação de uma nova cidadania.

Mesmo assim, nas primeiras três décadas de vida democrática há dois períodos bem distintos a destacar:

Primeiro, nos anos setenta e noventa, o ciclo da consolidação da liberdade de informação. Foi um dos grandes desafios da Revolução. Passar da ditadura à democracia implicava acabar com a censura e instituir em pleno a liberdade de informação. Por aqui passava a afirmação de uma nova cidadania e a construção do novo Estado de Direito Democrático. Com acertos e desacertos, exageros e atropelos, a verdade é que o desafio da consolidação da liberdade de imprensa foi sendo superado.

Sem embargo, a verdade histórica impõe que se recordem duas realidades: primeiro, não foi um período isento de dificuldades; depois, foi um tempo marcado por uma forte debilidade estrutural. As dificuldades resultaram das pressões e de um novo tipo de censura que muitas vezes se fizeram sentir no pós-Revolução, impondo em certas redacções limitações políticas de sinal contrário às que se afirmavam no regime anterior. A debilidade estrutural, essa, espelhava-se num excesso de intervenção do Estado nos órgãos de informação, fosse na sua propriedade, fosse na gestão do seu dia-a-dia.

Depois, nos anos noventa, o ciclo da liberalização da comunicação social. Na imprensa escrita, na rádio e sobretudo na televisão, a década de noventa marcou um importante virar de página na comunicação social. Diminuiu-se o excessivo peso do Estado, reforçou-se o papel da sociedade civil. Privatizados, os jornais que antes eram públicos deixaram de ter a tutela do Estado e tornaram-se mais plurais. Entretanto, outros surgiram *ex-novo*, dando origem a uma concorrência ainda maior e mais saudável. No domínio da rádio, o espaço radiofónico foi profundamente liberalizado com o advento de centenas de rádios – nacionais, regionais e locais – que mudaram radicalmente o panorama do sector.

E na televisão deu-se a mudança das mudanças – o monopólio deu lugar à concorrência, afirmando-se, também em televisão, a cultura do pluralismo e o primado do direito à diferença.

Como sucede com todas as mudanças estruturais, também esta não foi fácil e também esta teve inúmeras resistências. Ouviram-se vozes a reclamar que o Estado devia ser dono de, pelo menos, um jornal (como se não lhe chegasse o *Diário da República*!) e houve sobretudo vozes fortes a erguer os seus decibéis para contestar o advento das televisões privadas, então vistas por alguns como um perigoso afloramento de uma nova forma de capitalismo. Se algum canal de memórias decidisse recordar hoje algumas dessas declarações, seriam muitos os protagonistas que corariam de vergonha perante ideias tão absurdas e tão conservadoras. Em qualquer caso, com resistências ou sem elas, com avanços e recuos, o desafio da privatização e da liberalização da comunicação social foi outro desafio plenamente vencido. E também por aqui passou uma nova etapa no amadurecimento da liberdade de imprensa, na construção de uma sociedade mais culta, na afirmação de uma cidadania mais responsável, no enriquecimento do debate público e na consolidação de uma nova fase de maturidade e crescimento democrático.

Os novos desafios da comunicação social

As mudanças que vivemos nos anos oitenta e noventa parecem, todavia, altamente conservadoras e obsoletas face aos novos paradigmas que emergiram neste século. A internet mudou tudo, de alto a baixo, também na comunicação social. Mudou hábitos, mudou culturas, mudou comportamentos, mudou práticas empresariais, modos de estar, de agir e de reagir. É a grande mudança da nossa geração, com consequências profundas nas várias áreas da comunicação social.

Vejamos três exemplos impressivos:

Na imprensa escrita – na qual há publicações nacionais com tiragens que são próprias da chamada imprensa regional –, os jornais tradicionais começam a confrontar-se a sério com a concorrência das redes sociais e dos jornais e agregadores de informação online. Há, cada vez mais, a ilusão de que o jornalismo tradicional pode ser descartável, de que o habitual papel de intermediação desempenhado pelos jornalistas deixou de ser necessário e, sobretudo, que o acesso fácil, próximo, rápido e ainda por cima barato à blogosfera, à circulação de informação nas redes sociais e no online torna os jornais em papel redundantes ou dispensáveis.

Esta é uma alteração profunda de paradigma com que os *media* e os jornalistas estão definitivamente confrontados: os *media* tradicionais deixaram de ser o território preferencial de intervenção dos cidadãos. Hoje, a opinião na blogosfera é relevante e tem, por vezes, mais amplificação do que aquela que é publicada em alguns meios tradicionais. O Facebook e as redes sociais passaram a ser um intermediário privilegiado das angústias e preocupações da sociedade civil. O online passou a ser o companheiro de todas as horas de um cidadão que quer estar permanentemente informado – seja através dos hoje em dia massificados *tablets*, *smartphones* ou computadores.

Os *media* tradicionais são hoje apenas mais um veículo de informação ao serviço dos cidadãos – e esta condição, não lhes retirando estatuto, relativiza significativamente o seu espaço de influência.

Tudo isto convoca os *media* tradicionais para uma reflexão profunda sobre o que os cidadãos esperam deles. Não foi por acaso que todos os grandes órgãos de comunicação nacionais e internacionais criaram, em paralelo e simultâneo, canais próprios de informação online, que foram crescendo em importância dentro de cada grupo empresarial. Mas não basta. Num mundo extremamente competitivo e em que a notícia tem prazos de validade cada vez mais curtos, tornou-se urgente a necessidade de reinventar a abordagem à agenda noticiosa, explorando novos ângulos, respondendo às inquietações e às necessidades de um público cada vez mais informado, e, sobretudo, ousando surpreender não apenas na forma, mas também nos conteúdos que oferecem aos consumidores.

É aqui que as dimensões do jornalismo de investigação, na melhor tradição anglo-saxónica, e a capacidade de analisar e enquadrar – o que nunca se deve confundir com opinião – pode e deve fazer a diferença. O que exige também a requalificação das redacções, recuperando a maturidade e a experiência que se foram perdendo nos ciclos de contenção orçamental que atingiram a maioria dos órgãos de comunicação social.

Na televisão, a realidade do cabo impõe-se cada vez mais às estações generalistas. O cabo ganha terreno a um ritmo vertiginoso, enquanto a televisão generalista começa paulatinamente a perder espaço e influência. Esta é uma tendência que veio para ficar e para se reforçar, nunca para diminuir.

Primeiro, pelo crescente número de canais de cabo à disposição do cidadão. Depois, pela sua diversidade temática. Em terceiro lugar, porque um cidadão cada vez mais exigente apela a uma maior especialização televisiva. Finalmente, porque uma televisão generalista nivelada por padrões mínimos de gosto popular, muitas vezes ditado por constrangimentos financeiros, atira o telespectador para a procura de novas e diferentes alternativas.

Esta é, também ela, uma realidade nova que vai impor novas exigências e novos desafios às televisões generalistas. Também aqui os modelos e paradigmas tradicionais estão num impressionante processo de mudança.

As novas plataformas digitais avançam a olhos vistos. As plataformas tradicionais entraram em crise. E não são precisos grandes estudos, relatórios ou documentos estatísticos para o comprovar. Basta olhar à nossa volta e reparar nas mudanças de hábitos dos nossos filhos. A conclusão resulta inevitável

– os jovens, de um modo geral, já quase não vêem televisão. Ou, pelo menos, não vêem televisão segundo os modelos e plataformas tradicionais. Usam o computador, os *tablets*, os *smartphones*, mas não as plataformas tradicionais.

Este é, por razões óbvias, outro dos desafios que se colocam aos *media* – a multiplicidade de formas como acedemos hoje à informação convoca os meios tradicionais para um esforço de adaptação a novas plataformas e de actualização tecnológica permanente.

Numa palavra: o novo ciclo que se abre à comunicação social portuguesa é muito semelhante, *mutatis mutandi*, àquele outro que se coloca ao país – trata-se de afrontar com coragem os problemas conjunturais e de enfrentar com engenho os desafios estruturais. Sem vencer os primeiros não se ganha o desafio da sobrevivência económica; sem superar os segundos não se vence o desafio da competitividade e da sustentabilidade. E a verdade é esta: o sector da comunicação social é tanto mais independente e credível quanto mais sustentáveis e competitivas forem as empresas que o integram.

As semelhanças do sector da comunicação social com a realidade do país não se esgotam, porém, aqui. Há um outro mimetismo que não deve ser escamoteado. Tal como no tecido produtivo nacional temos empresas pequenas a mais e grupos empresariais com escala a menos, o mesmo sucede na comunicação social. Temos grupos de *media* em excesso para a dimensão do país e para a escassez do nosso mercado; temos capelinhas a mais, guerras intestinas a mais, quintinhas a mais e temos cooperação a menos, espírito de entreajuda a menos e competitividade empresarial a menos.

Consequência de tudo isto: a competição é mais dura e exigente do que seria desejável; a concorrência nem sempre é racional e saudável; a tirania das audiências é ainda mais esmagadora; a ideia do «vale tudo» e do «salve-se quem puder» é muitas vezes a regra dominante no seio da comunicação social nacional. No final, o resultado é só um: ninguém ganha, todos perdem.

É pena, mas é infelizmente a nossa sina: em Portugal leva-se demasiado tempo a perceber que ser-se pequeno não é sinónimo de ser-se irrelevante. Pode ser-se relevante, sendo-se pequeno, se as estratégias de acção estiverem certas e se houver a coragem de tomar as medidas mais racionais e adequadas.

As novas oportunidades

O mal de uns é amiúde o bem de outros. No caso vertente, as maiores dificuldades que se colocam aos *media* tradicionais, fruto das mudanças em curso na sociedade, são novas oportunidades que se abrem aos cidadãos e ao seu enriquecimento informativo, formativo e cultural.

Primeiro, no plano da informação. É inquestionável que os novos *media* (em particular, o online e os canais televisivos de cabo) representam novos mundos para a generalidade dos cidadãos. Acrescentam informação à informação tradicional. Constituem, sobretudo, uma importante ferramenta de diversificação da informação. São novos temas que se agitam, novas agendas que se introduzem, novas áreas de intervenção que se abrem, novos pólos de interesse que se fixam, novas realidades que vêem a luz do dia. Neste particular, bem pode dizer-se que no espaço de apenas quatro décadas passámos do oito para o oitenta. Ganha a sociedade em termos de enriquecimento do debate público e ganha o cidadão, designadamente, em termos de literacia política, cultural, económica e de outros matizes.

Segundo, no plano da especialização. Os novos *media* não promoveram, apenas, uma maior diversidade informativa. Eles contribuíram, também, para uma maior especialização temática. Onde antes se afirmava o pendor generalista da informação passou agora a privilegiar-se a especialização da oferta informativa. Há novas plataformas especializadas na economia, na política, no desporto, nas artes e na cultura. Também aqui o cidadão sai a ganhar. Há temas e áreas de intervenção que antes estavam apenas acessíveis a algumas elites ou grupos restritos da sociedade e que agora passaram a suscitar o interesse, real ou potencial, da generalidade dos cidadãos. Ao reforço quantitativo da informação seguiu-se a mudança qualitativa da oferta colocada ao dispor do consumidor. É uma mais-valia incontornável.

Terceiro, no plano da partilha da informação e do maior envolvimento da sociedade. Hoje, ao contrário do passado recente, a sociedade interage entre si de forma intensa e altamente participada. A notícia que sai num online é imediatamente comentada e partilhada. As redes sociais amplificam e multiplicam qualquer notícia, informação ou opinião a um ritmo absolutamente surpreendente. E, não raro, são elas próprias, as redes sociais, a fixar a agenda informativa, regional ou nacional, introduzindo temas e questões que imediatamente condicionam as agendas dos meios de comunicação tradicionais. Estamos nos antípodas da sociedade de informação do princípio do século. Onde antes tudo funcionava em compartimentos estanques, assiste-se agora a uma partilha inegável e a um significativo envolvimento da sociedade. Eis aqui uma outra mudança qualitativa de relevo.

Finalmente, no plano do enriquecimento do debate público. Em pouco mais de quatro décadas, o debate público mudou de alto a baixo. Antes do 25 de Abril, a comunicação social cerceava-o. A seguir à Revolução, o debate afirmou-se, ainda que de modo limitado, no tempo, no espaço, nos temas e nas plataformas. Agora, o debate atingiu os píncaros da democratização, não conhecendo barreiras nem fronteiras. A internet revolucionou a tecnologia, os profissionais da informação aguçaram o seu talento e imaginação, a sociedade tornou-se mais exigente, mais reivindicativa e inconformada. Desta mistura virtuosa nasceu uma realidade informativa que apela ao debate, que fomenta o contraditório, que valoriza a representação e que estimula a participação. A democracia agradece. Afinal, esta nova realidade mediática contribuiu para uma nova maturidade democrática.

Neste mundo de oportunidades, as vantagens, como vimos, são óbvias e evidentes, mas os inconvenientes não são irrelevantes ou desprezíveis. Perante nós estão sobretudo três inconvenientes de monta: o imediatismo; a concorrência desenfreada; a demagogia e o populismo.

O imediatismo é a face perversa da informação rápida, instantânea e generalizada. Todos queremos informação em tempo real e todos desejamos ao mesmo tempo que ela seja rigorosa e verdadeira. Esse é o mundo ideal, mas está longe de ser o cenário com que a realidade nos confronta. A rapidez na informação nem sempre nos garante objectividade, rigor e verdade. Para assegurar celeridade e assertividade na oferta informativa nem sempre se acautelam as exigências do contraditório, a verificação da credibilidade das fontes informativas, os padrões mínimos de qualidade do texto colocado à disposição do leitor. Muita da informação que circula na internet não tem credibilidade nem obedece a regras mínimas de exigência jornalística.

A concorrência desenfreada, por sua vez, só contribui para agravar a realidade descrita. Em si mesma, a concorrência é boa e positiva. Levada ao extremo é transformada numa competição sem freios, sem regras e sem limites. E quando assim é, a concorrência torna-se adversária da qualidade e inimiga da credibilidade. Afinal, mais informação não é necessariamente sinónimo de melhor informação. A primeira beneficia a sociedade. A falta da segunda enfraquece-a de forma perigosa e preocupante.

A demagogia e o populismo são o terceiro e grande inconveniente da sociedade informativa com que hoje convivemos. O exemplo mais gritante e paradigmático está nas redes sociais. Os seus efeitos benéficos à sociedade, em termos de partilha de opinião, de interactividade e de generalização da informação, não dispensam um outro e exigente olhar. Um olhar mais cruel, mas não menos verdadeiro. E esse olhar obriga a uma outra confirmação – as redes sociais são, também, um espaço de maledicência e um palco que convida ao populismo e à demagogia, além do insulto fácil a coberto do anonimato. É o lado negativo desse novo mundo, que já levou a falar-se do «lixo das redes sociais». Dir-se-á que é uma inevitabilidade da sociedade em que vivemos e da nossa cultura lusíada. Talvez. Há muitos anos já Fernando Namora recordava que «a maledicência é a respiração da vila». Em qualquer caso, não deixa de ser uma inquietação. E o caminho a prosseguir não está na desvalorização pura e simples do fenómeno. À demagogia reinante há que saber contrapor o valor da pedagogia, do rigor e da verdade. É que democracia e demagogia são realidades radicalmente diferentes. A primeira valoriza e enriquece o debate. A segunda mina-a e enfraquece-o.

Um olhar sobre o futuro

Neste quadro de referências há um «risco» que não podemos evitar, há uma «exigência» com que temos de nos confrontar, há um «desafio» que devemos ser capazes de vencer e há uma «responsabilidade» que não podemos deixar de assumir.

O risco é este: hoje, e cada vez mais no futuro, as ameaças à liberdade de imprensa virão menos das pressões políticas e mais das dependências económicas. E, dentro das dependências económicas, as ameaças à liberdade virão menos dos donos dos órgãos de comunicação social e mais, muito mais, dos anunciantes e publicitários. Uma dúzia de grandes grupos económicos que têm um peso especial no mercado publicitário tenderá no futuro a condicionar mais a actividade dos *media* do que os titulares do capital das empresas ou o poder político instalado. Este é o risco emergente da nova situação que temos pela frente. Um risco para a liberdade e para a democracia. Um risco para a cidadania. Um risco que não devemos nem ignorar nem desvalorizar. Um risco que coloca os jornalistas perante uma questão nova e diferente do passado: já não se trata tanto de exibir perante o poder político a lógica do quarto poder ou de afirmar o primado do contrapoder. Ou, se quisermos, citando Thomas Jefferson, já «não se trata de decidir entre ter um governo sem jornais ou ter jornais sem governo». Trata-se, antes, de perceber que a ameaça à democracia está hoje menos do lado do constrangimento político e mais do lado da dependência económica e da sobrevivência financeira. Em qualquer caso, há uma verdade que importa reafirmar: esta crise não desvalorizou a relevância da liberdade de informação e do trabalho jornalístico. Muito pelo contrário. Adaptado às vicissitudes dos novos riscos e preparado para vencer os novos desafios, o jornalismo exigente e de qualidade continua a ser uma condição essencial do bom funcionamento das democracias modernas.

Em segundo lugar, há uma exigência com que temos de nos confrontar: uma exigência de responsabilidade. Defender a democracia é essencial. Mas evitar que a democracia possa degenerar em demagogia é, nesta fase, absolutamente vital. Por isso, realçar a importância da responsabilidade não contribui para cercear a liberdade. Pelo contrário, defende-a e promove-a.

Neste quadro de referências devemos ser directos e pedagógicos: gerir e dirigir órgãos de comunicação social, mais ainda do que gerir ou dirigir qualquer outra empresa, reclama um especial respeito por obrigações éticas. Nos *media*, mais ainda do que em qualquer outro ramo de actividade, a ética da responsabilidade tem de ser uma prioridade permanente e intemporal. Os meios de comunicação social formam e informam, que o mesmo é dizer, influenciam, condicionam e moldam a sociedade. Neste quadro, o sensacionalismo, o populismo, o *fait-divers*, a falta de rigor, a ausência de qualidade e de exigência não podem ser, por acção ou omissão, as realidades prevalecentes nos órgãos de comunicação social, sejam os *media* tradicionais ou os novos *media*. Não se trata, dizendo isto, de afirmar qualquer atitude elitista ou de uma alegada superioridade intelectual. Nada disso. Trata-se, sobretudo, de defender a democracia, a cultura e a sociedade dos vícios que a minam e corrompem (o populismo, a ligeireza e a falta de qualidade). Dir-se-á que as audiências, a concorrência e a exigência da informação em tempo real não se compadecem com tais virtuosismos ou perfeccionismos. Essa é uma meia-verdade, porque há uma outra parte importante da verdade a ter em atenção: nunca a qualidade, o rigor e a credibilidade geraram perversidade. Nunca a qualidade foi um atropelo ao prestígio e à popularidade. Sobretudo, quando há engenho e arte para associar a qualidade à atractividade.

Uma palavra também, neste contexto, para o papel que cabe aos *media* em ciclos particularmente difíceis como aquele que vivemos hoje em Portugal. Em momentos de conflito e de risco de desagregação social, é fundamental que os *media* preservem a ponderação, a isenção e o equilíbrio que estão subjacentes ao dever de informar.

Aos *media* não compete atear o fogo da discórdia, seja pela existência de uma agenda oculta, que os transforma em parte interessada, ou pela tentação de subordinar o relato e a explicação dos factos tal como eles são ao sensacionalismo ancorado na intriga e na desinformação.

Os *media* são um inequívoco pilar da democracia e têm, também por isso, uma responsabilidade acrescida: o dever do bom senso e de equilíbrio na sua nobre tarefa de informar.

Em terceiro lugar, há um desafio pela frente que importa não desvalorizar: o desafio da regulação. Chegados ao tempo a que chegámos, é quase redundante estar a repetir a importância da regulação. E quanto maiores forem os riscos emergentes e mais expostas estiverem as vulnerabilidades dos *media*, mais decisiva se torna a eficaz e atempada intervenção da actividade regulatória.

Afinal, associar a responsabilidade à liberdade requer o exercício da regulação. Seja a auto-regulação, seja a regulação institucional. Os problemas, porém, não se situam na necessidade de regulação. Eles estão noutro quadrante. Primeiro, na incipiência ou irrelevância da auto-regulação, o tipo de regulação claramente preferível na sociedade democrática em que vivemos. Depois, na fragilidade da regulação institucional.

A regulação na comunicação social, em Portugal, tem um problema que a condiciona profundamente: um problema de autoridade. A Entidade Reguladora da Comunicação Social não tem, nunca conseguiu ter aliás, a autoridade que devia ter para intervir. Tem um sério défice de autoridade. E apresenta um sério défice de autoridade porque tem, desde o início, um modelo de composição fortemente partidarizado.

Deixemo-nos de retóricas e falemos sem aspas nem reticências: os governos e os partidos adoram partidarizar a Administração Pública, afirmando as suas clientelas e interesses. E a regulação na comunicação social não é excepção. Dizer isto não é uma questão de menos respeito pelas pessoas que ocuparam os lugares respectivos. Umas e outras serão naturalmente respeitáveis. A questão não é pessoal. É uma questão política decorrente do facto de o actual modelo de composição da entidade reguladora favorecer o partidarismo do organismo e desfavorecer a sua independência em relação aos partidos.

Ora, esta situação é má. Quando devíamos ter uma regulação forte, temos uma regulação fraca, quando devíamos ter uma regulação prestigiada e eficaz, temos uma regulação diminuída na sua autoridade e na sua efectiva capacidade para intervir.

Tenho para mim que a auto-regulação tem de ser fortemente incentivada e que essa pedagogia tem de ser estimulada. E que a regulação institucional deve obedecer a outras regras, a outros ditames e a outra forma de orientação. Os reguladores dos *media* têm de ser autênticos senadores da comunicação social. No tempo em que a cultura do exemplo tem mais força do que o discurso que se faz ou que a lei que se aprova, o exemplo dos reguladores independentes, prestigiados e profissionais constitui a melhor forma de contribuir para uma informação de maior qualidade.

Finalmente, há uma responsabilidade que não podemos deixar de assumir. E essa é a responsabilidade que dimana do primado da cidadania. Aos *media*, sejam os antigos ou os novos, os tradicionais ou os mais modernos, cabe uma tarefa ingente – fazer em permanência a defesa intransigente de uma informação séria, objectiva e livre. Mas é aos cidadãos que cabe, em última instância, o papel mais relevante de todos: o papel de afirmar a exigência, de fazer o escrutínio, de reforçar a importância de uma comunicação credível e de qualidade.

Na sociedade democrática dos dias de hoje, os cidadãos têm de ser cada vez mais exigentes. Exigentes com o Estado, exigentes com os políticos, exigentes consigo próprios, exigentes também com a comunicação social. Cabe-lhes defender a concorrência, mas também contestar os seus excessos. Compete-lhes estimular a competição, mas também verberar os seus exageros. Incumbe-lhes exigir uma informação atractiva e em tempo real, mas também uma informação rigorosa e verdadeira.

Dos cidadãos exige-se, hoje mais do que nunca, capacidade para fazer o escrutínio. Enquanto leitores, ouvintes ou telespectadores cabe-lhes a responsabilidade de assumir uma visão construtivamente crítica, de saber romper com os vícios reais ou potenciais que impendem sobre a moderna sociedade mediática, de saber gerar, quando necessário, o choque de vida ou o sobressalto cívico que contribua para afirmar uma comunicação credível e uma cidadania responsável. Afinal, por estas duas realidades – a da comunicação e a da cidadania – passa em grande medida o objectivo maior e mais importante da afirmação de uma democracia de qualidade. E o nosso devir colectivo requer uma permanente melhoria da qualidade da nossa democracia.

Un espacio público mundial

Daniel Innerarity
Universidad del País Vasco/Fundación Vasca de la Ciencia (Ikerbasque)

Desde hace algunos años la realidad se ha vuelto «comunista». La Guerra Fría la gana el capitalismo pero la dinámica de las cosas impone unos problemas que sitúan en el centro de nuestras preocupaciones el cuidado de «lo común» por encima de lo particular. La globalización es a menudo asociada con la privatización (con la liberalización económica o el desplazamiento de ciertos bienes y servicios hacia los mercados), pero también puede ser entendida como el incremento de lo público, el hecho de que las sociedades se hacen más interdependientes. La agenda política se ha llenado de problemas comunes, de bienes públicos de la humanidad.

Los principales problemas de nuestras sociedades son sus bienes públicos y somos conscientes de que también han de ser comunes las estrategias con las que hacerles frente. Problemas como la polución del medio ambiente, el cambio climático y la explotación de los recursos naturales, la integración financiera y los riesgos a ella asociados, la desigualdad global y la explosión demográfica, el crimen global que se manifiesta en el tráfico de drogas y armas, todas ellas son cuestiones que han irrumpido en la agenda política debido a que la mayor integración de la economía mundial las acentúa y modifica el contexto en el que tienen que ser tratados y debido, por supuesto, al papel que los medios de comunicación desempeñan en esta unificación del espacio público global. Los sistemas globales complejos, desde el financiero hasta el ecológico, vinculan el destino de las comunidades locales con el de comunidades distantes. La seguridad propia se diluye frente a la seguridad general: cada uno depende de todos los demás, la seguridad de cualquiera está en función directa de la seguridad de los otros, estén cerca o lejos. Nos interesa cada vez más lo que les pasa a los demás porque consideramos que ahí se contienen posibilidades y amenazas para nosotros. Tenemos ya experiencias concretas en el ámbito de la seguridad, la economía o el medio ambiente que acreditan la torpeza de perseguir únicamente lo propio y nos recomiendan aprender la inteligencia cooperativa. Se impone el sentido «común», que no es tanto una categoría epistemológica como un descubrimiento político: haber caído en la cuenta de que el interés particular está de tal manera entreverado con el de los otros que conviene entender cuanto antes la lógica que los vincula.

Las lógicas de la interdependencia plantean dificultades inéditas a los Estados nacionales, modifican nuestros bienes y nuestros espacios públicos. El horizonte al que apunta todo ello es una política de la humanidad, es decir, a la posibilidad de que la humanidad como un todo (sea ello lo que fuere) actúe como tal, a la necesidad de configurar un nivel de gobernanza en correspondencia con la naturaleza de los bienes comunes de la humanidad que se hacen valer cada vez con más insistencia en los espacios deslimitados de la globalización.

1. Los nuevos bienes públicos interdependientes

Bienes públicos son aquellos cuyos beneficios – o costes, en el caso de los males públicos – afectan potencialmente a todas las personas, países e incluso generaciones. El caso más claro es el medio ambiente global, pero hay otros como el conocimiento, la salud, la paz y la seguridad, la estabilidad financiera, la eficiencia de los mercados, la regulación de la propiedad intelectual, la conservación de la biodiversidad, el acceso al agua. Esta es la lógica ambigua de la interdependencia: una crisis económica, en virtud del comercio y los flujos financieros, afecta a muchos, incluso a las economías más robustas; criterios laxos en materia de seguridad alimentaria pueden crear problemas en otras partes del mundo debido al turismo y la exportación; la facilidad de las comunicaciones sirve también para la evasión de impuestos, el blanqueo de dinero y el tráfico de drogas. Para los bienes públicos vale el principio definido por *the triangle of publicness* público ha de ser el consumo, los beneficios y los procedimientos de decisión[1]. Y si las políticas nacionales tienen una opinión pública, las políticas de los bienes públicos globales han de tener, con las distancias que haya que guardar cuando la analogía no es exacta, una opinión pública mundial.

Los grandes asuntos políticos se han disociado casi por completo del marco definido por los Estados en una triple dimensión: por la generación del problema (quién o qué tipo de conducta causa un determinado problema), el impacto del problema (quién sufre qué tipo de efectos negativos) y la solución del problema (a quién compete su resolución y de qué

---

[1] Cf. INGE, Paul, CONCEIÇÃO, Pedro, LE GOULVEN, Katell & MENDOZA, Ronald, *Providing Global Public Goods. Managing Globalization*, Oxford, Oxford University Press, 2003.

modo)[2]. El origen, el impacto y la solución de determinados problemas (*problem generation, problem impact, problem coping*) no coinciden con los límites de la unidad tradicional que representaban las sociedades estatalmente organizadas. Todo ello define un cuadro de interdependencia o dependencia mutua que implica vulnerabilidad compartida.

Para entender esta nueva circunstancia es necesario hacerse cargo de lo que ha supuesto el Estado nacional moderno y los desafíos actuales que le están exigiendo una profunda transformación. El éxito del sistema político moderno cuyo origen suele situarse en la Paz de Westfalia (1648) se atribuye a dos conquistas que se refuerzan mutuamente. En primer lugar está la capacidad de los Estados individualmente considerados – sus estructuras, procesos e instituciones endógenas – para organizar eficientemente el espacio público y proveer bienes públicos «en el ámbito doméstico», a la vez que neutralizan las interferencias exteriores y protegen a su sociedad de lo que los economistas llaman *exogenous shocks*. La segunda conquista es la capacidad de los Estados «en plural» para desarrollar un sistema de reglas, normas y prácticas que limiten o regulen el conflicto directo entre ellos y refuercen una serie de resoluciones comunes duraderas que surgen de su inevitable interacción (tratados, acuerdos de comercio, sistemas monetarios, etc.). Gracias a estas dos capacidades los Estados han estado en condiciones de ordenar su interior y de atemperar la inevitable «anarquía» exterior que se deduce de su soberanía.

Pues bien, ambas capacidades son fragilizadas por la globalización: ni los Estados están ya en condiciones de garantizar los bienes públicos interiores que prometían ni la mera yuxtaposición de Estados soberanos es suficiente para garantizar los

---

[2] Cf. MAYNTZ, Renate, *Über Governance. Institutionen und Prozesse politischer Regelung*, Frankfurt, Campus, 2009, p. 74.

bienes públicos exteriores. A la luz de ambos objetivos, todos somos Estados fallidos, insuficientes. Los Estados y el sistema de Estados soberanos tienen unas grandes dificultades a la hora de promover la estabilidad, la seguridad, la prosperidad y otros bienes específicamente colectivos. Muchos de los bienes públicos que han suministrado los Estados ya no pueden ser garantizados por ellos mismos debido a que se han configurado transnacionalmente o son proporcionados por los mercados.

Se está modificando la idea que teníamos de los bienes públicos, vinculados hasta ahora con una soberanía estatal que se encargaría de garantizarlos. Poco a poco tomamos conciencia de que se trata de bienes que no son divisibles entre los Estados, como pasa con lo que se refieren al medio ambiente, la seguridad, la estabilidad económica, bienes simbólicos (fundamentalmente los derechos humanos), que no se prestan a una gestión soberana sin provocar graves efectos perversos. Las crisis mundiales o los riesgos globales no afectan únicamente a las comunidades nacionales más directamente concernidas sino al conjunto de la humanidad, por las consecuencias en cadena o los efectos derivados. En la medida en que son bienes comunes de la humanidad, los bienes públicos dejan de ser solamente bienes soberanos. Las conferencias internacionales sobre algunos de estos asuntos o los debates globales que desencadenan son una prueba de que somos conscientes de que su gestión desborda las competencias de los Estados soberanos. Incluso en una de las principales competencias de los Estados, como es la defensa y la seguridad, el Estado se ve desafiado como provisor legítimo de tales bienes colectivos. Al mismo tiempo, el poder de establecer y mantener el orden mundial se ha fragmentado o es compartido por los Estados.

Desde el punto de vista de lo que podemos con toda propiedad denominar los «bienes públicos comunes de la humanidad», la soberanía es un paso previo a la concertación para resolver los principales problemas que nos afectan, para la mayoría de los cuales una política aislada, unilateral carece de sentido. Las decisiones fundamentales ya no son adoptadas en el nivel nacional, que con frecuencia no decide más que acerca de lo accesorio. En materia comercial, monetaria, fiscal o social, las decisiones se han vuelto profundamente interdependientes, lo que inaugura un modo de gobernanza que implica no solamente un reforzamiento de las coordinaciones intergubernamentales, sino también la constitución de espacios de movilización y de representación de intereses, de discusión y de debate público, que trascienden los territorios nacionales y las lógicas soberanas.

De este modo el principio de responsabilidad se impone sobre el principio de autonomía. Los Estados se ven obligados a reconquistar espacios de acción a cambio de aceptar entrar en el juego del poder compartido. La vulnerabilidad frente a los nuevos riesgos no es algo que modifique de suyo la soberanía legal sino la soberanía operacional, es decir, la capacidad de los Estados de hacerla valer en los asuntos ordinarios de la política[3]. Aunque los principios y las declaraciones se mantengan en la inercia tradicional, la realidad es que los Estados hace tiempo que intercambian soberanía a cambio de poder.

Al mismo tiempo, en correspondencia con los procesos de fragilización de los Estados, se va constituyendo poco a poco un espacio público mundial. Este proceso se puede entender, negativamente, como un proceso por el que los sujetos se emancipan del marco estatal. Los comportamientos sociales escapan cada vez más del marco de la socialización nacional: opiniones, valores, gustos, inversiones y comportamientos se

---

[3] Cf. Reinicke, Wolfgang, *Global Public Policy. Governing without Government?*, Washington, Brookings Institution Press, 1998, p. 56.

articulan al margen del tradicional encuadramiento institucional. El empleo de los medios de comunicación está cada vez menos reducido al marco estatal. Nos encontramos en medio de una serie de dinámicas cuya complejidad e interdependencia depende en buena medida de que están en juego estructuras *cross-cutting*, grupos de actores e intereses solapados que permiten concluir que el concepto de «nosotros» que articulan los Estados no coincide con las realidades sociales y económicas.

Formulado en positivo, el proceso de configuración de un espacio público mundial apunta a la formación de un nuevo sujeto, la humanidad global, que es la evaluadora última de las prácticas políticas. Por supuesto que no hay que hacerse demasiadas ilusiones. La opinión que irrumpe sobre la escena internacional no es el contrapoder ideal, una fuerza eficaz que pueda contradecir el poder de los Estados. Pero esta intrusión y vigilancia ya contradice el mero juego del poder o ese beneficio de la ignorancia que ha sido de gran utilidad para los poderosos[4]. El actual conocimiento de los «asuntos exteriores» es el primer paso para introducirlos en un espacio de debate en el que cualquiera puede tomar partido fuera de toda tutela gubernamental y de todo alineamiento patriótico. Vivimos en un mundo que rechaza la excusa del secreto, que desearía modificar profundamente el sentido de la diplomacia para insertarla en una pública discusión. En este sentido cabría afirmar que las críticas contra la globalización pueden ser interpretadas, en el fondo, como un deseo de que haya una mejor provisión de bienes públicos globales.

El siglo XX ha terminado con el monopolio del que disfrutaban los Estados en su calidad de únicos actores internacio-

---

[4] Cf. BADIE, Bertrand, *L'impuissance de la impuissance. Essai sur les nouvelles relations internationales*, Paris, Fayard, 2004.

nales. Dicha desestatalización se corresponde con la creación de un espacio público de libre discusión y de compromiso en el seno del cual todos somos testigos de genocidios, vulneraciones de la legalidad, opresiones de todo tipo, desigualdades, etc. Gracias fundamentalmente a la instantaneidad y alcance global de los medios de comunicación, la mundialización es también un espacio de atención pública que reduce sensiblemente las distancias entre testigos y actores, entre responsables y espectadores, entre uno mismo y los demás. Se configuran así nuevas comunidades transnacionales de protesta y solidaridad. Los nuevos actores, en la medida en que vigilan y denuncian, desestabilizan cada vez más la capacidad del poder para imponerse de forma coercitiva. Ningún Estado es propietario de su imagen. La humanidad observadora participa directamente en el debate que funda el espacio público mundial y actúa en nombre de una legitimidad universal, de modo que ningún Estado puede hacer abstracción de esa mirada posada sobré él. Es muy significativo a este respecto el giro que ha efectuado la discusión sobre la justicia penal internacional: estamos pasando de una justicia dictada en nombre del pueblo a una justicia que apela a la humanidad. La nueva responsabilidad internacional de los Estados obedece a que la humanidad se impone cada vez más como una referencia de la acción internacional.

La mutua exposición a los riesgos globales, en materia de seguridad, alimentación, salud, financiera o medioambiental, refuerza nuestra interconexión y contribuye a la configuración de la humanidad como nuevo sujeto que se constituye no sobre bases metafísicas sino a partir del hecho de la interdependencia. Pensarse como única humanidad no tiene hoy nada que ver con una totalidad monística y autoritaria; vivimos en un mundo unido pero no único, interrelacionado pero no homogeneizado. Se trataría de pensar el ser en común sin caer en la absolutización de la comunidad local o en la indiferencia global[5]. Una política de la humanidad no debería suponer una transposición de viejos monismos a la escala global, sino la oportunidad de pensar el sujeto político con unas categorías incluyentes pero no totalizantes.

2. Un mundo sin alrededores

Tal vez la primera formulación de la idea de globalización se la debemos a Kant cuando advertía que, dada la superficie esférica de la tierra, todos nos acabamos encontrando: los seres humanos no pueden ser dispersados indefinidamente, por lo que no tienen más remedio que tolerar la compañía de otros. Si el mundo tuviera otra forma, sería posible la dispersión, la protección de unos contra otros, el aislamiento o la exclusión definitiva[6]. El hecho de que todo esté conectado con todo nos invita a considerar el mundo como un sistema unificado (lo que no excluye asimetrías y disfunciones), en el que las iniciativas generan resistencias, la separación entre lo de dentro y lo de fuera se vuelve problemática y todos estamos expuestos a la misma intemperie.

Seguramente debemos esta conciencia de compartir una suerte común a la presencia de riesgos que nos amenazan igualmente y relativizan la distinción entre lo particular y lo común. Del mismo modo que dichos riesgos indeseados no respetan las delimitaciones ni los ámbitos competenciales, el mundo común se constituye como una supresión de la diferen-

---

[5] Cf. PULCINI, Elena, *La cura del mundo. Paura e responsabilità nell'età globale*, Turín, Bolati Boringhieri, 2009, p. 277; y CERRUTI, Furio, *Global Challenges for Leviathan. A Political Philosophy of Nuclear Weapons and Global Warming*, Lanham, Lexinton Books, 2007, p. 169.

[6] Cf. KANT, Immanuel, *Zum ewigen Frieden*, Werke: Akademie Textausgabe, 6, Berlin, De Gruyter, 1968, p. 358.

cia rígida entre lo propio y lo ajeno; cada vez resulta más inservible la contraposición entre el interés particular y el común, del mismo modo que se desdibuja la contraposición entre el aquí y el allí. Puede explicarse esta curiosa constelación con la metáfora de que el mundo se ha quedado sin alrededores, sin márgenes, sin afueras, sin extrarradios[7]. Global es lo que no deja nada fuera de sí, lo que contiene todo, vincula e integra de manera que no queda nada suelto, aislado, independiente, perdido o protegido, a salvo o condenado, en su exterior. El «resto del mundo» es una ficción o una manera de hablar cuando no hay nada que no forme de algún modo parte de nuestro mundo común. En un mundo sin alrededores la cercanía, lo inmediato deja de ser la única magnitud disponible y el horizonte de referencias se amplía notablemente. La tiranía de la proximidad se relaja y otras consideraciones entran en juego. Se podría formular esto con una exacta expresión de Martin Shaw: *there are no others*[8]. Para Beck globalización significa igualmente la experiencia de la autoamenaza civilizatoria que suprime la mera yuxtaposición plural de pueblos y culturas, y los introduce en un espacio unificado, en una unidad cosmopolita de destino[9]. Y David Held habla, en un sentido muy similar, de «comunidades con destinos solapados»[10] para indicar que la globalización de los riesgos suscita una comuni-

---

[7] Cf. INNERARITY, Daniel, *La sociedad invisible,* Madrid, Espasa, 2004, pp. 119-127.

[8] Cf. SHAW, Martin, *Civil Society and Media Global Crisis,* London, Pinter, 1996.

[9] Cf. BECK, Ulrich, *Macht und Gegenmacht im globalen Zeitalter. Neue weltpolitische Ökonomie,* Frankfurt, Suhrkamp, 2002, pp. 37-38.

[10] HELD, David, *A Globalizing World? Culture, Economics, Politics,* London/New York, Routledge, 2000, p. 400; cf. ALBROW, Martin, *The Global Age. State and Society beyond Modernity,* Cambridge, Polity, 1996 y ROBERTSON, Roland, *Globalization. Social Theory and Global Culture,* London, Sage, 1992.

dad involuntaria, una coalición no pretendida, de modo que nadie se queda fuera de esa suerte común.

La supresión de los márgenes implica el final de dos operaciones habituales que son como dos caras de la misma moneda: asegurar la inmunidad propia y desplazar lo indeseado hacia los márgenes. Cuando existían los alrededores había un conjunto de operaciones que permitían disponer de esos espacios marginales. Cabía huir, desentenderse, ignorar, proteger. Tenía algún sentido la exclusividad de lo propio, la clientela particular, las razones de Estado. La desaparición de los alrededores, en la medida en que anula la distinción entre lo interior y lo exterior, se traduce en la pérdida de una zona franca desde la que observar con tranquilidad el naufragio de los demás; significa, por tanto, el final de toda garantía inmunitaria. Hace difícil y precaria aquella perimetrización, sea espacial o temporal, que nos permitiría ponernos a resguardo frente a determinados problemas.

Por otro lado, cuando disponíamos de alrededores, casi todo podía resolverse con la sencilla operación de externalizar el problema, traspasarlo a un margen, fuera del alcance de la vista, en un lugar alejado o hacia otro tiempo. Un alrededor es precisamente un sitio donde depositar pacíficamente los problemas no resueltos, los desperdicios, un basurero. La teoría moderna del Estado nacional soberanos se configuró expresamente desplazando el problema del desorden hacia afuera: Hobbes aseguraba el orden interno con un concepto de soberanía que suponía «exportar» la anarquía hacia el exterior, configurando así un sistema internacional competitivo y excluyente.

Tal vez pueda formularse con esta idea de la supresión de los alrededores la cara más benéfica del proceso civilizador y la línea de avance en la construcción de los espacios del mundo común. Sin necesidad de que alguien lo sancione expresamente, cada vez es más difícil «pasarle el muerto» a otros, a regiones lejanas, a las generaciones futuras, a otros sectores sociales. La globalización supone la imposibilidad de expulsar al otro a un más allá fuera de nuestro alcance. Nuestros mejores progresos tienen la forma de una obligación de interiorizar y nos prohíben la externalización.

Esto es así porque un mundo sin periferia es un mundo que se ha configurado sistémicamente, es decir, desde la conciencia de que a toda iniciativa le corresponde un principio de resistencia, no hay acción sin reacción, intención sin efectos secundarios, decisión sin protesta, soberanos que no sean observados, nadie que sea completamente pasivo o mero destinatario; quien actúa en un mundo global e interdependiente está confrontado a las consecuencias de lo que hace de una manera especialmente intensa. Es la hora de la cooperación, pero también de los impedimentos recíprocos. A quien se reclama cooperación se le ha reconocido al menos capacidad de impedir, que es la forma más elemental de la soberanía.

En la base de este reequilibrio del mundo se encuentra la quiebra de toda dicotomía rígida entre el interior y el exterior. No hay que olvidar que los bienes colectivos de cuya provisión se encargaban los Estados nacionales han sido definidos como aquellos de cuyo uso y disfrute no pueden ser excluidos los *insiders* y que disponen al mismo tiempo de procedimientos para autorizar la exclusión de los *outsiders*[11]. Los sistemas complejos, en cambio, se caracterizan por *overlapping memberships* y *cross-cutting affiliations*. De ahí que ultimamente hayan surgido multitud de debates que sólo pueden plantearse tras el debilitamiento de las tradicionales delimitaciones entre lo de dentro y lo de fuera. Después de haber desarrollado toda una nueva legitimación de las intervenciones militares o de la

---

[11] Cf. OLSON, Mancur, *The Logic of Collective Action*, Cambridge, Harvard University Press, 1971.

ayuda humanitaria, por ejemplo, tras las intensas discusiones en torno a las regulaciones transnacionales o la jurisdición universal, ya se habla incluso de un «derecho de ingerencia monetaria» que, teniendo en cuenta la realidad de la globalización, pudiera regular el mercado mundial de crédito.

Todas estas circunstancias suponen, al mismo tiempo, una extraordinaria ampliación de lo que ha de considerarse como espacio público y una inédita dificultad de configurar espacios comunes para los que no disponemos actualmente de instrumentos adecuados. Esta complicación tiene su origen en la transformación más radical que realiza un mundo que anula tendencialmente sus alrededores, a saber: la dificultad de trazar límites y organizar a partir de ellos cualquier estrategia (organizativa, militar, política, económica...). En el mejor de los casos, cuando sea posible delimitar, ha de saberse también que toda construcción de límites es variable, plural, contextual, y que éstos deben ser definidos y justificados una y otra vez, de acuerdo con el asunto de que se trate. Su consecuencia inmediata es que continuamente se mezclan en cualquier actividad lo interior y lo exterior. Ahora se afirma como una verdad indiscutida – y probablemente sin haber extraído todas las consecuencias que de ello se derivan – que no hay problema importante que pueda ser resuelto localmente, que propiamente hablando ya no hay política interior como tampoco asuntos exteriores, y todo se ha convertido en política interior. Aumenta el número de problemas que los Estados sólo pueden resolver cooperativamente, al mismo tiempo que se fortalece la autoridad de las organizaciones transnacionales y pierde legitimidad el principio de no intervención en asuntos de otros Estados. Se han vuelto extremadamente difusos los límites entre la política interior y la política exterior; factores «externos» como los riesgos globales, las normas internacionales o los actores transnacionales se han convertido en «variables internas». Nuestra manera de concebir y realizar la política no estará a la altura de los desafíos que se le plantean si no problematiza la distinción entre «dentro» y «fuera», entre «nosotros» y «ellos», como conceptos que son inadecuados para gobernar en espacios deslimitados[12].

El mundo es ya un conjunto de destinos entrecruzados, de espacios que se solapan, una implicación involuntaria de la que resultan vecindades insólitas y espacios donde se juega un destino común. Nuestros destinos están implicados hasta tal punto que compartimos una suerte común. La mundialización es una mezcla de bienes y oportunidades comunes, que nos potencia a todos y nos hace máximamente vulnerables. Es algo que se hace especialmente doloroso en los males comunes que, como las catástrofes, no conocen límites ni se detienen ante ninguna barrera. Aquí se manifiesta otra de nuestras más asombrosas paradojas: que hayamos adquirido el sentido de unidad del género humano más ante lo malo que en vistas a lo bueno, es decir, ante los problemas globales como la paz y la guerra, la seguridad, el medio ambiente, la contaminación, el cambio climático, los riesgos alimentarios, las crisis financieras, las migraciones o los efectos de las innovaciones técnicas y científicas. Por eso se ha podido hablar del riesgo como factor potencialmente unificador[13] o de la fuerza productiva y movilizadora de los peligros[14]. Son las consecuencias del experimento civilizatorio de la humanidad las que nos sitúan en un entramado de dependencias que nos obligan a tomar en cuenta los intereses de los otros si es que no queremos perju-

---

[12] Cf. GRANDE, Edgar & RISSE, Thomas, «Bridging the Gap. Konzeptionelle Anforderungen an die politikwissenschaftliche Analyse von Globalisierungsprozessen», *Zeitschrift für Internationale Beziehung*, 7: 235-266, 2000.

[13] Cf. HABERMAS, Jürgen, *Die postnationale Konstellation. Politische Essays*, Frankfurt, Suhrkamp, 1996.

[14] Cf. JONAS, Hans, *Das Prinzip Verantwortung. Versuch einer Ethik für die technologischen Zivilisation*, Frankfurt, Insel, 1979.

dicar los propios. Aunque la solución de estos problemas no deje de ser controvertida, son los conflictos mismos los que tienen una función integradora, en la medida en que ponen de manifiesto la necesidad de encontrar soluciones comunes o negociadas.

El punto de partida para construir un mundo de bienes comunes consiste en caer en la cuenta de lo que significa la implicación de los diversos espacios en un destino que tiende a unificarse o, al menos, a sacudir cualquier delimitación de ámbitos y sujetos, tal como lo han pretendido siempre las lógicas nacionales. No se puede comprender la situación del mundo actual sin tomar en cuenta el carácter intrínsecamente polémico de la cuestión ¿quiénes somos nosotros?

La globalización es un proceso que torna más compleja y más amplia la determinación de la propia identidad, más porosa y más entrelazada con otros destinos colectivos. En la era de la globalización – en la era de los destinos entrecruzados, de los efectos secundarios que a todos afectan – vuelve a tener plena validez aquella idea de Dewey[15] de que la política crea sus propios espacios públicos en función de lo que esté en juego en cada momento: las controversias políticas no surgen tanto en los lugares de decisión como en los diversos contextos en los que se perciben las consecuencias dramáticas de esas decisiones. Sea lo que fuera, un gobierno de la globalización tendría entonces que ser algo así como un régimen de las consecuencias secundarias, cuyos radios de acción no coinciden con los límites nacionales: el mundo público es más bien todo lo que se percibe como consecuencia irritante de las decisiones de la civilización.

---

[15] Dewey, John, «The Public and its Problems», *in: Later Works*, ed. por J. A. Boydston, Carbondale, Southern Illinois Press, 1927 [1988]; cf. Beck, Ulrich & Grande, Edgar, *Das kosmopolitische Europa. Gesellschaft und Politik in der Zweiten Moderne*, Frankfurt, Suhrkamp, 2004, p. 63.

Desde este punto de vista puede entenderse que la actual crisis económica ejemplifique muy bien el carácter de la globalización y la idea de que estamos en un mundo sin alrededores. De entrada, puede afirmarse sin exageración que probablemente sea la primera crisis económica verdaderamente global, en la que la globalidad ha agravado la crisis. Normalmente las relaciones económicas y financieras tienden a jugar un papel moderador en las crisis nacionales. Los movimientos internacionales de capital y las variaciones de las tasas de cambio permiten atenuar el impacto inicial derivándolo parcialmente sobre el «resto del mundo». Pero en el caso de una crisis global, por el contrario, no hay «resto del mundo» que pueda desempeñar esta función moderadora y la crisis no puede sino desplegar su lógica interna hasta el final. De hecho, ya se había observado que las crisis sincronizadas a nivel internacional eran más fuertes y más costosas económicamente que las otras crisis. Esto es aún más cierto para las crisis globales, en la medida en que no estamos dotados de instituciones capaces de gestionar esta globalización y sus riesgos.

Por otro lado, la crisis ha puesto de manifiesto la inconveniencia de distinguir lo de dentro y lo de fuera omitiendo su interacción. En el ámbito financiero, por ejemplo, la regulación bancaria se ha revelado como algo ineficaz debido a su naturaleza microprudencial, es decir, a que toma en cuenta el riesgo vinculado a la insolvencia de una entidad bancaria, pero no la insolvencia del sistema bancario en general (que tiende, por el contrario, a provocar). Las regulaciones han suscitado una distinción muy dañina entre balance bancario y productos fuera de balance. Lo «fuera de balance» ha actuado como un «alrededor» y esto, como hemos visto, ya no funciona. El sistema bancario puede ser afectado tanto por la explosión de riesgos interiores a su balance como por la explosión de riesgos exteriores a su balance, una vez que esta explosión sobrepasa una cierta amplitud y adquiere una dimensión sistémica. La búsqueda del menor riesgo a cualquier precio, sea haciendo salir los riesgos del balance de los bancos (mediante la titulización y los productos derivados) o mediante exigencias de capital cada vez más elevadas, se expone a un fenómeno pernicioso de efectos indeseados.

Si la crisis tiene esta naturaleza, entonces está clara la necesidad de darle una respuesta sistémica y cooperativa. Los desequilibrios financieros se han debido, en buena medida, a la incapacidad de intercambiar información entre los reguladores, a que los Estados se hayan limitado – en el mejor de los casos – a yuxtaponer políticas nacionales, dejando a la crisis sin tratamiento global. Pero desde el fracaso en términos de cooperación que fue la causa real de la crisis del 29 sabemos que estamos en una nueva época en la que los Estados ya no están en condiciones de realizar sus intereses sin tomar en cuenta de algún modo los intereses de otros, que deben dejar atrás cuanto antes esa etapa en la que han tenido grandes dificultades para gestionar las interdependencias y las externalidades transnacionales. El horizonte de una gobernanza financiera se apunta cada vez más como una referencia ineludible, una vez advertido que el marco interestatal es incapaz, por insuficiente, de tratar eficazmente una crisis global y, de manera más general, de prevenir los desequilibrios económicos y financieros globales.

Todo ello nos conduce, en última instancia, a un replanteamiento de la legitimidad como inclusión. Las metáforas de la basura y la inmunidad apuntan a una misma exigencia de inclusión, de lucha contra las asimetrías, cuya incomodidad es creciente: la asimetría espacial entre la naturaleza territorial de los Estados y la naturaleza global de muchos de nuestros problemas; la asimetría temporal que nos aconseja adoptar una perspectiva intergeneracional a la hora de adoptar determinadas decisiones (todas aquellas que tienen que ver con la sostenibilidad) más allá de la fijación en la presente legislatura; la asimetría cognoscitiva que procede de la complejidad de las cuestiones políticas y obliga a realizar nuevos equilibrios entre el saber experto y las exigencias de participación. No es extraño que se intensifique la demanda para que disminuya la distancia entre los *decisionmakers* y los *shareholders*, entre los que deciden y los que son afectados por esas decisiones, de manera que se restaure la simetría entre los que actúan y los que padecen, que se restablezca la congruencia entre la geografía política y la geografía económica.

Los procesos encaminados a politizar la globalización tienen la misma legitimidad que los de descentralización política y otros similares: en todos esos casos se trata de crear la posibilidad de incluir a quienes se ven afectados significativamente por una decisión. Todo impulso democratizador ha partido del escándalo de que hubiera decisiones vinculantes que no se habían adoptado entre todos. Y así es también en el caso de la mundialización, aunque sepamos que los procedimientos para democratizarla habrán de ser más complejos que aquellos que sirvieron para la configuración de los Estados nacionales. A este respecto David Held formulaba un «criterio de extensividad» que obligaba a calcular el alcance de las personas cuyas expectativas vitales son significativamente afectadas por determinada decisión[16]. Y no parece aventurado asegurar que en el futuro se van a intensificar las discusiones acerca de la jurisdicción apropiada para tratar los bienes públicos, para impedir que tales asuntos sean decididos desde asimetrías inaceptables o pensando que la lógica del mercado es capaz de resolverlas.

---

[16] Cf. HELD, David, «Democratic Accountability and Political Efectiveness from a Cosmopolitan Perspective», *in*: HELD, David & KOENIG-ARCHIBUGI (eds.), Mathias, *Global Governance and Public Accountability*, Oxford, Blackwell, 2005, p. 252.

3. Gobernar los espacios deslimitados

Los conflictos y las catástrofes tienen muchos inconvenientes pero al menos algo positivo: una función integradora porque ponen de manifiesto que no cabe sino encontrar soluciones mundiales, algo que no es posible sin perspectivas, instituciones y normas globales. Lo que está teniendo lugar es, de hecho, una politización involuntaria de la sociedad del riesgo, porque los riesgos, cuando son bien comprendidos, presionan hacia la cooperación. Los desastres desafían la autosuficiencia de los sistemas, los límites y las agendas nacionales, distorsionan las prioridades y obligan a que los enemigos establezcan alianzas. A los espacios comunes amenazados les corresponde un espacio de acción, coordinación y responsabilidad comunes. Es así como suele realizarse el descubrimiento de que la estrategia unilateral resulta excesivamente costosa mientras que la cooperación plantea soluciones más eficaces y duraderas. La cooperación modifica la percepción de los riesgos, reduce la incertidumbre y suministra información a los actores.

A este respecto nos hace falta desarrollar toda una nueva gramática cosmopolita de los bienes comunes, agudizar la sensibilidad hacia los efectos de la interdependencia y pensar en términos de un bien público que no puede gestionarse por cuenta propia sino que requiere una acción multilateral coordinada. La verdadera urgencia de nuestro tiempo consiste en civilizar o cosmopolitizar la globalización, en llevar a cabo una verdadera «política de la humanidad». Hacer una política de la humanidad significa configurar estrategias para autolimitar reflexivamente a los agentes sociales en beneficio de su propio interés; desde el punto de vista cultural, conseguir que las civilizaciones y las culturas comprendan la dependencia que les vincula a otras para la propia definición y el enriquecimiento que suponen los procesos de traducción, intercambio e hibridación; y desde el punto de vista político implica la búsqueda de un nuevo modo de articular el interés público en un ámbito cuya dimensión y significado apenas conocemos.

En este panorama, aunque muchos continúen pensando que los gobiernos son los actores centrales en la política mundial, hay una creciente conciencia de que las funciones de gobernanza se ejercen a través de una variedad de formas institucionales y en ciertos contextos los gobiernos no son necesariamente los actores más importantes[17]. Al mismo tiempo, se está modificando radicalmente la realidad a la que se enfrentan los Estados. La concepción tradicional que entendía a los Estados como actores unitarios, interesados y que coexisten en un entorno anárquico, se corresponde con la teoría «realista» de las relaciones internacionales, según la cual los intereses de los Estados están predeterminados. Desde esta concepción los Estados únicamente son capaces de concebir su inserción en la globalización bajo la forma de un juego de suma cero, conflictivo por definición, y únicamente aceptable en un cuadro estrictamente inter-estatal. Pero ambos aspectos – la autarquía y la predeterminación de sus intereses – están íntimamente ligados y han sido igualmente cuestionados desde el momento en que se ha hecho más evidente la interdependencia de los problemas que tienen que resolver.

Se ha puesto de manifiesto que el Estado sólo (incluso el más poderoso) no tiene la dimensión crítica en la era de la globalización. Se trataría de abandonar la idea de soberanía negativa (la ausencia de interferencias del exterior) a favor de una soberanía positiva que capacita a los Estados para actuar y colaborar tanto domésticamente como internacionalmente[18]. La lógica actual de competitividad internacional entre los

---

[17] Cf. HELD, David & McGREW, Anthony (eds.), *Governing Globalisation: Power, Authority, and Global Governance*, Cambridge: Polity Press, 2002.

[18] Cf. JACKSON, Robert, *Quasi-States: Sovereignty, International Relations and the Third World*, Cambridge University Press, 1990, p. 26.

Estados es incompatible con el tratamiento de los problemas globales y por eso mismo debemos avanzar hacia un modelo de cooperación. Es un cambio de paradigma profundo ya que estamos habituados a pensar en un mundo multipolar, es decir, un mundo de relaciones de fuerza no cooperativas. Tal vez la idea de interdependencia, como valor sustitutivo o corrector de la soberanía, conduzca a descubrir la humanidad entera detrás de los pueblos y a convencer de que ciertas prácticas facilitan más que otras el desarrollo de los bienes comunes. Hoy somos más conscientes de que el precio de la convergencia disminuye y el de la conducta solitaria tiende a encarecerse. Al mismo tiempo, cada vez resulta más difícil que la persecución del propio interés no implique beneficios también para otros.

Estas circunstancias están exigiendo algo más que la mera yuxtaposición de los intereses de los Estados, lo que apunta en la línea de una gobernanza global o, si se quiere, de una política de la humanidad. La fórmula «comunidad internacional» cubre de manera ambigua una realidad parcialmente realizada: las convenciones internacionales, el progreso del multilateralismo, la profusión de organismos de alcance global, la opinión pública global. Es evidente también la estructura imperfecta de las instituciones internacionales, algunas de las cuales tienen un núcleo duro donde se toman las decisiones mientras que otros Estados quedan al margen. Así pues, lo que tenemos realmente es una integración incompleta en un mundo que unifica en los ámbitos tecnológicos, económicos, comunicativos e incluso en determinados productos y estilos culturales, pero que se muestra especialmente analfabeto en cuanto a su articulación política y jurídica. Contrariamente a las expectativas de los neofuncionalistas y otros, la integración económica no ha generado un proceso paralelo en el ámbito político. La demanda de gobernanza global crece a causa de la creciente interdependencia en los ámbitos económicos, militares y medioambientales. Estas nuevas circunstancias nos exigen dar una verdadera dimensión política a la cosmopolitización realmente existente, que está hecha de dominación y unilateralidad.

Nos encontramos actualmente en una situación de cierto vacío político en la que el Estado, como lugar tradicional de orden y gobierno, no está en condiciones de abordar algunos de los problemas fundamentales a los que se enfrenta, mientras que es débil el marco global de gobernanza. Al mismo tiempo, el valor de los bienes públicos no puede ser establecido con eficiencia por los mercados y requieren determinadas decisiones colectivas así como ciertos marcos de regulación. Debido a la creciente interdependencia de los problemas, hay cada vez una mayor exigencia de elaborar formas transnacionales de regulación. Se está produciendo una transición desde las formas clásicas de cooperación intergubernamental a las instituciones internacionales que son más intrusivas en los espacios nacionales y que por eso mismo requieren nuevas formas de legitimación.

Ahora bien, la gobernanza global no consiste en una estructura jerárquica de dirección. El proceso de gobernanza global no es la imposición de un nivel sobre otro sino la articulación, frágil y conflictiva en no pocas ocasiones, de diversos niveles de gobernanza. No estamos a las puertas de crear un sistema inclusivo en el que se adopten las decisiones globales ni, a la vista de la complejidad de los problemas, parece deseable. En lugar de una *worldocracy* que coordinara las distintas tareas propias de un proceso de integración, habrá múltiples instituciones regionales que actúen autónomamente para resolver problemas comunes y producir diferentes bienes públicos[19]. No ten-

---

[19] Cf. SCHMITTER, Philippe, «The future of democracy: could it be a matter of scale?», *Social Research*, 66: 933–958, 1999.

dremos un gobierno mundial sino un sistema de gobernanza formado por acuerdos regulatorios institucionalizados y procedimientos que exijan determinadas conductas sin la presencia de constituciones escritas o de poder material. En este sentido es en el que puede definirse la gobernanza como la capacidad de que se hagan determinadas cosas sin la capacidad de ordenarlo, es decir, una forma de autoridad más que de jurisdicción[20]. «Lo que capacita a un actor para obtener el acuerdo de otro en un mundo desagregado es una convergencia interdependiente de necesidades y no una especificación constitucional que asigne la suprema autoridad exclusivamente a los Estados y los gobiernos nacionales»[21]. El resultado de todo ello es más un campo desestructurado de batalla que una negociación formal, donde se abren posibilidades de intervención participativas pero también formas de presión o hegemonía.

Algunos han dirigido una mirada escéptica en relación con las posibilidades de globalizar el derecho, la solidaridad o la política llamando la atención sobre las dificultades políticas de dichos objetivos. Avishai Margalit, por ejemplo, se pregunta qué electorado puede sacar adelante tales objetivos ya que «el cosmos no tiene política», carece de cuerpo político, no vota ni decide[22]. Contra esta observación puede asegurarse, de entrada, que tampoco son menores las dificultades de la política en los ámbitos domésticos, en donde tenemos no pocos

---

[20] Cf. ROSENAU, James & CZEMPIEL, Ernst-Otto (eds.), *Governance without Government: Order and Change in World Politics*, Cambridge University Press, 1992, p. 250.

[21] ROSENAU, James, «Toward an Ontology for Global Governance», *in*: HEWSON, Martin & SINCLAIR, Timothy (eds.), *Approaches to Global Governance Theory*, State of New York Press, 1999, p. 297.

[22] Cf. MARGALIT, Avishai, «Any ideology that fails to engage with our psychology is doomed to failure», entrevista en *Metropolis*, Summer (July–September) 2009.

problemas de gobernabilidad. La política de la humanidad no tiene por qué ser más difícil que, por ejemplo, la política de los ciudadanos nacionales, cuando esas comunidades no estaban constituidas o ahora que las sociedades están más fragmentadas. Pero hay, además, una objeción de principio contra la idea de que no pueda hacerse política en un nivel diferente e inédito de los espacios ya constituidos. Seguramente la mayor parte de los problemas políticos no han tenido ni sujeto ni procedimiento para resolverlos en el momento de su surgimiento. La política tiene siempre una dimensión «constituyente»; el sujeto de decisión se constituye cuando surge el problema y no al revés. E incluso cabe la posibilidad de una democracia sin «demos», como es el caso del actual experimento europeo.

No es cierto que los procesos de interdependencia conduzcan a una extinción de la política (entendida también como fin de las ideologías o incluso de la historia) como se celebra desde la óptica neoliberal o se lamenta desde el soberanismo clásico. Más bien todo lo contrario. Si la política es la articulación de formas de vivir juntos, en el plano global tenemos una tarea de reinvención política similar a la invención de comunidades políticas a lo largo de la historia. De lo que se trata ahora es de cómo debemos convivir, de qué forma nos organizamos y cuáles son nuestras obligaciones recíprocas en el contexto de profundas interdependencias generado por la globalización. Así pues, la globalización no tiene por qué ser necesariamente un proceso de despolitización. Quienes así piensan no entienden que los actuales desafíos consisten en extender la democracia más allá del Estado nación. La democratización en el interior de nuestras sociedades debe ser extendida a los espacios deslimitados y a los procesos transnacionales. Tenemos la oportunidad y el desafío de desconectar la legitimidad política de su fijación a los espacios limitados.

La globalización plantea muchas constricciones para la política pero no significa su final sino tal vez el comienzo de una nueva era para la política. Como dice Beck, no es que la política haya muerto, sino que ha emigrado desde los clásicos espacios nacionales delimitados a los escenarios mundiales interdependientes[23]. Aunque el régimen de gobernanza global no esté dirigido por el modo de la política propio de los Estados nacionales, a la política le corresponde una tarea genuina tanto para la elaboración estructural de ese régimen como para la configuración de los correspondientes procesos de decisión.

Lecturas recomendadas

ALBROW, Martin, *The Global Age. State and Society beyond Modernity*, Cambridge, Polity, 1996.

BADIE, Bertrand, *L'impuissance de la impuissance. Essai sur les nouvelles relations internationales*, Paris, Fayard, 2004.

BECK, Ulrich, *Macht und Gegenmacht im globalen Zeitalter. Neue weltpolitische Ökonomie*, Frankfurt, Suhrkamp, 2002.

BECK, Ulrich & GRANDE, Edgar, *Das kosmopolitische Europa. Gesellschaft und Politik in der Zweiten Moderne*, Frankfurt, Suhrkamp, 2004.

CERRUTI, Furio, *Global Challenges for Leviathan. A Political Philosophy of Nuclear Weapons and Global Warming*, Lanham, Lexinton Books, 2007.

HABERMAS, Jürgen, *Die postnationale Konstellation. Politische Essays*, Frankfurt, Suhrkamp, 1996.

HELD, David, *A Globalizing World? Culture, Economics, Politics*, London/New York, Routledge, 2000.

HELD, David & McGREW, Anthony (eds.), *Governing Globalisation: Power, Authority, and Global Governance*, Cambridge, Polity Press, 2002.

---

[23] Cf. BECK, Ulrich, *Macht und Gegenmacht im globalen Zeitalter. Neue weltpolitische Ökonomie*, Frankfurt, Suhrkamp, 2002, p. 364.

INGE, Paul, CONCEIÇÃO, Pedro, LE GOULVEN, Katell & MENDOZA, Ronald, *Providing Global Public Goods. Managing Globalization*, Oxford, Oxford University Press, 2003.

INNERARITY, Daniel, *La sociedad invisible*, Madrid, Espasa, 2004.

JACKSON, Robert, *Quasi-States: Sovereignty, International Relations and the Third World*, Cambridge University Press, 1990.

MAYNTZ, Renate, *Über Governance. Institutionen und Prozesse politischer Regelung*, Frankfurt, Campus, 2009.

OLSON, Mancur, *The Logic of Collective Action*, Cambridge, Harvard University Press, 1971.

PULCINI, Elena, *La cura del mundo. Paura e responsabilità nell'età globale*, Turín, Bolati Boringhieri, 2009.

REINICKE, Wolfgang, *Global Public Policy. Governing without Government?*, Washington, Brookings Institution Press, 1998.

ROBERTSON, Roland, *Globalization. Social Theory and Global Culture*, London, Sage, 1992.

ROSENAU, James, «Toward an Ontology for Global Gonernance», *in*: HEWSON, Martin & SINCLAIR, Timothy, *Approaches to Global Governance Theory*, State of New York Press, 1999, pp. 287-30.

ROSENAU, James & CZEMPIEL, Ernst-Otto (eds.), *Governance without Government: Order and Change in World Politics*, Cambridge, Cambridge University Press, 1992.

SCHMITTER, Philippe, «The future of democracy: could it be a matter of scale?», *Social Research*, 66: 933-958, 1999.

SHAW, Martin, *Civil Society and Media Global Crisis*, London, Pinter, 1996.

II

QUESTÕES ÉTICAS ESPECÍFICAS

Da objectividade dos jornalistas

Sara Pina
Instituto de Ciências Sociais da Universidade
de Lisboa e Universidade Lusófona

«Uma realidade que aparece aos nossos sentidos e à qual a percepção atribui uma natureza real [que caracteriza] fenómenos que se prestam a observação e a experimentação» – assim é definida objectividade no *Dicionário Geral das Ciências Humanas*[1].

A busca da «natureza real» da realidade foi desde sempre uma preocupação. Para os Gregos Antigos discutia-se a *episteme* – a ciência, o conhecimento verdadeiro, e mais tarde, com os Descobrimentos e o Renascimento, surge uma nova concepção da ciência.

Descartes sugere a importância da dúvida na confrontação com a realidade e a necessidade de um método novo em que se afastem todos os elementos potencialmente subjectivos e se privilegiem os aspectos constantes e regulares do fenómeno.

---

[1] THINÈS, Georges e LEMPEREUR, Agnés (org.), *Dicionário Geral das Ciências Humanas*, Lisboa, Edições 70, 1984, p. 647.

A objectividade só se consegue reduzindo o fenómeno ao que não varia, ao que pode ser medido, matematizado, e daí a afirmação de Galileu de que a natureza se escreve em caracteres matemáticos.

A objectividade é, portanto, uma meta possível de atingir e acessível às ciências da natureza até ao segundo quartel do século XX, em que foi posta em causa a possibilidade da observação objectiva de um fenómeno e da expressão objectiva dessa observação, reconhecendo-se a relevância do observador e dos próprios instrumentos de observação no processo do conhecimento científico. E isto não apenas no campo das ciências sociais, mas também no das ciências físicas, tradicionalmente tão ciosas do seu «rigor», e cujo objecto é naturalmente muito menos instável e flutuante do que o daquelas.

«Descobriu-se que os objectos de estudo dos cientistas não são tão inertes como pressupõem as suas teorias», diz Meditsch[2], demonstrando-o com dois exemplos. O primeiro consiste no paradoxo do ratinho pavloviano nas experiências sobre condicionamentos: é o psicólogo que condiciona o ratinho a apertar o botão para receber comida ou o ratinho que condiciona o psicólogo a dar-lhe comida quando aperta o botão? E o segundo exemplo é o do princípio da incerteza de Heisenberg que conclui que não pode medir-se simultaneamente a posição e a velocidade das partículas subatómicas sem interferir no resultado da medição.

Hoje reconhece-se que o observador não é uma entidade neutra e transparente, mas antes um sujeito histórico, condicionado por circunstâncias concretas de ordem cultural, psicológica e social capazes de influenciar tanto a observação como

---

[2] MEDITSCH, Eduardo, *O Conhecimento do Jornalismo*, Santa Catarina, Imprensa Universitária da Universidade Federal de Santa Catarina, 1992, p. 67.

a percepção dela; como diz Marx[3], o homem faz parte da realidade que o determina agindo sobre ela. E, por outro lado, que semelhantes condicionantes resultam dos próprios instrumentos e métodos de observação utilizados. Daí os complexos protocolos de observação e de verificação independente que hoje presidem à legitimação do saber científico, que, nas palavras de Bourdieu[4], constituem o «direito dos campos científicos mais codificados».

«Uma verdade apenas se deixa exprimir por palavras quando é parcial», diz Herman Hesse, pela boca do seu personagem Siddhartha. De facto, a linguagem (especialmente a linguagem científica) constitui uma espécie de cortina interpondo-se inelutavelmente entre o observador e o observado, e moldando a observação. Como escreveu Wittgenstein, «os limites da minha linguagem são os limites do meu mundo»[5].

A própria linguagem matemática tem sido posta em causa como tautológica. Se a natureza parece comportar-se de acordo com modelos matemáticos (ou, como às vezes coloridamente se diz, se «Deus é matemático»), não resultará tal constatação da circunstância de a linguagem matemática ter sido justamente criada a partir da observação da natureza, e não será, pois, a misteriosa relação da natureza com a matemática tão-somente relação da natureza consigo própria? Existirão conceitos matemáticos (por exemplo, o conceito de espaço curvo, ou de espaço finito mas ilimitado) que sejam «puras criações do espírito» e não apenas expressão da observação da própria natureza?

Se tais problemas podem ser transpostos para um domínio aparentemente tão neutro como o da observação e do saber

---

[3] Segundo MEDITSCH, Eduardo, *op. cit.*, p. 68.
[4] BOURDIEU, Pierre, *O Poder Simbólico*, 3.ª ed., Lisboa, Difel, 1989, p. 23.
[5] WITTGENSTEIN, Ludwig, *Tratado Lógico-Filosófico & Investigações Filosóficas*, 2.ª ed., Lisboa, Fundação Calouste Gulbenkian, 1995, p. 114.

científicos e numa linguagem tão isenta como a da matemática, o que sucederá quando os fenómenos observados são fenómenos sociais, mutantes por natureza, e quando, como acontece no jornalismo, o principal instrumento de observação e expressão é uma língua escrita ou falada (e, como no jornalismo televisivo, também uma linguagem de imagens regida por códigos específicos) e quando o observador é um comum utilizador dessa língua, situado concretamente em determinados tempo e espaço históricos e num vastíssimo complexo de condicionantes culturais, tanto individuais como sociais? Estará ao alcance de tal observador e de tais instrumentos de observação serem mediadores neutros e «objectivos» das realidades observadas, isto é, limitarem-se a, como dizia Mallarmé[6], «fazer pleonasmo com o mundo»?

Se esta dificuldade é uma dificuldade teórica, a especial natureza do campo jornalístico põe em causa muitas outras práticas que questionam a possibilidade de o jornalismo produzir um discurso invulnerável à interpretação ou insusceptível de sofrer distorções no percurso até aos seus destinatários e, depois, na recepção que cada um destes dele faz.

Ainda mais se o acontecimento mediático é, como explica Charaudeau[7], a transformação de um acontecimento bruto. Isto é, um acontecimento perceptível mas sem significação, que para ter significado, depois de percepcionado, tem de merecer um discurso que o dotará de sentido e o integrará num mundo de inteligibilidade social. Um destes discursos transformadores é o do acontecimento mediático.

A actividade de transformação pela instância mediática constrói-se segundo três tipos de critérios: «actualidade», a infor-

---

[6] Citado por BOURDIEU, Pierre, op. cit., p. 53.
[7] CHARAUDEAU, Patrick, Le Discours d'Information Médiatique – La Construction du Miroir Social, Paris, Nathan, INA, 1997, p. 165.

mação mediática deve dar conta do que resulta da coexistência temporal entre objecto-informador-informado (princípio da modificação); «expectativa», a informação mediática deve captar a atenção do público-alvo e, portanto, jogar com o sistema de expectativa, previsibilidade/imprevisibilidade (princípio da saliência); e «sociabilidade», a informação mediática deve tratar o que surge no espaço público de maneira a assegurar a partilha e visibilidade (princípio da pregnância).

Não esquecendo a observação de McLuhan de que «a discussão sobre objectividade não é mais do que uma discussão de subjectividades», identificamos brevemente alguns dos problemas que se colocam na prática jornalística quanto à questão da sua «objectividade».

1. Objectividade e subjectividade no campo jornalístico

A preocupação dos jornalistas com a objectividade surge no século XIX. A industrialização e a urbanização provocam um grande desenvolvimento da imprensa e a objectividade surge por razões mercantis. Explica Cornu[8]: «Que fazer para desagradar ao menor número de leitores potenciais, dado ser impossível agradar a todos? Tal é então, formulada em termos de mercado, a aposta da objectividade jornalística.»

As evoluções tecnológicas da época também terão influído na opção pela objectividade. Balle[9] exemplifica com a Guerra da Secessão nos Estados Unidos da América o recurso à objectividade. O uso do telégrafo exigia mensagens curtas e concisas e daí os jornalistas que acompanhavam o acontecimento terem

---

[8] CORNU, Daniel, *Jornalismo e Verdade – Para Uma Ética da Informação*, Lisboa, Instituto Piaget, 1999, p. 182.
[9] BALLE, Francis, *Médias et Sociétés*, Paris, Montchrestien, 1998, p. 289.

começado a optar por relatos reduzidos ao núcleo factual e expostos do mais ao menos importante, no que mais tarde se convencionou chamar «pirâmide invertida» começada por um *lead*.

Rizzini[10] descreve uma actividade «livre, regular e contínua» de reprodução e análise da realidade através da imprensa como o marco em que surgiu a preocupação com a objectividade. Isto é, nas palavras de Marques de Melo, a questão coloca-se «desde o momento em que o jornalismo adquiriu uma autonomia social»[11].

«O comentário é livre, mas os factos são sagrados» é a expressão do jornalismo inglês para caracterizar uma informação que deve ser neutra e imparcial. O jornalista não deve interferir nas notícias, mas sim reproduzi-las com fidedignidade, exactidão e precisão. Também em Portugal, em Novecentos, como escreve José Tengarrinha:

> Prefere-se cada vez mais a informação objectiva à discussão e à opinião, as notícias sensacionais aos editoriais reflectidos. Na necessidade de encontrar um público mais largo, o jornal procura manter uma atitude imparcialmente objectiva, dirigindo-se assim a todos, e não a um grupo de leitores ideologicamente afins, necessariamente muito mais restrito.[12]

---

[10] RIZZINI, Carlos, *O Jornalismo Antes da Tipografia*, São Paulo, Editora Nacional, 1968, p. 64. *Apud* MELO, José Marques de, «Objectividade Jornalística: Realidade e Utopia», in: *Comunicação: Direito à Informação*, Campinas, São Paulo, Papirus, 1986.

[11] MELO, José Marques de, «Objectividade Jornalística: Realidade e Utopia», in: *Comunicação: Direito à Informação*, Campinas, São Paulo, Papirus, 1986.

[12] TENGARRINHA, José, *História da Imprensa Periódica Portuguesa*, Lisboa, Caminho, 1989. *Apud* MESQUITA, Mário, «Em Louvor da Santa Objectividade», in: *O Quarto Equívoco*, Coimbra, Edições Minerva, 2003, p. 208.

A comunicação para o «grande público» exige objectividade. Simultaneamente, «o surgimento nos anos 20-30 da profissão de relações públicas ajuda, igualmente, a explicar a sacralização da noção de objectividade no jornalismo norte-americano, com o intuito de distinguir a actividade (jornalística) de recolha e difusão das informações das acções (de relações públicas) desenvolvidas pelos novos "promotores de notícias"»[13].

Actualmente considera-se que «o aspecto central que o conhecimento do jornalismo deve formular é a singularidade do evento», explica Meditsch[14], embora reconhecendo que o jornalismo, ao reconstruir o mundo concebe-o segundo um ponto de vista. O jornalismo é um conhecimento social sobre a história, sobre a humanidade, e, como a história e a humanidade são processos que estão em construção, não existe um jornalismo puramente objectivo, ou seja, um jornalismo que seja absolutamente neutro. «O campo de trabalho do jornalista é sempre, por mais que nos recusemos a aceitá-lo, o das objectivas subjectividades», – diz Barthes – «o que se reproduz do real é sempre» efeito do real[15].

Só a partir de uma boa informação é que os cidadãos têm condições de participar na formação da vontade geral pelas vias da democracia. O papel cívico da informação é reconhecido como fundamento da liberdade de imprensa em todas as democracias liberais, e há muito tempo. Isto é, uma das res-

---

[13] Mesquita, Mário, «Em Louvor da Santa Objectividade», in: *O Quarto Equívoco*, Coimbra, Edições Minerva, 2003, p. 208.

[14] Meditsch, *op. cit.*, p. 31. Na sequência da explanação da contribuição de Adelmo Genro Filho que, com base em três categorias – singular, particular e universal – conclui que o jornalismo é uma forma de conhecimento cristalizada no singular.

[15] *Apud* Meditsch, *op. cit.*, p. 39.

ponsabilidades da imprensa é informar os cidadãos e participar assim, de forma decisiva, na vida de uma democracia.

Porque as actuais análises do jornalismo enquanto profissão são demasiado restritivas, Zelizer[16] considera que os jornalistas se unem criando estórias sobre o seu passado que servem como padrão para avaliar a acção contemporânea, e que «no preciso momento em que tem lugar o acontecimento, este é filtrado de acordo com o valor que possui para estabelecer e confirmar padrões de acção». Mesmo a selecção do que é notícia, do que se publica, põe em causa a exactidão e objectividade. «A censura mais radical é a ausência!»[17]

Segundo Traquina[18], partindo de duas suposições – a colusão entre figuras da classe dirigente e os jornalistas e uma intenção consciente de distorção na elaboração da realidade – defendem-se as teorias conspiratórias «que surgem com força nas décadas dos anos 70 e 80 e que contribuíram de forma significativa para a crescente onda de crítica dos *media* e do jornalismo que continua hoje de forma ainda mais virulenta, aliás exemplificada em livros como *Sobre a Televisão* de Pierre Bourdieu (1997)».

Actualmente muitos defendem, na discussão sobre a objectividade, que ela é um mito e daí algumas das reservas crescentes dos cidadãos perante a comunicação social:

> A actual crise dos *media*, no espaço europeu e português, caracteriza-se pela abdicação da «atitude de objectividade» e pela «contaminação» do jornalismo por outras formas comunicacionais, onde a emoção e a afectividade prevalecem sobre a informa-

---

[16] ZELIZER, Barbie, «Os Jornalistas Enquanto Comunidade Interpretativa», *Revista de Comunicação e Linguagens*, 27: 37 e seguintes, 2000.

[17] BOURDIEU, Pierre, *op. cit.*, p. 55.

[18] TRAQUINA, Nelson, «Jornalismo 2000: O Estudo das Notícias no Fim do Século XX», *Revista de Comunicação e Linguagens*, 27: 20, 2000.

ção. A ficcionalização, o sensacionalismo e a hiperpersonalização destroem o sentido de «aproximação à realidade objectiva».[19]

Apesar disso, em Portugal o jornalismo é ainda uma das profissões com mais credibilidade, mas a decrescer. Em 2000, para 74,6% dos inquiridos, no barómetro DN/TSF, realizado pela *Marktest*, a classe jornalística tinha uma prestação positiva, e o seu desempenho, comparado com o de outras profissões, era o melhor, à frente de militares, professores, polícias, médicos, padres, sindicalistas, empresários, juízes e políticos. Já em 2009, o estudo *European Trust Brands*, na revista *Reader's Digest*[20], encontrava apenas 34% de portugueses muito confiantes nos jornalistas.

De igual modo, no resto da Europa e nos Estados Unidos a credibilidade dos jornalistas tem vindo a decrescer aos olhos da opinião pública. Cornu[21] relata o exemplo francês em que a crise começou com a revolução romena e a revelação do simulacro do massacre de Timisoara com manipulações múltiplas da televisão romena. Mais tarde, a primeira guerra do Golfo só veio agravar a situação. Os inquéritos em França, da Sofres, mostram que a maioria das pessoas interrogadas considera que os jornalistas franceses não são independentes e não são capazes de resistir às pressões dos partidos políticos, do poder e do dinheiro.

E nos restantes países da Europa a situação é semelhante, bem como nos Estados Unidos, em que situações como o «caso Janet Cooke» ou o «caso Jason Blair», no *New York Times*, em que jornalistas inventaram notícias que foram publicadas, levaram a um aumento do descrédito dos *media* aos olhos do público. De tal maneira que há uma discussão generalizada

---

[19] Mesquita, Mário, *op. cit.*, p. 215.
[20] Divulgado na edição de 13 de Fevereiro de 2009 do jornal *Público*, p. 10.
[21] Cornu, Daniel, *op. cit.*, p. 11.

sobre a possibilidade de maior regulação legislativa e os próprios órgãos de comunicação social reagem com regras internas mais restritas.

O trabalho do jornalista não está sempre submetido à «exigência de fidelidade, exactidão e rigor no relato das opiniões e factos»[22]. No jornalismo expressam-se também pontos de vista. Em espaços que devem ser apropriados e de fácil distinção para os leitores, os jornalistas escrevem artigos de opinião, crónicas, editoriais em que há lugar à interpretação, embora «a genuína arte de falar […] não exista sem união à verdade – diz Sócrates[23] – ao contrário do que sucede com a retórica, que é uma psicagogia (condução de almas) e visa não a verdade mas apenas persuadir».

2. As notícias

Pelo exposto parece difícil a total objectividade e exactidão, ou, como lhe chama Charadeau[24], «o grau zero da informação». A maior aproximação a este *grau*, em que há uma informação puramente factual, está – explica o mesmo autor – nas páginas dos programas de cinema, teatros e outras manifestações culturais, das farmácias de serviço e dos anúncios de imobiliário ou emprego… Os acontecimentos que surgem no espaço público não podem ser relatados de maneira exclusivamente factual.

Mas a objectividade é uma das marcas identificadoras do jornalismo. Rosen[25] define cinco formas de a compreender.

---

[22] Rodrigues, Adriano Duarte, *Dicionário Breve da Informação e da Comunicação*, Lisboa, Editorial Presença, 2000, p. 91.
[23] Platão, *Fedro*, Lisboa, Edições 70, 1997, p. 85.
[24] Charaudeau, Patrick, *op. cit.*, p. 62.
[25] Seguimos de perto Rosen, Jay, «Para Além da Objectividade», *Revista de Comunicação e Linguagens*, 27: 139–150, 2000.

Uma das mais fáceis é defini-la como um «contrato» entre os jornalistas e as entidades patronais, em que os jornalistas têm o direito de relatar notícias sem interferências da hierarquia, mas admitem que esta defina uma «política» de edição. Trata-se de uma troca: os jornalistas ganham a sua independência, mas, em contrapartida, desistem da sua voz. Esta forma está actualmente a falhar já que o patronato pode recusar-se a cumprir a sua parte do acordo.

A objectividade pode ser entendida ainda como *teoria para chegar à verdade*, ou como um *conjunto de rotinas e procedimentos profissionais*, como, por exemplo, confiar nas fontes oficiais ou ouvir ambos os lados. Mas o desenvolvimento das práticas jornalísticas esgotou esta perspectiva. Uma razão importante é a de que a objectividade entra em conflito com outros valores defendidos pelo jornalismo, por exemplo, o de *watchdog/cão de guarda*, ou o de contar *estórias*[26]. Também a televisão pressiona bastante o jornalista para que exiba uma personalidade atraente, credível, até divertida...

As rotinas e procedimentos profissionais também são falíveis. *Ouvir ambos os lados*, embora considerado por Rosen uma forma de objectividade, não significa que seja um procedimento que garanta a exactidão da notícia. O aparente equilíbrio da notícia, por nela participarem as duas partes, pode esconder uma fuga à verdade. No caso, por exemplo, de recolha das duas posições nos pólos opostos da notícia, o jornalista nega a sua responsabilidade em relação ao problema da verdade no seu todo.

Outra forma de compreender a objectividade é vê-la como uma «técnica de persuasão», uma estratégia retórica. Para o

---

[26] O jornalista, no decurso do seu trabalho, pode pretender verificar o bom funcionamento das instituições públicas ou do poder político, como um *cão de guarda* da democracia (*watchdog*) ou escrever *estórias* de forma literária e com pormenores narrativos típicos da literatura para atrair o público.

jornalista fazer aceitar a sua visão, explana uma teoria da realidade, convence as pessoas de que não tem qualquer interesse no assunto e, por isso, relata a realidade como ela é.

Por último a objectividade pode ser encarada como «expressão de um ideal» muito nobre e necessário numa democracia. Esta é a concepção de uma desinteressada – não objectiva, mas desinteressada – verdade.

Com efeito, a objectividade passou de problemática e atitude ética a um conjunto de normas investigativas e estilísticas. Diz Marques de Melo: «Com o tempo, a ideia de objectividade assumiu o carácter de doutrina, deixando de ser um compromisso *ético* e transmudando-se num receituário de acção.»[27] Um «ritual estratégico», nas palavras de Tuchman, que se reduz a pouco mais que um conjunto de convenções acerca das origens e apresentação dos factos que protege os jornalistas, diminuindo os riscos corridos pelos profissionais em função das limitações inerentes ao seu trabalho. Este «ritual» não resolve o problema da objectividade, mas ajuda a estabelecer uma certa distanciação entre o jornalista e o produto jornalístico.

3. A objectividade como valor deontológico do jornalismo

Ponto de partida e de chegada da deontologia jornalística é o tratamento da informação respeitando a verdade, a objectividade. Os valores da verdade, da objectividade e da exactidão vêm consagrados em mais de uma centena de códigos analisados por Porfirio Barroso Asenjo[28] e que compreendem latitu-

---

[27] MELO, José Marques de, *op. cit.*, p. 100.
[28] Cf. BARROSO ASENJO, Porfirio, *Códigos Deontológicos de los Medios de Comunicación*, Madrid/Pamplona, Ediciones Paulinas/Editorial Verbo Divino, 1984.

des tão distintas como Estados Unidos da América e Canadá, países da Europa Ocidental, a África do Sul, o Mali, a Birmânia ou o Japão. Estes valores constituiriam uma parte do «núcleo central» da deontologia jornalística, a que respeita aos princípios gerais da ética profissional (a verdade e objectividade ao serviço do «bem comum» ou do «interesse público»).

Embora os problemas deontológicos variem conforme as realidades sociais, de país para país, uma pesquisa da ASNE (American Society of Newspaper Editors), em 1982, permitiu concluir que os problemas deontológicos mais importantes que se colocam na imprensa, rádio e televisão dos Estados Unidos da América são os que resultam da influência, directa ou indirecta, dos anunciantes nos *media* e, logo a seguir, das dificuldades da determinação prática do conceito de objectividade e de imparcialidade e da frequência com que existem interesses particulares, financeiros ou não, na informação que os jornalistas produzem.

Um estudo de H. Eugene Goodwin[29] revela que, apesar do vasto conteúdo dos códigos deontológicos, só os deveres de verdade/objectividade/exactidão e de distinção entre informação e opinião se podem hoje, nos Estados Unidos (onde proliferam códigos e estudos de ética), considerar princípios comuns geralmente aceites.

Os códigos de ética das ex-repúblicas socialistas da Checoslováquia, da Hungria e da Jugoslávia, por exemplo, condicionavam, em substancial parte dos respectivos articulados, os critérios da verdade e objectividade das informações veiculadas pelos jornalistas aos interesses da realização da sociedade socialista e ao papel militante que aos profissionais da

---

[29] GOODWIN, H. Eugene, *Groping for Ethics in Journalism*, tradução portuguesa *Procura-se Ética no Jornalismo* de Álvaro Sá, Rio de Janeiro, Editorial Nórdica, 1993, pp. 396 e seguintes.

informação, no desempenho da sua missão, era nesse quadro conferido, bem como impunham aos mesmos profissionais o respeito pela verdade conforme ela fosse oficialmente apresentada por parte dos diferentes organismos do Estado.

O primeiro Código Deontológico dos jornalistas portugueses, de 1976, procurou, prudentemente, evitar o problema da verdade e da objectividade da informação e, consequentemente, o dos deveres específicos do jornalista nesta matéria. Sobre ela apenas vagamente parece debruçar-se na alínea a) do capítulo I, mesmo assim em termos bastante latos: «O jornalista deve respeitar e lutar pelo direito do povo a ser informado.» Isto apesar de em vários pontos do seu articulado se referir à necessidade de o jornalista utilizar «todos os dados» e a «totalidade dos elementos» da notícia ou informação e ao seu dever de «rejeitar a mentira» e de distinguir a notícia da opinião, bem como rectificar as «informações falsas». O Código de 1976 atribui aos jornalistas, simultaneamente, o dever de «contribuir para a formação da consciência cívica [...] do povo português e para a maior compreensão entre os povos na base dos princípios do direito das nações à autodeterminação e independência, da não ingerência nos assuntos internos, da igualdade e vantagens mútuas e da coexistência pacífica.» Estes objectivos denunciam algum cariz ideológico marcado pelas circunstâncias da época de criação do Código.

Não mereceu nenhum tipo de consideração especial a possibilidade teórica de uma total e asséptica neutralidade do jornalista face aos factos que relata, pois o jornalista naturalmente testemunhará sempre a realidade dos factos com a sua particular formação cultural e a sua sensibilidade, não sendo provável que possa despir-se de toda essa carga subjectiva ao veicular uma notícia. Tal condição subjectiva desde logo interferirá, aliás, na própria selecção, ordenação e síntese, de entre a multiplicidade dos factos de uma situação concreta, daqueles que considera relevantes. Daí que a questão prática da verdade e objectividade da informação não possa deixar de partir do princípio teórico da influência da subjectividade do jornalista na observação e na transmissão dos factos, o que permite situar, neste domínio, os deveres deontológicos do profissional de informação no seu território próprio: o da honestidade e da boa-fé.

O Código Deontológico dos jornalistas de 1993, actualmente em vigor, deixou de parte tudo o que no anterior Código supunha alguma forma de militância de natureza ideológica e optou por, no seu n.º 1, determinar aos jornalistas o dever de «relatar os factos com rigor e exactidão e interpretá-los com honestidade» e, logo após, no n.º 2, o dever de rejeitar o sensacionalismo. Nestes dois pontos é feita a referência a deveres afins, como os relativos à contraprova, à distinção entre notícia e opinião, à censura, à acusação sem provas, ao plágio e à manipulação.

O Código baseia-se em alguns princípios de códigos de outras nacionalidades ou, mesmo, supranacionais. Um deles é o norte-americano *Code of Ethics* da *Society of Professional Journalists, Sigma Delta Chi*, que afirma: «a verdade é o nosso fim último»; «a objectividade na maneira de transmitir informações é […] a marca do profissional experiente. É um critério de eficácia para o qual nos orientamos. Honramos aqueles que a atingem.»

A objectividade é regra na deontologia jornalística anglo-saxónica. O Código de Conduta do Reino Unido, que também contribui para a feitura do português, determina: «O jornalista deve lutar para garantir que a informação que transmite é justa e exacta, evitar exprimir comentários e conjecturas como se de factos verídicos se tratasse, assim como falsificar por deformação, selecção ou inexactidão.»

Na origem dos princípios deontológicos neste momento em vigor estiveram também o Código da Federação Internacional dos Jornalistas (*respeitar a verdade em razão do direito do público a conhecê-la*), e o Código de Jornalistas da União Europeia (*respeitar a verdade, sejam quais forem as consequências para o jornalista, e isto em razão do direito que o público tem de conhecer a verdade*).

«*Justeza*» (ser justo), «*exactidão*» (cultivar o rigor e a precisão), «seriedade» (integridade) são conceitos associados aos de «verdade» (correspondência com a realidade) e «objectividade» (ou imparcialidade) na deontologia. No âmbito jurídico, os jornalistas portugueses estão ainda obrigados pelo Estatuto do Jornalista (artigo 14.º) a «exercer a actividade com respeito pela ética profissional, informando com rigor e isenção. [...] Abster-se de formular acusações sem provas. [...] Não falsificar ou encenar situações com intuito de abusar da boa-fé do público.»

4. Conclusão

A metáfora de que as notícias são uma janela para o mundo é reveladora de quão indispensável é o enquadramento na construção noticiosa. Não há notícia sem enquadramento, assim como não há janela sem caixilho. Tuchman desenvolve esta metáfora explicando que, «como qualquer estrutura que delineia o mundo, a estrutura noticiosa pode ser considerada problemática. A vista através de uma janela depende de esta ser grande ou pequena, ter muitas vidraças ou poucas, de o vidro ser opaco ou cristalino, de a janela dar para a rua ou para as traseiras.»[30]

O conteúdo das notícias elaboradas pelos jornalistas chega por diferentes vias e de diferentes formas. A construção, como a selecção noticiosa, não é feita ao acaso, nem subjec-

---

[30] TUCHMAN, Gaye, *Making News: A Study in the Construction of Reality*, New York, Free Press, 1978, p. 1.

tivamente, mas sim de acordo com esquemas interpretativos e de relevância, estando a escolha dependente dos principais factores de influência: «pessoas», «lugares» e «momento» do acontecimento[31]. Tuchman[32] salienta que as informações factuais, verificáveis e atribuíveis a uma fonte autorizada são preferidas porque são de menor risco, embora seja a objectividade o «ritual estratégico» que visa justificar as escolhas jornalísticas.

Mas se «o jornalista participa na sociedade numa função mediadora e é instrumento de opressão e oprimido nesse papel»[33], então ser jornalista é fazer parte de uma «comunidade interpretativa, unida pelo seu discurso partilhado e pelas interpretações colectivas de acontecimentos públicos relevantes.»[34]

Leituras recomendadas

BALLE, Francis, *Médias et Sociétés*, Paris, Montchrestien, 1998.

BARROSO ASENJO, Porfirio, *Códigos Deontológicos de los Medios de Comunicación*, Madrid/Pamplona, Ediciones Paulinas/Editorial Verbo Divino, 1984.

BOURDIEU, Pierre, *O Poder Simbólico*, Lisboa, Difel, 1989.

CHARAUDEAU, Patrick, *Le Discours d'Information Médiatique – La Construction du Miroir Social*, Paris, Nathan, INA, 1997.

CORNU, Daniel, *Jornalismo e Verdade – Para Uma Ética da Informação*, Lisboa, Instituto Piaget, 2006.

---

[31] MCQUAIL, Dennis, *Mass Communication Theory, An Introduction*, London-CA-New Delhi, Sage Publications, 1988, p. 163.
[32] Cf. TUCHMAN, *op. cit.*
[33] MEDITSCH, *op. cit.*, p. 41.
[34] ZELIZER, *op. cit.*, p. 33.

GOODWIN, H. Eugene, *Groping for Ethics in Journalism*, tradução portuguesa *Procura-se Ética no Jornalismo* de Álvaro Sá, Rio de Janeiro, Editorial Nórdica, 1993.

MCQUAIL, Dennis, *Mass Communication Theory, An Introduction*, London-CA-New Delhi, Sage Publications, 1988.

MEDITSCH, Eduardo, *O Conhecimento do Jornalismo*, Santa Catarina, Imprensa Universitária da Universidade Federal de Santa Catarina, 1992.

MELO, José Marques de, «Objectividade jornalística: Realidade e utopia», *in: Comunicação: Direito à Informação*, Campinas, São Paulo, Papirus, 1986.

MESQUITA, Mário, «Em Louvor da Santa Objectividade», *in: O Quarto Equívoco*, Coimbra, Edições Minerva, 2003.

PINA, Sara, *A Deontologia dos Jornalistas Portugueses*, 2.ª ed., Coimbra, Edições Minerva, 2000.

RODRIGUES, Adriano Duarte, *Dicionário Breve da Informação e da Comunicação*, Lisboa, Editorial Presença, 2000.

ROSEN, Jay, «Para Além da Objectividade», *Revista de Comunicação e Linguagens*, 27: 139-150, 2000.

TRAQUINA, Nelson, «Jornalismo 2000: O Estudo das Notícias no Fim do Século XX», *Revista de Comunicação e Linguagens*, 27: 20, 2000.

THINÈS, Georges e LEMPEREUR, Agnés (org.), *Dicionário Geral das Ciências Humanas*, Lisboa, Edições 70, 1984.

TUCHMAN, Gaye, *Making News, A Study in the Construction of Reality*, New York, Free Press, 1978.

ZELIZER, Barbie, «Os Jornalistas Enquanto Comunidade Interpretativa», *Revista de Comunicação e Linguagens*, 27: 33–61, 2000.

O problema da verdade no jornalismo[1]

José Manuel Fernandes
Jornalista/*Publisher* do *Observador*/Professor Convidado
do Instituto de Estudos Políticos da Universidade Católica Portuguesa

> *Uma informação equitativamente distribuída e balanceada não é uma informação justa. É apenas uma forma fácil de evitar o verdadeiro jornalismo, e de fugir à nossa responsabilidade de informar os leitores.*
>
> KEN SILVERSTEIN[2]

No dia 1 de Março de 1815, Napoleão desembarcou no Sul de França, vindo da Ilha de Elba. Começava então o último acto da sua carreira, conhecido por «Cem Dias», exactamente tantos quantos decorreram entre esse dia e 22 de Junho, quando o Imperador abdicou pela segunda vez. Qua-

---

[1] Este texto teve como ponto de partida um capítulo do ensaio *Liberdade e Informação*, publicado pela Fundação Francisco Manuel dos Santos.

[2] SILVERSTEIN, Ken, *Turkmeniscam: How Washington Lobbyists Fought to Flack for a Stalinist Dictatorship*, New York, Random House, 2008, p. 166.

tro dias antes, os exércitos aliados comandados pelo Duque de Wellington tinham derrotado, em Waterloo, o último dos exércitos reunido por Napoleão Bonaparte.

O início da marcha de Napoleão nesses «Cem Dias» está associado a uma das mais curiosas, e significativas, sucessões de títulos de um órgão de informação, o *Le Moniteur*, um diário parisiense que se tornara realista e adepto do regime de Luís XVIII, durante o exílio de Bonaparte na Ilha de Elba, mas que iria, em poucos dias, «corrigir» o seu posicionamento. Vale a pena recordar essa sucessão de títulos: «O antropófago saiu do seu covil»; «O ogre da Córsega acaba de desembarcar no golfo Juan»; «O tigre chegou a Gap»; «O monstro dormiu em Grenoble»; «O tirano atravessou Lyon»; «O usurpador foi visto a 60 léguas da capital»; «Bonaparte avança a grandes passos, mas nunca entrará em Paris»; «Napoleão chegará amanhã às nossas muralhas»; «O Imperador chegou a Fontainebleau»; «Sua Majestade Imperial fez a sua entrada no Palácio das Tulherias, por entre os seus fiéis súbditos»[3].

Este conjunto de manchetes diz muito sobre a secular proximidade da imprensa francesa relativamente ao poder político – o primeiro periódico importante, *La Gazette de France*, recebia instruções directas do todo-poderoso Cardeal Richelieu durante o reinado de Luís XIII –, mas também como uma mesma realidade – a marcha de Napoleão em direcção a Paris – pode ser apresentada de forma radicalmente diferente. Hoje talvez só encontremos títulos com este grau de empenhamento e adesão mais do que emocional na imprensa desportiva, mas é ilusório pensar que a descrição dos mesmos factos pode originar notícias iguais ou até semelhantes.

---

[3] JEANNENEY, Jean Noel, *Uma História da Comunicação Social*, Lisboa, Terramar, 2003, pp. 72–73.

O PROBLEMA DA VERDADE NO JORNALISMO | 151

Tomemos um exemplo concreto: os títulos de primeira página nos jornais de 12 de Setembro de 2001, isto é, os títulos que procuravam não dar uma notícia – quando os jornais chegaram às bancas o mais natural é que a maioria dos seus leitores tivesse antes visto, em directo ou em diferido, os ataques às Torres Gémeas e ao Pentágono –, mas sintetizar um estado de espírito. Alguns exemplos: «Terrorists Hijack 4 Airliners, Destroy World Trade Center, Hit Pentagon, Hundreds Dead», *Washington Post*; «Acts of War», *San Jose Mercury News*; «Outrage», *The Atlanta Constitution*; «Bastards», *San Francisco Examiner*; «New day of infamy», *Boston Globe*; «Freedom under siege», *Times Union*; «It's War», *New York Daily News*; «War on America», *The Daily Telegraph* (Londres); «A declaration of war», *The Guardian* (Londres); «The war of the worlds», *The Herald* (Glasgow); «Alerta mundial por el más grave atentado de la historia», *La Nación* (Buenos Aires); «10.02 am September 11 2001», *The Times* (Londres); «L'Amérique frappée, le monde saisi d'effroi», *Le Monde* (Paris); «Attaco all' America e alla civilità», *Corriere de la Sera* (Milão); «América promete vingança», *Público* (Lisboa); «El mundo en vilo a la espera de las represalias de Bush», *El País* (Madrid); e por aí adiante. Se associarmos estes títulos à análise das imagens escolhidas e à forma como foram construídas as primeiras páginas, torna-se ainda mais claro que um evento de que as televisões já tinham mostrado horas de imagens proporcionaria, no dia seguinte, uma ampla variedade de pontos de vista.

Poderíamos multiplicar os exemplos, mas a conclusão seria sempre a mesma: a objectividade é um mito jornalístico – ou um mito associado ao jornalismo e à comunicação social – e frases como «os factos são sagrados e as opiniões são livres» podem frequentemente ser enganadoras. Ou seja, apesar de não haver dúvida de que dois aviões pilotados por terroristas ligados à Al-Qaeda chocaram deliberadamente contra as Torres Gémeas, o retrato mostrado aos leitores de todos estes jornais é e será sempre parcial e contaminado (no bom e no mau sentido) pela perspectiva de quem faz o relato. Isso é válido para todo o trabalho jornalístico, da mesma forma que é válido para o trabalho dos historiadores e dos sociólogos: o que nos mostram são aproximações à realidade, uma selecção de elementos que, de acordo com a perspectiva de quem relata ou de quem estuda, são os que melhor reflectem o que de importante e significativo há a reter de determinado evento ou de determinada situação.

É bom ter isto presente numa altura em que, na sequência das eleições presidenciais nos Estados Unidos que deram a vitória a Donald Trump, se começou a falar de «pós-verdade». De acordo com algumas abordagens – e vou deliberadamente simplificar –, haveria uma «verdade» de que o jornalismo seria o guardião, e uma «pós-verdade» de que as redes sociais seriam o veículo. A realidade é bastante mais complexa e não necessitamos sequer de recorrer a exemplos tão extremos e parciais como os que referi para perceber que a «verdade jornalística» tem, também ela, os seus limites. A forma de lhe chegar é que obedece a regras específicas do ofício de jornalista, regras que também existem no ofício de historiador, ou no de sociólogo, ou no de economista, tudo profissões que têm os seus métodos próprios de descrever a realidade.

Conta-se que o filósofo Fernando Savater costuma citar o escritor José Bergamín para ironizar: «se tivesse nascido objecto, seria objectivo; como nasci sujeito, sou subjectivo.» Isto significa que no jornalismo, como noutras profissões, a objectividade é uma utopia, pois nenhum jornalista, mesmo quando redige o que deve ser apenas uma informação seca e directa, deixa de ser uma pessoa, um ser humano o mais completo possível, com o seu olhar único sobre aquilo que descreve. Partindo daqui, Miguel Ángel Bastenier, antigo responsável do *El País*, defende mesmo que «a objectividade não existe e não faz falta nenhuma, porque, se existisse, todos os diários, ou pelo menos os que cumprem as normas profissionais, dariam sempre praticamente a mesma versão dos acontecimentos, tudo teria decorrido de forma indiscutível, e depois editorializariam conforme lhes aprouvesse.»[4] Mais, notou Felipe Pena, do Observatório de Imprensa brasileiro:

> No jornalismo, a objectividade não surgiu para negar a subjectividade, mas para reconhecer a sua inevitabilidade. Seu verdadeiro significado está ligado à ideia de que os factos são construídos de forma tão complexa e subjectiva que não se pode relatá-los como expressão absoluta da realidade. Pelo contrário, é preciso desconfiar desses factos e propor um método que assegure algum rigor ao reportá-los.[5]

O mito da objectividade teve, contudo, consequências legais em Portugal. A Lei de Imprensa estabelece, no seu artigo 3.º, que «a liberdade de imprensa tem como únicos limites os que decorrem da Constituição e da lei, de forma a salvaguardar o rigor e a objectividade da informação.» Curiosamente a lei que consagra o Estatuto do Jornalista fica-se por uma formulação mais contida e mais correcta ao referir que é dever do jornalista *informar com rigor e isenção.*

Ora «isenção» e «objectividade» estão muito longe de ser uma e a mesma coisa. Pensar em «isenção» significa assumir que o nosso olhar – como todos os olhares – não é bacteriologicamente puro e encontra-se, naturalmente, influenciado pela nossa experiência de vida, pelas nossas preocupações e, também, pelas grelhas de leitura através das quais vemos o mundo e a que costumamos chamar «ideologia». Se não qui-

---

[4] Ángel Bastenier, Miguel, *El Blanco Movil*, Madrid, Aguilar, 2001, p. 25.
[5] Pena, Felipe, *Jornalismo, a Objetividade Subjetiva, Observatório da Imprensa*, 06/02/2007, edição 419.

sermos ser tão fortes, e preferirmos ficar por «preferências pessoais» em vez de falarmos de «ideologia», o essencial não se altera: em vez de cair na ilusão da objectividade, o jornalista deve estar consciente da sua própria subjectividade para a contrastar com o que vê e com as subjectividades dos outros. Deverá haver alguma humildade e a noção de que não se consegue, só por si, alcançar a verdade, mesmo seguindo as melhores regras da profissão.

É por isso que, no Código de Conduta dos Jornalistas do *Expresso*, se escreve: «Não existe a objectividade absoluta, mas tal não invalida a busca da verdade factual. É porque temos consciência da subjectividade que necessitamos procurar a objectividade. Ao jornalista cumpre buscar a verdade e divulgá-la.»[6] Já o Código Deontológico dos jornalistas portugueses estabelece, de forma sensata, que «o jornalista deve relatar os factos com rigor e exactidão e interpretá-los com honestidade; deve utilizar meios leais para obter informações, imagens ou documentos; as opiniões devem ser sempre atribuídas; os factos devem ser comprovados, ouvindo as partes com interesses atendíveis no caso; a distinção entre notícia e opinião deve ficar bem clara aos olhos do público.»[7] Ou seja, o jornalista deve ser o mais imparcial possível porque sabe que, mesmo fazendo um esforço para se abstrair dos seus preconceitos pessoais ou ideológicos, dificilmente deixará de dar mais importância ao que sente ser mais importante – e que não é obrigatoriamente o mais importante para outro jornalista ou para a comunidade. Ora, se nunca se consegue abstrair por

---

[6] *Código de Conduta dos Jornalistas do Expresso*. Disponível em: http://expresso.sapo.pt/informacao/codigoconduta/codigo-de-conduta-dos-jornalistas-do-expresso=f198040.

[7] *Código Deontológico do Jornalista*, aprovado em 4 de Maio de 1993. Disponível em: http://www.lusa.pt/lusamaterial/PDFs/CodigoDeontologicoJornalista.pdf.

completo do que é e do que sente, o melhor é ter plena consciência disso mesmo.

Colocando o problema de outra forma: o jornalista persegue a objectividade sabendo que esta é virtualmente inalcançável devido à sua própria subjectividade, razão pela qual deve realizar um esforço acrescido de imparcialidade. Por exemplo: ao ajuizar se, num jogo de futebol, houve ou não grande penalidade, mesmo duas pessoas alheias às paixões clubísticas podem ver e rever a jogada e não chegar a acordo. Basta divergirem sobre se o encontro entre a bola e a mão de um defesa foi intencional ou involuntário, algo que só olhar para a jogada nem sempre esclarece. Sendo o caso claro – a bola bateu na mão de um defesa dentro da grande área, por exemplo – a leitura sobre se essa ocorrência deve ou não dar origem a uma grande penalidade pode diferir conforme a experiência do observador não apaixonado pois implica um juízo de intencionalidade. Basta, imaginemos, que um dos observadores tenha também jogado futebol como defesa e protagonizado uma situação semelhante para que analise o lance à luz da sua experiência pessoal, porventura até sem disso se aperceber. Contudo, se podemos imparcialmente não chegar a acordo, e isso é legítimo, aquilo que as regras do jornalismo interditam é que sejamos parciais em função da nossa opção clubística.

Isto significa que é necessária uma especial humildade – a humildade de quem procura conhecer sem preconceitos, a humildade da inteligência e da reflexão. Como refere Miguel Ángel Bastenier, «se a objectividade não existe, nem é desejável em si mesma, o que tem de existir, em contrapartida, é aquilo a que os ingleses chamam *fair play*, ou seja, a honradez do ponto de partida, a ausência de um *parti pris* por parte do jornalista.»[8] Ora, esta aproximação não é necessariamente

---

[8] ÁNGEL BASTENIER, Miguel, *El Blanco Movil*, Madrid, Aguilar, 2001, p. 28.

mais fácil, pelo contrário, pois exige ao jornalista que contrarie os seus instintos e consiga, ao mesmo tempo, olhar para a floresta observando o seu conjunto e olhar para a floresta com a sensibilidade para encontrar os detalhes – as árvores – que valem a pena ser referidas. Ou, se quisermos utilizar uma metáfora típica de Teilhard de Chardin, que consiga estar na estrada onde tudo se passa e, ao mesmo tempo, olhar para a estrada com o distanciamento de quem observa o movimento do alto de um morro vizinho.

Para se defender da sua própria subjectividade, e procurar uma imparcialidade que respeite a inteligência dos que seguem o trabalho jornalístico, a profissão desenvolveu técnicas e métodos destinados a procurar um equilíbrio sempre difícil. Por exemplo: não deve ser apenas quando está em causa uma acusação ou uma denúncia que se devem ouvir diferentes perspectivas, nomeadamente as perspectivas dos que podem ser afectados pela notícia. Essa prática deve ser constante, mesmo em notícias de que não resulta qualquer acusação ou juízo de valor. Da mesma forma há regras para confirmar informações (que podem ir desde uma simples consulta à internet ao desenvolvimento de metodologias para, por exemplo, determinar quantas pessoas assistiram a uma manifestação), regras para lidar com as fontes, regras para apresentar a informação de forma equilibrada, regras para consultar e citar documentos, e, sobretudo, regras éticas e deontológicas. Tal significa que, como se determina no *Livro de Estilo* do *Público*, os jornalistas devem comprometer-se «a recorrer aos indispensáveis mecanismos da objectividade: pluralidade das fontes, investigação cuidada, abertura a situações inesperadas e a perspectivas novas, contraditórias ou não com as suas convicções.»[9]
O jornalista americano Walter Lippmann referiu-se por isso a

---

[9] PÚBLICO, *Livro de Estilo*, Lisboa, Público, 2005, p. 23.

estas técnicas, no seu livro *Public Opinion* (1920), como o corolário do princípio segundo o qual «o método é que deverá ser objectivo, não o repórter.»[10]

É por isso que quando reconhecemos a condição da subjectividade o jornalista deve, ao mesmo tempo, perseguir a imparcialidade, se necessário até ao limite de contrariar as suas próprias convicções. A profissão desenvolveu técnicas, métodos e regras que ajudam a alcançar essa imparcialidade, e já falaremos de algumas delas. Antes, porém, está a atitude que permite procurar a imparcialidade: tentar olhar para a notícia com outros olhos que não apenas os nossos. Como por vezes se diz, sermos capazes de nos colocar «nos sapatos» daqueles sobre quem vamos escrever, pesar os diferentes argumentos – ou os diversos ângulos de uma notícia – não de acordo com a nossa inclinação particular, mas tentando vê-los apenas pelo que eles valem.

Não é fácil impedir que a nossa opinião, ou as nossas inclinações, contaminem mesmo o relato do mais inocente dos eventos. Por vezes isso torna-se tão comum que nem notamos, porque todos estão a fazer o mesmo. Nos anos em que a «troika» esteve em Portugal era comum – acontecia quase todos os dias – explicar tudo como a «crise», pois esse era o espírito do tempo e era difícil criar alguma distância. Havia mais divórcios, como aconteceu em 2010 e 2011? Era por causa da crise, pois esta criava mais *stress* e mais crises conjugais. Não, afinal havia menos divórcios, como se verificou em 2012 e sobretudo em 2013? Então era porque a crise levava a que os casais não se separassem porque isso implica sempre custos. A explicação era tão comum que, em vez de dar um passo atrás e procurar outras interpretações, o jornalista ficava satisfeito

---

[10] KOVACH, Bill & ROSENSTIEL, Tom, *The Elements of Journalism*, New York, Three Rivers Press, 2001, p. 74.

mal encontrava um especialista que lhe dissesse que sim, que a culpa era da «crise», da «troika» e da austeridade.

Na verdade, ao seguirem quase sempre por este caminho, que lhes parecia o mais óbvio mas era também o mais fácil, o jornalismo cometia o pecado do *parti pris*, do preconceito, mesmo que não tivesse disso sequer consciência pois estava apenas a reflectir o discurso dominante, ou se preferirmos, para utilizar uma linguagem muito em voga na política, a «narrativa» dominante e o próprio estado de espírito de uma profissão fortemente afectada pela crise (entre 2008 e 2013 o mercado publicitário, fundamental no modelo de negócio de todos os órgãos de informação, caiu 50%, o que provocou inúmeras reestruturações, despedimentos individuais e colectivos, tudo num quadro de reduções de custos que afectou praticamente todas as empresas do sector da comunicação social).

Este exemplo mostra que, para escapar à armadilha de uma subjectividade de que nem nos apercebemos, os jornalistas têm de apurar o seu sentido crítico. Até porque na sua demanda da «verdade» só avançam se questionarem o que parece óbvio – ou será que não parecia óbvio que o Sol girava em torno da Terra até que Copérnico mostrou que não era assim...?

Escrever uma notícia não é, naturalmente, a mesma coisa que observar o Universo e descobrir a sua mecânica, até porque há, no jornalismo, um imperativo temporal: a «hora de fecho». Ou seja, há um limite temporal para procurar a «verdade», e esse limite temporal tende a ser cada vez mais apertado. Primeiro era a «hora de fecho» do jornal do dia seguinte; depois a hora do próximo noticiário, e podia haver apenas dois ou três noticiários por dia; a seguir o próximo noticiário é de meia em meia hora; por fim, no tempo de internet, a «hora de fecho» pode convergir com o próximo segundo, pois tem vantagem quem der a notícia em primeiro lugar.

Carl Bernstein, um dos dois jornalistas que investigaram o «caso Watergate», tem abordado directamente este tema ao cunhar uma frase que ficou famosa: no jornalismo o que se persegue é *the best obtainable version of the truth* («a melhor versão obtenível da verdade», TBOVOTT no acrónimo em inglês)[11]. Mais: ao fazê-lo com os constrangimentos temporais da «hora de fecho», reconhece-se que, e cito Bernstein, «ao perseguir a melhor versão obtenível (alcançável, possível) da verdade, e percebendo que isso deve ser feito de forma justa e equilibrada, com persistência e sem facilitismo ou preguiça, o jornalista permite que o público leia e processe a informação e a utilize depois para tomar decisões inteligentes e informadas.»

Porém, reconhecer que apenas alcançamos *the best obtainable version of the truth* é reconhecer que estamos apenas perante uma versão da verdade. Isso mesmo: uma versão da verdade. Porque mesmo reportar com exactidão pode não ser a mesma coisa que reportar com verdade, ou, se preferirmos, reportar com equilíbrio e justiça. Tudo depende sempre das escolhas que se fazem, sendo que tudo na actividade jornalística implica fazer escolhas.

O que é mais importante? Que espaço vou dedicar a cada notícia? Qual a informação que vai a abrir a peça? Utilizo ou não imagens? E que imagens? Cada uma dessas escolhas é isso mesmo – uma escolha.

Analisemos um exemplo concreto de uma dessas escolhas que, não colidindo com a «verdade», é definidora da linha editorial de um órgão de informação. No dia 19 de Dezembro de 2016 um atirador solitário assassinou, a sangue-frio, o embaixador da Rússia na Turquia no momento em que este discursava na inauguração de uma exposição. A cerimónia estava a ser filmada e havia vários fotógrafos presentes, pelo que rapidamente chegaram às redacções imagens do momento em que o atira-

---

[11] BERNSTEIN, Carl, «The Idiot Culture – Reflexions on Post-Watergate Journalism», *The New Republic*, 8 de Junho de 1992.

dor disparava sobre o embaixador, vendo-se claramente este a cair. Fotografias especialmente gráficas mostravam esse mesmo atirador, nos momentos que se seguiram aos disparos, com a arma na mão e o corpo do embaixador jazendo a seu lado.

Aquelas imagens eram, indiscutivelmente, verdadeiras. Mais: retratavam com uma crueza sem retoques o que se tinha passado. No entanto, deveriam ou não ser utilizadas? A resposta variou de órgão de informação para órgão de informação. As imagens do momento em que o embaixador era atingido pelos tiros e caía começaram por passar na maioria dos canais de televisão e depois muitos optaram por cortar esse momento. O mesmo sucedeu com a fotografia: mostrar ou não a imagem em que o corpo do embaixador jaz no chão da galeria de arte? O *New York Times* optou por utilizar uma dessas imagens, graficamente muito expressivas, na página de entrada do seu site, a *homepage*. Houve debate entre os editores e esse processo foi depois relatado pela provedora do leitor daquele jornal, Liz Spayd, na sua coluna[12].

A justificação foi que colocar essa foto potencialmente chocante na *homepage* se justificava porque, em primeiro lugar, aquele assassinato tinha uma especial importância noticiosa por causa do envolvimento da Rússia na Síria, e, depois, porque a fotografia mostrava a natureza brutal do atentado de uma forma que seria difícil expor apenas por palavras: «O atirador bem vestido, o ambiente selecto, tudo naquela imagem tinha valor informativo e, mesmo sendo a fotografia assustadora, não é gratuitamente violenta ou sensacionalista», explicou um dos editores do *New York Times*. No entanto, explica-se um pouco mais adiante, se a mesma imagem mostrasse sangue, é possível

---

[12] Spayd, Liz, «Why'd You Do That? Running a Photo of a Killer on the Home Page», *New York Times*, 19 de Dezembro de 2016.

que a decisão tivesse sido outra, não lhe dando relevo na primeira página.

Uma discussão como esta é habitual nas redacções onde há preocupações éticas. Mostrar «toda a verdade» revelando imagens chocantes pode não ser a melhor forma de servir essa mesma verdade e, ao mesmo tempo, informar de forma pertinente e sem rodeios, mas respeitando a sensibilidade dos leitores. Por vezes, uma mesma imagem é considerada publicável se for a preto-e-branco e não publicável se for a cores (isso sucede com frequência com imagens que mostram pessoas ensanguentadas ou corpos estropiados). Outras vezes, é o poder de choque de uma imagem que como que exige a sua publicação, que a torna obrigatória, mesmo sabendo que pode ferir algumas sensibilidades. Estão nesta categoria imagens de crianças em cenários de guerra ou de crise (como a de uma rapariga vietnamita a fugir nua de um ataque com *napalm*, como a de uma criança síria morta na areia de uma praia turca, como a de outra criança síria suja e ensanguentada sentada no banco de uma ambulância).

Mas, atenção: o poder da imagem não corresponde ao poder de mostrar «toda a verdade». Uma imagem pode mesmo criar uma ilusão de verdade, ao mostrar apenas o que cabe na câmara do repórter, ou ao revelar só aquilo a que esse repórter teve acesso. Ou seja, pode haver mais liberdade para um repórter conseguir ser justo e equilibrado se este dispensar a imagem do que se for obrigatório ter imagens, como sucede por norma nas televisões. Uma câmara é muito mais intrusiva do que um bloco de notas, sendo que por vezes até o bloco de notas pode ser dispensado. Isto significa que quando o jornalismo está condicionado pela necessidade de ter imagens, pode acontecer que isso o afaste mais da verdade, pode suceder que isso torne ainda mais difícil o esforço para mostrar os diferentes ângulos de uma notícia, de uma crise ou de um qualquer tema de interesse público.

Todos estes exemplos ajudam a perceber que, mesmo sendo fiel às regras deontológicas e seguindo as melhores práticas, há em todo o jornalismo sempre um grau de discricionariedade que não deve ser iludido.

Tomemos o caso das entrevistas, que podem ser mais «agressivas» ou mais «amigáveis» sem que exista uma regra que nos diz qual a aproximação mais correcta. Uma entrevista mais «agressiva» pode ser apenas um exercício egocêntrico do jornalista, que gosta mais de se ouvir do que de ouvir as respostas daquele que entrevista. Uma entrevista «amigável» pode ser uma forma de subserviência face ao poder de quem é entrevistado. Mas as inversas também são verdadeiras, sendo certo que nem todos os jornalistas são bons entrevistadores, nem todos os bons entrevistadores são bons repórteres, nem todos os repórteres têm a paciência e o método para realizarem jornalismo de investigação, e por aí adiante.

Mas como se todos estes problemas não fossem, só por si, suficientes para complicar a tarefa de chegar à *the best obtainable version of the truth*, a verdade é que os tempos que vivemos exigem ainda mais dos jornalistas – exigem-lhes não apenas que informem e que reportem, o que como vimos envolve sempre um grau de subjectividade, pois hoje é-lhes exigido que verifiquem e que expliquem, o que implica graus de subjectividade ainda maiores, pois passamos do simples reporte de factos para a sua interpretação ou mesmo para a emissão de juízos, como sucede em toda a actividade de *fact-checking*, hoje em rápida (e muito positiva) expansão.

Houve um tempo – antes dos directos nas rádios e nas televisões e antes da «democratização» da circulação da informação associada à internet – em que o jornalismo tinha o quase monopólio da intermediação. Era noticiado o que os jornalistas entendiam que devia ser noticiado, e da forma como escolhiam noticiar. O público ocupava nesta equação um papel passivo: o de leitor, ouvinte ou espectador sem qualquer capacidade para seleccionar as notícias ou para fazer circular informações fora dos canais formais dos órgãos de comunicação social. Quando muito, reservavam-lhe um canto na página de «cartas ao director».

Agora já não é assim. Regressemos ao exemplo da jogada duvidosa numa partida de futebol. Antes, quem não estivesse presente no campo teria de confiar no julgamento do jornalista. Agora, dezenas de câmaras transmitir-lhe-ão a jogada vista de diferentes ângulos e até será possível reconstituir o momento exacto através de animações. O papel do jornalista quase se apaga – modera um debate entre especialistas (ou um combate entre adeptos fanáticos) se tanto. Quanto ao espectador, este ficará com a sensação de que esteve lá – ou melhor, com a sensação de que sabe agora mais do que se tivesse estado lá.

Mas este é apenas um aspecto, menor e que serve como exemplo quase anedótico, da erosão do papel central do jornalista. No tempo da internet é muito mais fácil a qualquer cidadão aceder directamente às fontes de informação. Se quiser conhecer o Orçamento do Estado ou consultar o programa eleitoral de um partido, se desejar conhecer a evolução dos indicadores económicos ou saber exactamente o que diz o último comunicado do meu clube, posso fazê-lo à distância de um clique ou pedindo ajuda ao «senhor Google». Deixei também de estar dependente do próximo noticiário para saber quem ganhou um jogo de *cricket* ou quem vai à frente na contagem dos votos na Papuásia. Sobretudo, deixei de estar dependente do critério jornalístico que define o que é importante e o que é secundário, o que deve ser noticiado e o que pode ser omitido.

Mas não só. No tempo das redes sociais eu próprio me torno agente no circuito da informação, pois não só posso ser fonte de notícias, como posso comentar sem ficar dependente do critério do editor das páginas do leitor, como tenho a faculdade de criar uma rede que me recomenda notícias e quem eu também sugiro que deve ler.

Sistematizando: onde no passado eram os editores que seleccionavam as notícias, temos hoje o público a escolher o que deseja ler ou ver; onde no passado as comunidades eram definidas geograficamente e muitas vezes integradas através de um órgão de informação comum, temos hoje comunidades virtuais integradas por afinidades comuns; onde no passado existia apenas uma fonte de informação (quem comprava mais de um jornal por dia?; quem via mais de um telejornal?), hoje existem dezenas de fontes de informação suportadas por canais muito variados; onde no passado o consumidor de informação era obrigado a seguir o alinhamento de um telejornal ou a folhear todo um jornal para encontrar a informação desejada, hoje o consumidor quer ir direito a essa informação e dispensa tudo o que estiver em redor.

Esta nova realidade cria novos problemas, mas também proporciona novas oportunidades. Eis alguns exemplos:

> Se o consumidor de informação tem cada vez mais acesso directo às fontes, o papel do jornalista como mensageiro perde centralidade, tornando-se mais crítico o seu papel como «aferidor» da verdade da informação e como «explicador» do seu significado. No jornalismo tradicional a primazia era dada ao «o quê, quem, quando, onde», no jornalismo actual ganham mais relevo o «como» e o «porquê»;

> A facilidade e rapidez com que a informação é partilhada no tempo da internet e das redes sociais e a perda de centralidade do jornalismo permite que seja mais fácil difundir informações erradas e levar as pessoas a acreditar nelas (até porque, muitas vezes, essas informações erradas são precisamente as que essas pessoas procuram para reforçar as suas ideias preconcebidas). Recentemente surgiu mesmo o conceito de «pós-verdade» para caracte-

rizar este fenómeno, que no fundo não é mais do que uma exponenciação de realidades milenares (como os boatos ou as teorias da conspiração). Confrontado com esta realidade, não basta ao jornalismo reforçar o seu papel como «verificador» da verdade dos factos, tem igualmente de recuperar uma credibilidade em rápida erosão;

A possibilidade de criar comunidades virtuais permite que cada vez mais cidadãos prefiram «conversar» apenas com aqueles com quem partilham afinidades (sejam elas o gosto pelos campeonatos de berlinde, o preconceito xenófobo ou a paixão pela revolução) em vez de «conversar» na arena comum a todos, os órgãos de informação que são para as democracias modernas o que a Ágora era para a democracia grega: o espaço público comum a todos. Também esse papel está a ser desgastado pela autoguetização e auto-segregação que o espaço virtual facilita. Como notou recentemente o antigo primeiro-ministro britânico Tony Blair, na altura em que ele foi eleito pela primeira vez, em 1997, o principal noticiário da BBC era visto por 10 milhões de britânicos; agora é visto por apenas 2,5 milhões. Não é diferente a realidade na maioria das democracias avançadas do mundo desenvolvido, sendo que aqui não basta aos jornalistas recuperarem a sua credibilidade, têm também de recuperar o seu público. Se considerarmos o mesmo período para Portugal e olharmos para a circulação dos diários de informação geral, esta passou de mais de 300 mil exemplares para pouco mais de 150 mil, sendo que na altura o *Correio da Manhã* representava um quarto do mercado e hoje representa mais de metade. A única forma de contrariar esta tendência é ser capaz de se reinventar e de estar onde as pessoas estão, ou seja, na internet e nas redes sociais.

Regressamos assim ao tema das escolhas que o jornalista tem de fazer constantemente, sendo que nelas intervém sempre uma avaliação subjectiva. Ora, uma das discussões mais relevantes na avaliação que constantemente é feita sobre o que deve ser noticiado, como deve ser noticiado, com que título e com que destaque, é se o jornalismo se deve guiar pelo «interesse público» da notícia – isto é, por uma avaliação sobre o seu impacto na vida da comunidade –, ou pelo «interesse do público» pela informação – isto é, por um cálculo da sua audiência potencial, sendo que aqui o objectivo será o de maximizar as audiências.

Como serviço público que é, qualquer abordagem à ética da profissão não pode deixar de dar prioridade ao primeiro destes critérios – o que significa que dar conta da evolução do debate político democrático deve ter prioridade sobre o relato dos mais recentes casos amorosos dos «famosos». Acontece, porém, que levar esta dicotomia às suas últimas consequências resulta facilmente num paradoxo: em nome do «interesse público» acabar a falar para audiências tão reduzidas que se perde toda a componente de serviço público do jornalismo, ficando este reduzido a uma conversa fechada entre os que já circulam pelos corredores dos diferentes poderes.

Faz por isso todo o sentido questionar se tudo se resolve assumindo simplesmente que diferentes linhas editoriais podem ora dar mais destaque ao noticiário sobre os órgãos de soberania (em nome do «interesse público»), ora às últimas revelações sobre os namoros de estrela do futebol (invocando o «interesse do público»). Provavelmente não. Provavelmente um dos motivos porque se assiste à atomização do debate público é o facto de em muitas redacções se ter perdido contacto não apenas com o «interesse do público» – visto como algo menos nobre –, mas também com as preocupações desse mesmo público (por regra menos educado e menos afluente do que os jornalistas).

Sem pretender dar uma resposta a todos estes novos problemas, procuremos ao menos regressar ao tema da objectividade *versus* subjectividade na actividade jornalística, agora para a analisar não na perspectiva do trabalho e das escolhas jornalísticas, mas na forma como numa sociedade aberta e plural se deve valorizar não a uniformidade das escolhas editoriais, mas sim a sua diversidade.

No fundo, o que é natural é que diferentes publicações difundam diferentes perspectivas, quer por razões ideológicas, sociais, culturais, regionais ou locais, quer por diferença de projecto editorial, ou de objectivo empresarial, quer por se destinarem a públicos com interesses distintos. Dessas diferentes opções, mais ou menos assumidas, resultará uma pluralidade de pontos de vista capaz não só de reflectir razoavelmente a pluralidade de pontos de vista existente na sociedade, como sobretudo de contribuir para a formação de opinião pública informada e consciente. Mais: de permitir que a chama do debate se mantém acesa mesmo quando estão em causa pontos de vista muito minoritários.

Numa sociedade aberta este processo deverá ocorrer naturalmente e por via da crítica pública aos próprios meios de informação. As ferramentas do jornalismo deverão ajudar a garantir que cada cidadão possa, seguindo um ou vários órgãos de informação, formar de maneira independente a sua opinião. A transparência no trabalho dos jornalistas, quer no que respeita ao assumir dos seus interesses, quer dos interesses dos seus órgãos de informação, é um instrumento fundamental no escrutínio público do seu trabalho e uma frente em que uma pluralidade de fontes de informação também deve assegurar que estas se vigiam e controlam umas às outras.

Por outras palavras, a concorrência entre os diferentes órgãos de informação, assim como dentro dos mesmos órgãos de informação, é a melhor garantia de que o espaço público é alimentado por, digamos assim, diferentes subjectividades, e que estas são tão variadas e ricas quanto os públicos a que se destinam. Em condições normais, para assegurar esta concorrência deverá bastar assegurar que o mercado funciona, isto é, que não se constituem posições de domínio ou monopólios que, como sucederia em qualquer mercado imperfeito, também no mercado da informação teriam como consequência uma diminuição da concorrência e, com esta, uma diminuição da riqueza, da diversidade e do pluralismo. Pluralismo não apenas de pontos de vista, mas também pluralismo de subjectividades no mesmo esforço por chegar à melhor versão possível da verdade.

Leituras recomendadas

Ángel Bastenier, Miguel, *El Blanco Movil*, Madrid, Aguilar, 2001.

Bernstein, Carl, «The Idiot Culture – Reflexions on Post-Watergate Journalism», *The New Republic*, 8 de Junho de 1992.

Duverger, Maurice, *Ciência Política: Teoria e Método*, Rio de Janeiro, Zahar, 1982.

Jeanneney, Jean Noel, *Uma História da Comunicação Social*, Lisboa, Terramar, 2003.

Kovach, Bill & Rosenstiel, Tom, *The Elements of Journalism. What Newspeople Should Know and the Public Should Expect*, New York, Three Rivers Press, 2001.

Pena, Felipe, *Jornalismo, a Objetividade Subjetiva*, Observatório da Imprensa, 06/02/2007, edição 419.

Público, *Livro de Estilo*, Lisboa, Público, 2005.

Spayd, Liz, «Why'd You Do That? Running a Photo of a Killer on the Home Page», *New York Times*, 19 de Dezembro de 2016.

A liberdade de informação e expressão

Diana Andringa

Jornalista

Deux dangers ne cessent de menacer le monde: l'ordre et le désordre.

PAUL VALÉRY

1. A euforia de Abril… e algumas desilusões

25 de Abril de 1974. Não era ainda certo o resultado do golpe de Estado desencadeado pelo Movimento das Forças Armadas, quando Raul Rego, director, e Vítor Direito, director-adjunto do vespertino *República* anunciaram à redacção uma decisão acabada de tomar. Coube a Vítor Direito apresentá-la: «Meus amigos, o doutor Rego e eu decidimos que o jornal não vai hoje à Censura! Mais: já pedi ao chefe Jacinto que mandasse compor a frase "Este jornal não foi visado por qualquer Comissão de Censura". Sairá em rodapé, a toda a largura da primeira página!»[1]. E assim foi.

---

[1] FOYOS, Pedro, *O Caso do Jornal Assaltado*, Lisboa, Prelo, 2016, p. 26.

Um depoimento de Raul Rego no *Diário de Notícias* de 9 de Maio de 1990 adianta um pouco mais sobre o episódio:

> Aí por volta das 9 e 30, estava a revolução na rua, telefona-me o director do «Exame Prévio» [Mário Bento], perguntando pelas provas. E eu: «Sabe, senhor doutor, hoje tomo eu a responsabilidade inteira de quanto sair no jornal!» – «Veja lá. Nunca se sabe o resultado de certos movimentos e, quando não correm como esperamos, podem ter graves consequências!» – «Muito obrigado. Mas a responsabilidade é inteiramente minha».[2]

Quarenta e dois anos e meio depois, numa só semana, três textos obrigam a repensar – em baixa, dir-se-á hoje, quando o «economês» desbotou já sobre toda a linguagem – a profunda dignidade dessa frase e toda a alegria que continha:

8 de Dezembro de 2016: «O papa Francisco comparou hoje os meios de comunicação que procuram escândalos e difundem notícias falsas a pessoas sexualmente atraídas por excrementos, descrevendo os seus leitores como pessoas que gostam de comer fezes» (*Diário de Notícias*);

9 de Dezembro de 2016: «A vida íntima acabou», artigo de opinião de Fernanda Câncio: «É oficial. Posso publicitar aspectos da vida íntima de quem quer que seja, verdadeiros ou falsos, com qualquer objectivo, incluindo o lucro, e ser aclamada pela justiça como heroína da liberdade de expressão» (*Diário de Notícias*);

10 de Dezembro de 2016: «Caso Bárbara/Carrilho: revistas *VIP* e *Nova Gente* condenadas pela ERC (Entidade Reguladora para a Comunicação Social) que considerou que publicações violaram "os limites legais à liberdade de imprensa" quando

---

[2] *Ibidem*, p. 27.

publicaram declarações do filho menor do casal em tribunal» (*Público*).

Passaram 43 anos sobre o Abril de 74. O que aconteceu entre o reivindicar orgulhoso da liberdade de imprensa, componente indispensável da democracia, e a desilusão perante o uso dessa liberdade?

2. Direito à privacidade, esquecimento recorrente

A não publicação de declarações feitas numa «diligência processual realizada na presença de intervenientes muito restritos» por uma criança forçada a explicar a sua opção por um dos progenitores está prevista nos artigos 7.º e 8.º do Código Deontológico em vigor – «o jornalista [...] deve proibir-se de humilhar as pessoas ou perturbar a sua dor» (artigo 7.º), «respeitar a privacidade dos cidadãos» e «atender às condições de serenidade, liberdade e responsabilidade das pessoas envolvidas» (artigo 8.º). Bastaria, no entanto, ao jornalista, para não as publicar, recordar o último período do artigo 5.º: «O jornalista deve também recusar actos que violentem a sua consciência.» E não viola a sua consciência fazer a outrem o que (certamente) não gostaria que lhe fizessem? Não por defesa, mas por escrúpulo[3]?

O respeito pela privacidade esteve, no entanto, sempre presente nos debates entre jornalistas. Desde o primeiro anteprojecto de Código Deontológico – elaborado em 1972 por uma Comissão composta por Manuel da Silva Costa, Afonso Praça, Alfredo Barroso, Fernando Assis Pacheco e Luís Salgado de Matos – a reserva da vida privada era considerada um dever

---

[3] MASCARENHAS, Oscar, *O Detective Historiador: Ética e Jornalismo de Investigação*, Lisboa, Âncora Editores, 2016, p. 38.

do jornalista: «O jornalista deve evitar interferir na vida privada de qualquer cidadão, salvo quando ela tiver repercussão pública ou quando essa prática se impuser por motivos relevantes de interesse público» (alínea 11)[4].

As alíneas 14) e 15) previam também os cuidados a ter no tratamento noticioso de casos judiciais:

> «14. O jornalista deve evitar a divulgação de informações ou comentários que possam prejudicar a acção livre e independente dos Tribunais, e nunca apresentar ou reproduzir como certas ou provadas quaisquer acusações, tendo sempre em conta que um arguido só pode ser considerado culpado após o trânsito em julgado da sentença que o condene.
>
> 15. O jornalista deve abster-se de preparar para publicação apenas o teor da posição de uma das partes em qualquer litígio, discussão ou pleito judicial.»

Considerando – em tempo em que a liberdade de expressão era inexistente em Portugal – que «o direito de informar e o direito de ser informado são duas faces de um mesmo direito fundamental do homem», o anteprojecto defendia a delimitação desse direito por princípios éticos

> [...] pelos quais responde em primeiro lugar o jornalista – instrumento insubstituível entre a informação e o homem. [...] Um dos pressupostos da existência do direito à informação conforme à dignidade do homem e à sua liberdade configura-se, assim, na subordinação do jornalista àqueles critérios de ordem ética. [...]
>
> Os dados informativos poderão ser abundantes, poderão veicular-se as opiniões mais variadas, os meios de informação colectiva poderão ser fortes e prósperos e os profissionais numerosos

---

[4] Disponível em: http://www.jornalistas.eu/?n=7987.

– mas a informação não será completamente responsável, nem totalmente competente, nem realmente honesta, nem efectivamente livre.[5]

Embora aprovado pela Direcção do Sindicato Nacional dos Jornalistas, o texto não entraria em vigor durante o período em que se manteve o regime de Censura ou Exame Prévios e só em 1976 viria a ser aprovado o primeiro Código Deontológico dos jornalistas portugueses, cuja alínea m) reproduzia a alínea 11) do anteprojecto de 1972, afirmando como dever do jornalista «não interferir na vida privada de qualquer cidadão, salvo quando ela tiver repercussão pública, ou quando essa prática se impuser por motivos relevantes de interesse público».

O Código de 1976 abandonou as alíneas relativas à cobertura de temas judiciais, mas introduziu, entre os deveres dos jornalistas:

> Esforçar-se por contribuir para a formação da consciência cívica e para o desenvolvimento da cultura e da capacidade crítica do povo português, e não fomentar de qualquer modo maus instintos ou sentimentos mórbidos, tratando os assuntos escabrosos com respeito pela consciência moral da colectividade. [alínea s)][6]

Esta alínea – que viria a cair no Código Deontológico aprovado em 1993 e ainda em vigor –, embora claramente influenciada pelo clima político da época, estava em consonância com a noção de responsabilidade social expressa no seu preâmbulo:

> A liberdade de Informação e da Imprensa correspondem ao direito fundamental do homem de informar e de ser informado,

---

[5] *Ibidem.*
[6] Disponível em: http://www.jornalistas.eu/?n=7986.

proclamado na Declaração Universal dos Direitos do Homem e reconhecido, como basilar, na Carta das Nações Unidas.

Na delimitação do direito à informação intervêm princípios éticos pelos quais responde, em primeiro lugar, o jornalista que deve ter plena consciência da obrigação moral que lhe incumbe de ser verídico na exposição, no desenvolvimento e na interpretação dos factos.

Era esse, também, o entendimento de grande parte dos seus congéneres. Em 1983, o texto *International Principles of Professional Ethics in Journalism*, emanado de um grupo de organizações profissionais reunidas sob os auspícios da UNESCO, sublinhava a responsabilidade social do jornalista:

> A informação no jornalismo é considerada um bem público e não uma mercadoria, o que significa que o jornalista partilha a responsabilidade pela informação transmitida e deve por isso prestar contas não só aos que controlam o meio em que trabalha, mas perante o grande público, incluindo os diversos interesses sociais.
>
> A responsabilidade social do jornalista exige que ele ou ela actuem, em todas as circunstâncias, de acordo com a sua própria consciência ética.[7]

Aprovado em 1993 – numa ocasião em que o número de jornalistas estava em claro crescendo, sendo cerca de três vezes superior ao de 1976[8] –, o actual Código Deontológico dos jornalistas portugueses, mantendo a ideia da responsabilidade do

---

[7] NORDENSTRENG, Kaarle & TOPUZ, Hifzi (eds.), *Journalist: Status, Rights and Responsibilities*, Praga, IOJ, 1989, p. 310.

[8] Os dados relativos aos anos setenta são imprecisos, já que havia grupos de jornalistas que, embora exercendo a profissão, não tinham carteira profissional.

jornalista e a exigência da recusa de actos que «violentem a sua consciência» (artigo 5.º), viria a abandonar os termos «povo» e «colectividade», bem como a veleidade de educar leitores, ouvintes e telespectadores expressa na alínea s) do código de 1976, impondo apenas aos membros da classe um decálogo de regras que, defendendo a liberdade dos jornalistas, cingiam as limitações a esta ao «princípio do dano»[9], proibindo apenas aquelas das suas acções que pudessem causar prejuízo a terceiros.

O respeito pela privacidade manteve-se, embora com uma redacção diferente das anteriores: «O jornalista deve respeitar a privacidade dos cidadãos excepto quando estiver em causa o interesse público ou a conduta do indivíduo contradiga, manifestamente, valores e princípios que publicamente defende» (artigo 9.º).

3. A deontologia e a informação «mercadoria»

A deontologia jornalística não passa incólume pelas alterações sociopolíticas verificadas no país. À aprendizagem do jornalismo em liberdade e detenção pelo Estado de órgãos de comunicação, na sequência da estatização dos bancos que os detinham, vão seguir-se reprivatizações, apetência de grupos financeiros pela posse dos *media* – imprimindo-lhes uma lógica editorial que vê a informação como mercadoria –, o advento de canais privados de televisão, absorvendo grande parte da publicidade e da receita disponível, e, também, a multiplicação de cursos de jornalismo e/ou comunicação social (cuja existência a classe defendera), criando um excedente de mão-de-obra – um «exército industrial de reserva» – que viria a faci-

---

[9] Cf. MILL, John Stuart, *Sobre a Liberdade*, Lisboa, Edições 70, 2006.

litar o recrutamento de profissionais, a baixa de salários e a precariedade; e, finalmente, a expansão das novas tecnologias, favorecendo primeiro o aparecimento de alguns (impropriamente) chamados «cidadãos-jornalistas» – cuja colaboração nem sempre podia ser correctamente analisada do ponto de vista ético pelas redacções – e, depois, a transformação das redes sociais em «canais de notícias paralelos» – aos quais, ingenuamente, diversos órgãos de informação deram cobertura, em nome da velocidade, da diversidade, até mesmo da cidadania e da democracia.

As preocupações decorrentes dessas alterações e do seu impacto no exercício profissional dos jornalistas são visíveis, aliás, nos próprios temas dos Congressos entretanto realizados: «Liberdade de expressão, expressão da liberdade» (1983) «Deontologia» (1986) e «Jornalismo real, jornalismo virtual» (1998). O 4.º Congresso, realizado entre 12 e 15 de Janeiro de 2017, teve por lema «Afirmar o Jornalismo», numa altura em que este sofre a concorrência da – muitas vezes falsa – informação das plataformas agregadoras de conteúdos e das redes sociais.

Nenhuma destas alterações atingiu exclusivamente o jornalismo português. Mas este, porque apenas em 1974 pudera reclamar a sua responsabilidade social, encontrava-se singularmente desprotegido perante a onda mercantilista que, entre as décadas de oitenta e noventa, se abateu sobre a informação.

Na década de oitenta, deu-se também a chegada à profissão dos primeiros jovens saídos dos cursos universitários de Comunicação Social. Influenciados pela análise, ao longo do curso, do jornalismo marcadamente politizado então praticado, alertados para a governamentalização dos órgãos estatizados, trazem «uma cultura ideológica virada para a demarcação entre o terceiro e o quarto poder e não para os outros poderes», que os torna muito reactivos às «tentativas de influência política», mas não a outras influências que irão defrontar, por vezes «muito mais poderosas e decisivas no deturpar das regras jornalísticas do que a do poder político.»[10]

Num artigo publicado na revista *Trajectos*, Pedro Diniz de Sousa retrata as diferenças entre a geração dos anos setenta, para quem «a liberdade de imprensa trouxe um jornalismo fortemente ideológico, comprometido com as diversas forças políticas que disputavam a cadeira do poder e a própria escolha do regime político» e o jornalismo era «um contributo para "mudar o mundo"», e a geração de noventa, «cujo percurso é "normal", enquadrado numa plêiade de instituições democráticas estabilizadas» e a quem foi dito, na própria universidade, que as ideologias «são coisa do passado». Com «uma sólida formação técnica e deontológica [...] lançam-se num mercado saturado, fortemente concorrencial e dominado por administrações com poucos escrúpulos e muito menos preocupações deontológicas.»[11]

Os novos donos dos *media* e alguns dos seus responsáveis editoriais vão favorecer (ou impor?) uma nova concepção de «profissionalismo», que valoriza sobretudo a competência no uso das tecnologias e das diferentes linguagens mediáticas e os liberta das discussões editoriais em que eram férteis as redacções do pós-Abril:

> «Profissionalismo» é a alquimia que justifica a separação do produtor do seu produto. Não apenas se valoriza a capacidade de produzir o que é necessário, independentemente dos valores pes-

---

[10] Jacinto Godinho, *apud* ANDRINGA, Diana, «Jacinto Godinho – A Responsabilidade de Mediação», *in*: REBELO, José (org.), *Ser Jornalista em Portugal – Perfis Sociológicos*, Lisboa, Gradiva, 2011, p. 318.

[11] SOUSA, Pedro, «Apropriação e Representações das TIC e seu impacto em Jornalistas de Duas Gerações», *Trajectos – Revista de Comunicação, Cultura e Educação*, 12: 126, 2008.

soais, como há uma poderosa crença que a missão de «conseguir a notícia» pode justificar métodos dúbios.[12]

4. Da informação «importante» à informação «interessante»

Ao mesmo tempo que se anuncia a abertura de canais privados de televisão, até no mais importante órgão de informação nacional, a (estatal) RTP, a política perde terreno a favor de histórias do quotidiano. Entre 1988 e 1992, o tempo concedido ao Estado no *Telejornal* diminui de uma hora, enquanto o tempo dedicado às notícias de casos pessoais e vida quotidiana aumenta, no mesmo período, de 15 e 30 minutos, respectivamente, para uma hora[13].

Liberdade de informação ou uma opção para fixação de audiências? Segundo Rodrigues dos Santos, apresentador do *Telejornal*,

> [...] quando entra o povo no jornal, entra por uma boa razão, que é falar sobre os problemas do país, mas também por uma má razão, porque é o povo é que vê a televisão, o povo é que consome. Tem esse duplo aspecto. [...] Portanto, tem esse lado bom, mas existe um lado negativo que é uma cedência ao mercantil muito maior do que existia anteriormente.[14]

---

[12] ALDRIDGE, Meryl & EVETTS, Julia, «Rethinking the Concept of Professionalism: The Case of Journalism», *British Journal of Sociology*, 54; 559, 2003.

[13] Cf. LOPES, Felisbela, *O Telejornal e o Serviço Público*, Coimbra, Minerva, 1999, pp. 109–114.

[14] *Apud* ANDRINGA, Diana, «José Rodrigues dos Santos – Um Poder Que Temos é o de Forçar Governos a Ceder», *in*: REBELO, José, *Ser Jornalista em Portugal – Perfis Sociológicos*, Lisboa, Gradiva, 2011, p. 580.

A tendência reforça-se com a chegada dos canais privados, em 1992/93. Lançado pela SIC, o programa *Praça Pública* vai dar voz aos cidadãos para discutirem problemas que os afectam. A experiência, positiva, prolongar-se-á em programas de discussão de temas nas diversas televisões, com os telespectadores a intervirem por telefone. Mais uma vez, parece reforçar-se a liberdade de expressão – mas vem a verificar-se que, em muitos casos, as chamadas partem de grupos organizados, que assim conseguem audiência para a difusão das suas mensagens. A presença do moderador, a identificação do telefone de onde é feita a chamada, a indicação de nome e localidade – passíveis de falsidade – não impedem que surjam, por vezes, acusações sem fundamento, informações incorrectas e até insultos. Mas, sendo uma fórmula de algum sucesso e baixo custo, continua a praticar-se em vários *media* audiovisuais.

À abertura dos canais privados de televisão vai seguir-se a experiência do jornalismo electrónico. Numa primeira fase, os jornais limitam-se a colocar online a versão impressa do jornal. O *Jornal de Notícias* é pioneiro ao começar a actualizar regularmente a informação online[15].

E é online que vai ser dado um passo marcante na violação de princípios éticos que referem as três notícias de Dezembro de 2016 citadas no início.

5. O caso Lewinsky

Em Janeiro de 1998, uma plataforma de agregação de notícias online, *Drudge Report*, desvendou uma informação que a revista *Newsweek*, que a tivera em primeira mão, recusara

---

[15] CASTANHEIRA, José, *No Reino do Anonimato: Estudo sobre o Jornalismo Online*, Coimbra, Minerva, 2004, p. 29.

publicar: a de uma relação sexual do presidente norte-americano Bill Clinton com uma estagiária da Casa Branca, Monica Lewinsky. Perante a repercussão da notícia, rapidamente os órgãos de informação ditos «de referência» incluíram o caso nas suas edições, e não só nos Estados Unidos. A sexualidade do presidente dos Estados Unidos da América tornou-se assunto de Estado, ameaçando mesmo a sua permanência no cargo. Sendo que em causa não estava uma acusação de violação – como sucederia, mais tarde, com o director-geral do FMI (Fundo Monetário Internacional), Dominique Strauss-Kahn –, mas uma relação adúltera, consentida entre dois adultos. Nas palavras de Ignatio Ramonet:

> Vivemos hoje numa atmosfera na qual a ideia de transparência ganhou todos os sectores da sociedade [...] há como que uma corrida à transparência que talvez comece a tornar-se perigosa. [...] E sempre que na História ocorreu esta corrida à pureza, isso produziu catástrofes. É que há de algum modo integrismos que podem surgir nesta matéria. [...] É um facto que a democracia exige a verdade e a transparência, mas um excesso de transparência pode provocar uma crise na democracia. [...] O perímetro da vida privada, na medida em que não envolva ilegalidades à luz do direito penal, deve ser relativamente respeitado. O público não precisa de saber o que se passa na intimidade.[16]

O tratamento do caso Lewinsky nos *media* internacionais, nomeadamente europeus continentais, tradicionalmente muito mais inclinados à reserva da privacidade das personalidades políticas que os anglo-saxónicos, marcaria o início de uma época em que a violação da privacidade e até da intimidade

---

[16] ANDRINGA, Diana, *Ignacio Ramonet Entrevistado por Diana Andringa*, Porto, Campo da Comunicação, 2001, pp. 31–34.

de figuras públicas se tornou corrente, em consonância com um interesse crescente pela individualidade dos políticos e em detrimento da discussão de valores políticos:

> Os jornalistas raras vezes contestam os valores inerentes aos conflitos políticos, mas questionam constantemente os motivos, métodos e eficácia dos políticos.
> Este tipo de informação parece um jornalismo de cão de guarda, mas não é. É ideológico nas suas premissas: assumem que os políticos actuam por interesse e não por convicção política. Os jornalistas clamam habitualmente que os políticos fazem promessas que não pensam manter e que não poderiam manter mesmo que tentassem.[17]

Em 2000, o jornalismo português sofre um novo abalo. Desta vez a responsabilidade é de um programa de televisão, da área do entretenimento, que um jornalista – Emídio Rangel, na SIC – recusou emitir e outro jornalista – José Eduardo Moniz, na TVI – pôs no ar: o *Big Brother*.

Com o *Big Brother* passaram-se várias fronteiras: desde logo, a da reserva da intimidade. Também a de limites à boçalidade, má educação e até violência na esfera pública. As novas vedetas mediáticas são boçais, mal-educadas, violentas – e é isso que, aparentemente, faz o seu fascínio. Do entretenimento, a receita desbota sobre o jornalismo, que abandona por vezes o seu papel de mediação a favor de vozes exaltadas de entrevistados, sem atender à inexistência de «condições de serenidade, liberdade e responsabilidade» (artigo 9.º do Código Deontológico).

---

[17] PATTERSON, Thomas, «Bad News, Bad Governance», *The Annals of the American Academy of Political and Social Science*. 546: 103, 1996.

O primeiro herói da nova era informativa surge a 4 de Janeiro de 2001: Manuel Subtil, o homem que ameaça fazer--se explodir no interior da RTP e será alvo de cobertura televisiva ininterrupta durante cerca de seis horas, acabando por sair entre aplausos de mirones concentrados na Avenida 5 de Outubro, em frente à sede da RTP. Nesse período, um homem que anunciara um acto criminoso transformara-se num herói popular. Ouvido pela SIC, o então chefe de redacção da Rádio Alfa aponta a semelhança com o programa *Big Brother*, que a publicidade referia como «novela da vida real»: «Isto é um folhetim, é "o grande irmão"»[18].

6. Políticos e presunção de inocência

No início do século XXI, um caso de Polícia, alegadamente envolvendo políticos, vai dominar o universo mediático: o caso Casa Pia. Tratando-se do tema «pedofilia», pode invocar-se naturalmente o interesse público para ultrapassar os limites impostos pelo artigo 3.º da Lei de Imprensa, «os que decorrem da Constituição e da lei, de forma a salvaguardar o rigor e a objectividade da informação, a garantir os direitos ao bom nome, à reserva da intimidade da vida privada, à imagem e à palavra dos cidadãos e a defender o interesse público e a ordem democrática.»

Assim, em 2003, uma estação de televisão filma e emite o momento da prisão do deputado socialista Paulo Pedroso na Assembleia da República, esquecendo que, ao fazê-lo, põe em causa o artigo 7.º do Código Deontológico – «o jornalista deve

---

[18] Cf. ANDRINGA, Diana, «Imaginário e Realidade», *in*: REBELO, José (org.), *As Novas Gerações de Jornalistas em Portugal*, Lisboa, Mundos Sociais, 2014, pp. 312–319.

salvaguardar a presunção de inocência dos arguidos até a sentença transitar em julgado» e mostrando que a garantia dos direitos ao bom nome e à imagem não tem, no entendimento de alguns jornalistas, o mesmo peso que a defesa do «interesse público». (Mais tarde, será também filmado o momento da prisão do ex-primeiro-ministro José Sócrates e serão difundidas as imagens do interrogatório de um outro ex-ministro, Miguel Macedo, com o interesse público a servir de defesa a atitudes que ferem o escrúpulo jornalístico[19], mas garantem audiências.)

O caso Casa Pia estará, aliás, no centro de uma curiosa decisão editorial testemunhada por Adelino Gomes na redacção da TVI, quando, no intervalo de um jornal televisivo cuja primeira parte fora dedicada ao tema, o director – José Eduardo Moniz – manda substituir o alinhamento da segunda parte pela repetição da primeira, porque era isso que as pessoas queriam ver[20].

7. O «arrastão» mediático

Luta por audiências, concorrência, velocidade. Tudo se conjuga para fazer da desconfiança de um cidadão e um banal caso de Polícia um arrastão mediático. Foi a 10 de Junho de 2005, quando os órgãos de informação audiovisuais deram crédito à informação – é certo que inicialmente confirmada pela Polícia – de um assalto levado a cabo na praia de Carcavelos por 500 jovens dos bairros periféricos de Lisboa, um «arrastão» que, viria a provar-se mais tarde, não existiu. Uma caracterís-

---

[19] Ver crónica de Ferreira Fernandes «Peço Desculpa ao Cidadão Miguel Macedo». Disponível em: http://www.dn.pt/opiniao/opiniao-dn/ferreira-fernandes/interior/peco-desculpa-ao-cidadao-miguel-macedo-4909621.html.
[20] GOMES, Adelino, *Nos Bastidores dos Telejornais RTP1, SIC e TVI*, Lisboa, Tinta da China, 2012, pp. 183–189.

tica desse «arrastão mediático» foi que as imagens usadas nos noticiários televisivos (e, mais tarde, nos jornais) e que estabeleceram a cor negra dos alegados «assaltantes» tinham todas a mesma fonte: a mesma pessoa que alertara a Polícia para a chegada a Carcavelos de um número elevado de jovens negros.

Foi um caso claro do risco das novas tecnologias, que facilmente permitem a qualquer cidadão tornar-se um «jornalista», sem, no entanto, o prepararem para os princípios éticos que definem a profissão.

O caso do «arrastão de Carcavelos» – em que se deixaram envolver, sem verificação, não só jornalistas, mas quadros da PSP, autarcas, ministros e dirigentes políticos de vários partidos e que originou uma onda de comentários e atitudes racistas – poderia ter funcionado como um alerta para o risco anunciado pela frase de Signal, «notícia não é o que acontece, mas o que alguém disse que aconteceu ou vai acontecer»[21]. Não foi assim e, em violação do artigo 5.º do Código Deontológico, o inexistente «arrastão» nunca foi devidamente desmentido pelos órgãos de informação que o propagaram.

Um inquérito realizado por dois investigadores do Centro de Investigação e Intervenção Social do Instituto Universitário de Lisboa/ISCTE junto de estudantes daquele instituto, feito meses depois, mostrou que muitos se mantinham convencidos da realidade do «arrastão de Carcavelos» e, também, que essa percepção variava consoante o grupo de pertença dos inquiridos, com os inquiridos brancos a acreditarem mais na existência do «arrastão» do que os inquiridos negros[22]:

---

[21] *Apud* SCHUDSON, Michael, *The Sociology of News*, New York–London, W. W. Norton & Company, 2003, p. 134.

[22] Cf. ALEXANDRE, Joana & WALDZUS, Sven, «Quando o que Vemos não é Igual ao que Percebemos – Implicações para as relações entre grupos», *in*: ACIME, *O «Pseudo-arrastão» de Carcavelos – Documentos*, Lisboa, ACIME, 2006, pp. 115–124.

[...] não é a imagem que constitui o núcleo do poder mediático e de sua utilização pelos poderes. O núcleo da máquina de informação é, mais exactamente, a interpretação. Tem-se necessidade de acontecimentos, mesmo falsos, porque suas interpretações já estão aí, porque elas preexistem e chamam esses acontecimentos.[23]

Infelizmente, casos como estes, demonstrativos da possibilidade de manipulação das massas pela propaganda política (para glosar o título de um clássico de Serge Tchakhotine), e que mostravam como, por vezes, a liberdade de expressão pode ter consequências negativas para a democracia, não receberam das redacções a atenção necessária.

8. Liberdade de expressão ou liberdade de insulto?

O fascínio que rodeou as novas tecnologias de informação, como instrumento de facilitação do trabalho dos jornalistas, impediu algumas precauções, não apenas em relação a casos como os de informações não verificadas de alegados «cidadãos jornalistas», mas também à divulgação, em órgãos de informação, de opiniões provenientes da blogosfera, nem sempre devidamente identificadas e à abertura a comentários anónimos nas suas edições online.

Em nome da liberdade de expressão, permitiram-se comentários maioritariamente anónimos, normalmente virulentos, roçando por vezes a difamação, só mais tarde surgindo a obrigatoriedade de uma identificação prévia[24] que, no entanto, como no caso das chamadas telefónicas, pode ser falsificada.

---

[23] RANCIÈRE, Jacques, «As novas razões da mentira», *Folha de São Paulo*, caderno Mais!, 22 de Agosto de 2004.
[24] Cf. CASTANHEIRA, José, *No Reino do Anonimato: Estudo sobre o Jornalismo Online*, Coimbra, Minerva, 2004.

Surgindo nos sites de jornais de referência, esses comentários beneficiam, de algum modo, da credibilidade destes – com um controlo editorial bem menor do que as «Cartas ao Director» das edições em papel.

Só em 2014 a ERC abordou este problema, através da Directiva 2/2014[25], sobre «Utilização jornalística de conteúdo gerado pelo utilizador», em que, admitindo ser a internet «uma fonte de riqueza informativa», lembra que «o principal valor de uma informação veiculada por um órgão de comunicação social é a sua credibilidade, a garantia de que se trata de matéria verificada e validada» e que «é vital para a actividade dos órgãos de comunicação social, e para o compromisso que têm com as respectivas audiências, que esse valor, o da credibilidade, não seja afectado», pelo que, em relação aos espaços de comentários, «devem ser os OCS (Órgãos de Comunicação Social) electrónicos a determinar as regras de funcionamento e participação dos seus utilizadores», tendo em conta «dois grandes objectivos: a liberdade de expressão e o respeito pela privacidade, o bom nome dos cidadãos e a rejeição do incitamento ao ódio, violência e discriminação étnica, racial e sexual», devendo, preferencialmente, a observância destas regras «ser feita por recursos humanos e não (exclusivamente) por processos automáticos» e sendo «a responsabilidade dos comentários também do órgão de comunicação social».

Bastará, no entanto, aceder às colunas de comentários nos sites das edições online de diversos jornais para verificar que estão longe de ser cumpridas as recomendações da ERC...

Ler muitos desses comentários suscita a pergunta: poderá um dia a defesa intransigente da liberdade de expressão pôr

---

[25] Disponível em: http://www.erc.pt/download/YToyOntzOjg6ImZpY2h
laXJvIjtzOjM5OiJtZWRpYS9kZWNpc29lcy9vYmplY3RvX29mZmxpbmU
vMjQ4MC5wZGYiO3M6NjoidGl0dWxvIjtzOjE0OiJkaXJldGl2YS0yMjAxN
CI7fQ==/diretiva-22014.

em causa a liberdade de informação? Estarão os *media* – em nome da liberdade – a abrir caminho a forças que, uma vez vitoriosas, de imediato poriam fim a essa liberdade?

O debate, pouco popular – e tornado ainda mais impopular pelo assassinato dos cartunistas do *Charlie Hebdo* – parece agora lançado, após a vitória eleitoral de Donald Trump, apoiada pela difusão de notícias falsas propagadas nas redes sociais e, por vezes, retomadas pelos grandes *media*, ainda que para as desmentir.

O facto cunhou uma expressão nova, que o dicionário Oxford elegeu como palavra do ano, «pós-verdade», «circunstâncias em que os factos objectivos são menos decisivos que as emoções ou as opiniões pessoais na hora de criar opinião pública» e deu origem à publicação de múltiplos artigos sobre o tema.

Podemos aceitar o pessimismo de Jonathan Albright, prevendo que, a pretexto das falsas notícias, venha a verificar-se «a supressão de vozes alternativas e a censura de conteúdos que tratem determinados temas»[26]. Ou partilhar o voluntarismo de Mark Thompson que, defendendo intransigentemente o direito do público a, se assim o entender, só ler notícias falsas, prefere lembrar que «o jornalismo real é vital para a democracia, e tem de ser pago»[27] – e alertar os leitores para a necessidade de apostar na compra e assinatura de órgãos de informação fidedignos.

---

[26] ALBRIGHT, Jonathan, *Stop Worrying About Fake News. What Comes Next Will Be Much Worse*. Disponível em: https://www.theguardian.com/commentisfree/2016/dec/09/fake-news-technology-filters, consultado a 13 de Dezembro de 2016.

[27] THOMPSON, Mark, *Mark Thompson Delivers Speech on Fake News*. Disponível em: http://www.nytco.com/mark-thompson-delivers-speech-on-fake-news/, consultado a 13 de Dezembro de 2016.

A luta pela liberdade de expressão, pela liberdade de imprensa – pela democracia, em suma – passa pela manutenção do bom jornalismo. Mas essa manutenção é tanto mais difícil quanto esse jornalismo se dirige ao cidadão, e as plataformas de conteúdos os dirigem ao consumidor, através das suas escolhas online, monitorizadas pelo grande irmão digital, e quando grupos mediáticos, que há muito deixaram de considerar a informação um bem público, para a verem ou como mercadoria ou como forma de pressão, preferem esquecer a verificação prévia, o respeito pela privacidade, pelo bom nome, pela presunção de inocência, pelo segredo de justiça – preferindo recorrer aos seus gabinetes jurídicos, ou mesmo pagar coimas, a cumprir e fazer cumprir as regras deontológicas da profissão.

Some-se a isto a situação laboral dos jornalistas, a diminuição das redacções, a multiplicação do trabalho por várias plataformas, a precariedade, o nível de desemprego e a concentração que desencorajam apelos à cláusula de consciência ou, sequer, aos Conselhos de Redacção ou ao Conselho Deontológico. Portugal tem uma legislação muitas vezes invejada no que toca à liberdade de imprensa, mas a realidade laboral está longe de lhe corresponder. E, como repetem os dirigentes sindicais, a precariedade dos jornalistas não é uma «simples» questão laboral, afecta a liberdade de imprensa e, com ela, a democracia.

Os últimos inquéritos vindos a lume em Portugal mostram o desencanto dos jovens jornalistas perante condições laborais que não lhes permitem cumprir o sonho – igual ao dos seus «mais-velhos» – de contribuir para um mundo melhor[28].

---

[28] ANDRINGA, Diana, «Imaginário e Realidade», in: REBELO, José (org.), *As Novas Gerações de Jornalistas em Portugal*, Lisboa, Mundos Sociais, 2014, pp. 79-80.

E porque é a democracia que está em causa, é tempo de pensarmos que esse problema não é só deles, jornalistas, mas de todos nós, cidadãos.

A propósito: já comprou um jornal hoje?

Leituras recomendadas

ALBRIGHT, Jonathan, *Stop Worrying About Fake News. What Comes Next Will Be Much Worse*. Disponível em: https://www.theguardian.com/commentisfree/2016/dec/09/fake-news-technology-filters, consultado a 13 de Dezembro de 2016.

ALDRIDGE, Meryl & EVETTS, Julia, «Rethinking the Concept of Professionalism: The Case of Journalism», *British Journal of Sociology*, 54: 547-564, 2003.

ALEXANDRE, Joana & WALDZUS, Sven, «Quando o Que Vemos não É Igual ao que Percebemos – Implicações para as Relações entre Grupos», *in*: ACIME, *O «Pseudo-arrastão» de Carcavelos – Documentos*, Lisboa, ACIME, 2006.

ANDRINGA, Diana, *Funcionários da Verdade: Profissionalismo e Responsabilidade Social dos Jornalistas do Serviço Público de Televisão*, Lisboa, Tinta da China, 2014.

ANDRINGA, Diana, *Ignacio Ramonet Entrevistado por Diana Andringa*, Porto, Campo da Comunicação, 2001.

CASTANHEIRA, José, *No Reino do Anonimato: Estudo sobre o Jornalismo Online*, Coimbra, Minerva, 2004.

CONSELHO REGULADOR DA ERC, *Utilização Jornalística de Conteúdo Gerado pelo Utilizador*, 2014. Disponível em: http://www.erc.pt/download, consultado a 15 de Dezembro de 2016.

GOMES, Adelino, *Nos Bastidores dos Telejornais RTP1, SIC e TVI*, Lisboa, Tinta da China, 2012.

HUME, Mike, *Direito a Ofender: A Liberdade de Expressão e o Politicamente Correcto*, Lisboa, Tinta da China, 2016.

Kovach, Bill & Rosenstiel, Tom, *The Elements of Journalism. What Newspeople Should Know and the Public Should Expect*, New York, Three Rivers Press, 2007.

Mascarenhas, Oscar, *O Detective Historiador: Ética e Jornalismo de Investigação*, Lisboa, Âncora Editores, 2016.

Mill, John Stuart, *Sobre a Liberdade*, Lisboa, Edições 70, 2006.

Nordenstreng, Kaarle & Topuz, Hifzi (eds.), *Journalist: Status, Rights and Responsibilities*, Praga, IOJ, 1989.

Patterson, Thomas, «Bad News, Bad Governance», *The Annals of the American Academy of Political and Social Science*, 546: 97–108, 1996.

Pina, Sara, *A Deontologia dos Jornalistas Portugueses: Estudo Comparado dos Códigos Deontológicos de 1976 e de 1993*, Coimbra, Minerva, 1997.

Rancière, Jacques, «As novas razões da mentira», *Folha de São Paulo*, caderno Mais!, 22 de Agosto de 2004.

Rebelo, José (org.), *As Novas Gerações de Jornalistas em Portugal*, Lisboa, Mundos Sociais, 2014.

Rebelo, José (org.), *Ser Jornalista em Portugal – Perfis Sociológicos*, Lisboa, Gradiva, 2011

Schudson, Michael, *The Sociology of News*, New York–London, W. W. Norton & Company, 2003.

Sousa, Pedro, «Apropriação e Representações das TIC e seu impacto em Jornalistas de Duas Gerações», *Trajectos – Revista de Comunicação, Cultura e Educação*, 12: 125–136, 2008.

Thompson, Mark, *Mark Thompson Delivers Speech on Fake News*. Disponível em: http://www.nytco.com/mark-thompson-delivers-speech-on-fake-news/, consultado a 13 de Dezembro de 2016.

A noção de interesse público e a defesa da vida privada

Paulo Martins

Jornalista/Professor Convidado no Instituto Superior
de Ciências Sociais e Políticas da Universidade de Lisboa

O exercício jornalístico é sempre passível de causar dano, uma espécie de «risco profissional», atenta a missão de que o jornalista está investido em regimes democráticos – satisfazer o direito dos cidadãos à informação. A questão reside em avaliar se se trata de dano legítimo e pode ser atenuado, em especial quando estão em jogo outros direitos credores de protecção, como a honra, reputação e bom nome. A violação da vida privada carece, assim, de sólida fundamentação. O que pressupõe um esforço de conceptualização do que se entende por privacidade e por interesse público no campo do jornalismo.

As esferas pública e privada não são estanques. Influenciadas por tradições culturais, podem até apresentar zonas de intersecção, capazes de alterar as respectivas fronteiras ou de as tornar tão fluidas que se tornam insusceptíveis de determinação absoluta. A abordagem clássica, recuperada por Hannah

Arendt, inscreve o campo privado no domínio da necessidade, remetendo-o para a trilogia casa-família-trabalho, e concebe a esfera pública, relacionada com a *polis*, como de liberdade, acção e discurso, um espaço de aparição. Como a própria autora reconhece, a emergência do social alterou esta representação, hoje insuficiente para compreender de que forma privado e público interagem. Até porque a maior exposição da esfera privada, característica de sociedades fortemente mediatizadas, não a elimina, ainda que a reconfigure, quanto mais não seja por reduzir a sua extensão.

Beata Rössler[1] identifica três dimensões de privacidade: informacional, decisional e espacial. Todas convergem no reconhecimento do direito dos cidadãos a guarnecerem o seu «território». Isto é, a exercerem o controlo e a salvaguardarem de interferências indesejadas a informação que lhes diz respeito, as decisões e acções que tomam e os espaços que, com inteira autonomia, definem como seus. Na esteira do princípio kantiano do respeito pelas pessoas, enquanto seres racionais, postula-se o direito a desenvolverem a personalidade livres de ingerências externas, o que também implica não serem escutadas sem a sua autorização e manterem-se longe dos olhares do público, se for esse o seu desejo.

A mutação operada no território privado não compreende a intimidade, sua vertente mais reservada, que inclui relações familiares, saúde, sentimentos, vida sexual. Rocca caracteriza-a como «insondável, porque admite uma profundidade sem limites teóricos; genuína, porque incapaz de toda a ficção ou dramatização; ponto de apoio e de partida para a projecção da pessoa na vida social; instância que filtra e amortece as influên-

---

[1] *Apud* THOMPSON, John, «Fronteiras Cambiantes da Vida Pública e Privada», *Matrizes*, 4: 26, 2010.

cias não desejadas»[2]. Violar a intimidade de alguém, conclui Megías-Quirós, é violar a sua dignidade[3].

«Jornalismo e privacidade são o espaço de encontro, de separação e de choque entre liberdades, com incontornáveis implicações nos direitos individuais, no exercício da cidadania, na liberdade de expressão e na liberdade de informar e ser informado», sustenta Camponez[4], enunciando uma interrogação quotidiana dos jornalistas:

> Como conceber o interesse público sem que ele não acabe por limitar as liberdades individuais, ou como pensar a protecção dos direitos individuais sem que isso se transforme num bloqueio à liberdade de comunicação, nomeadamente a de informar e de ser informado?[5]

1. O conceito de interesse público

É precisamente o facto de o jornalista ser confrontado com a determinação da fronteira entre o direito da sociedade a saber e o direito do indivíduo a ocultar, na feliz formulação de Hodges[6], que impõe a necessidade de caracterizar o conceito de interesse

---

[2] Rocca, Liliana Vásquez, «Fenomenología de la Intimidad; Aproximación Jurídica y Ontológica a los Conceptos de Intimidad y Privacidad», *Revista Observaciones Filosóficas*, 11, 2010. Disponível em: www.observacionesfilosoficas.net/fenomenologiadelaintimidad.htm, consultado a 25 de Setembro de 2015.

[3] Cf. Megías-Quirós, José Justo, «Privacidad en la Sociedad de la Información», *Persona y Derecho*, 59: 205–251, 2008.

[4] Apud Martins, Paulo, *O Privado em Público – Direito à Informação e Direitos de Personalidade*, Coimbra, Almedina, 2013, p. 11.

[5] *Ibidem*, p. 16.

[6] Cf. Hodges, Lou, «Privacy and the Press», *in*: Wilkins Lee & Christians G. Clifford (org.), *The Handbook of Mass Media Ethics*, New York, Routledge, 2009, pp. 277–284.

público. É consensual que decorre do direito-dever dos jornalistas a informar, para satisfação do direito do público a ser informado, e que obedece a balizas tão definidas quanto possível.

Uma definição pela negativa pode ajudar a perceber ao que nos referimos. Em jornalismo, interesse público não coincide, forçosamente, com interesse nacional, não traduz o interesse das audiências, habitualmente associado pelos teóricos ao interesse do público, no sentido de saciar curiosidades mórbidas. Pode, enfim, não preencher os requisitos do «interesse legítimo», previsto na lei penal portuguesa como causa de exclusão de ilicitude.

Determinado assunto não é de interesse público apenas por ter impacto num elevado número de pessoas, embora esse factor não seja negligenciável, mas enquadra-se no conceito se contribui para que os cidadãos tomem decisões informadas e conscientes. Associado à função tradicional dos *media* de limitarem poderes, na lógica de pesos e contrapesos integrante do código genético da democracia, o interesse público pressupõe uma prática profissional rigorosa, que não dispensa a contextualização e privilegia o aprofundamento de temas, em detrimento de abordagens sensacionalistas. Esta prática é tanto mais necessária quanto maior for o número de agentes informativos – não só jornalistas – presentes no espaço mediático, um fenómeno induzido pela multiplicação de plataformas informativas que a internet hoje proporciona.

Os estudos disponíveis revelam uma multiplicidade de definições – dir-se-ia, de percepções – dos conceitos de interesse público e de privacidade. No âmbito de um estudo realizado na Grã-Bretanha em 2002[7], envolvendo jornalistas, regula-

---

[7] Cf. MORRISON, David & SVENNEVIG, Michael, «The Public Interest, the Media and Privacy», 2002, p. 107. Disponível em: www.ofcom.org.uk/static/archive/bsc/pdfs/research/pidoc.pdf, consultado a 10 de Outubro de 2015.

dores, representantes da indústria dos *media* e do público, os inquiridos foram instados a caracterizarem «interesse público» por palavras suas, reunidas em três categorias. Cerca de um terço (34%) aludiu aos direitos do público, informações que devem ser do conhecimento geral. A categoria «efeitos no público» registou 28% e só 3% identificaram o interesse público com o interesse nacional.

A investigação detectou preocupações relacionadas com a protecção de crianças, o não envolvimento de familiares e amigos e o escrutínio da vida pessoal de figuras públicas. Os participantes mostraram-se divididos quanto à ideia de que, por vezes, os *media* são compelidos a violar a privacidade para relatarem assuntos importantes e foi evidente uma certa tolerância ao recurso a meios desleais para recolher informação.

A recusa de veicular rumores constituiu a resposta dominante quando se tratou de apurar o que se entende por interesse público na cobertura jornalística[8]. Só 4% dos inquiridos admitiram autorizar a divulgação do *affair* (relação íntima) de uma estrela de cinema, sendo semelhantes os resultados acerca de temas como «diário de político falecido [que] sugere que teve *affair* com mulher ainda viva» ou «filha de celebridade bêbeda em público». Mais de 78% acolheram como positiva a informação sobre detalhes de crimes, revelação de incompetência das autoridades, corrupção ou hipocrisia, fraude ou traição. Pelo menos 8 em cada 10 não manifestaram interesse na vida de figuras do desporto, *pop stars* ou políticos, neste caso especificando que a sua posição se referia à vida privada[9].

A análise de conteúdo de 111 editoriais ou textos de opinião de jornais britânicos sobre a forma como a imprensa

---

[8] *Ibidem*, p. 98.
[9] *Ibidem*, p. 99.

toma decisões quanto à publicação de fotografias passíveis de contender com a privacidade – a propósito da divulgação de imagens de membros da família real – permitiu concluir que a apreciação casuística é valorizada. Finneman e Thomas notam que «a tomada de decisão ética na situação fica à deriva, num mar de mudança de contextos, em vez de se fixar em princípios inflexíveis fundamentados no interesse público (e não apenas naquilo em que o público está interessado)»[10].

Na mesma linha, o inquérito Leveson[11], resultante da investigação judicial às escutas ilegais do *News of the World*, tablóide britânico encerrado em 2011, reconhece que o conceito de interesse público não é monolítico, nem deve ser analisado isoladamente, porque é suposto serem respeitados outros interesses públicos – desde logo, a própria democracia. Nesse sentido, o interesse público não é «propriedade» dos *media* ou de qualquer outro sector. Assim, este conceito abrange duas dimensões[12]: por um lado, a boa governação política (segurança nacional, ordem pública, bem-estar, estado de direito, independência e prestação de contas de entidades públicas, acesso à justiça e responsabilidade de governo); por outro, a autodeterminação individual, a protecção e a execução de interesses privados (privacidade, confidencialidade, reputação, etc.).

---

[10] FINNEMAN, Teri & THOMAS, Ryan, «The British National Press and the 2012 Royal Family Photo Scandals», *Journalism Practice*, 8: 418, 2014.

[11] Cf. LEVESON, Brian, «An inquiry into the culture, practices and ethics of the press: Report», 2012. Disponível em: www.gov.uk/government/uploads/system/uploads/attachment_data/file/270939/0780_i.pdf, consultado a 26 de Setembro de 2015.

[12] *Ibidem*, p. 70.

2. Interesse público em códigos deontológicos

Num inquérito promovido nos Estados Unidos em 2009[13], 9 em cada 10 jornalistas garantiram incorporar a noção de interesse público como nuclear no seu desempenho. A importância de uma orientação nesse sentido é manifestada apesar do impacto do mercado, que impele os *media* a tenderem para a satisfação do interesse do público, em detrimento do interesse público, e de constrangimentos como a redução de efectivos nas redacções, susceptível de prejudicar a capacidade para empreenderem abordagens que o respeitem.

No mesmo ano, Whittle e Cooper concluíram que a percepção actual é a de que há interesse público em preservar a privacidade pessoal[14]. Com base em entrevistas a jornalistas, académicos, juristas e bloguistas, confirmaram que a contradição entre comportamento privado e discurso público é um argumento frequente para a invasão da privacidade de figuras públicas. A ascensão a este estatuto, de acordo com o estudo, implica sacrificar o direito à privacidade, além de que quem recorre aos *media* para se promover, exibindo parte da sua vida privada, não pode impedir a exposição de outras.

Whittle e Cooper sistematizaram as justificações de interesse público mais comuns, essencialmente enquadradas em duas categorias. A primeira, centrada no cidadão, inclui a divulgação de informações que o habilitem a tomar decisões, permitam entender medidas, evitem que seja enganado por uma declaração ou acção de um indivíduo ou de uma organização ou revelem incompetência com impacto no público.

---

[13] Cf. BEAM, Randal, BROWNLEE, Bonnie, WEAVER, David & DI CICCO, Damon, «Journalism and Public Service in Troubled Times», *Journalism Studies*, 10: 734–753, 2009.

[14] Cf. WHITTLE, Stephen & COOPER, Glenda, *Privacy, Probity and Public Interest*, Oxford, University of Oxford, 2009.

A segunda prende-se com o papel dos *media* no escrutínio dos poderes: promoção do debate sobre questões-chave, contributo para a prestação de contas e a transparência das decisões, combate à fraude e à corrupção, exposição ou detecção de crimes ou conduta anti-social.

Ainda que formulada de maneira diferente, esta última justificação e a respeitante à possibilidade de prevenir o público quando há risco de ser ludibriado inspiram-se no Código de Práticas dos Editores da Grã-Bretanha, país que impõe aos responsáveis editoriais a demonstração, perante a entidade reguladora, de que o interesse público pode ser invocado. Herdado da extinta Press Complaints Commission pela Organização Independente de Padrões da Imprensa (IPSO, na sigla em inglês) – novo regulador britânico, cuja criação, em 2014, foi recomendada pelo relatório Leveson –, aquele instrumento deontológico consagra uma interpretação extensiva do conceito de interesse público. Isto porque considera que a liberdade de expressão é sempre de interesse público e toma-o como incontestável em duas outras situações, embora salvaguardando que não se esgota nelas: descoberta ou revelação de comportamento anti-social grave e defesa da saúde e da segurança pública. Na mesma linha, o código da BBC, adoptado em 2005, reconhecendo que não existe uma definição única de interesse público, acrescenta-lhe matérias como exposição de corrupção ou injustiça e divulgação de incompetência ou negligência.

As características destes dois códigos reflectem a sensibilidade dos britânicos em relação à protecção da privacidade, fruto da abordagem dos jornais tablóides. A enunciação do conceito de interesse público a que procedem não tem paralelo em qualquer outro dispositivo ético, embora todos acolham o princípio. A única excepção, fora do universo britânico, é o código austríaco, de 2013, que, além de mencionar a divulgação de crimes graves, a protecção da segurança pública ou da saúde e a prevenção do público para enganos, salienta que não é de interesse público divulgar fotos em violação da esfera íntima apenas para satisfazer a curiosidade.

3. Compatibilização de valores

No que respeita à defesa da vida privada, afigura-se válido consagrar, na prática jornalística, a «teoria dos três graus» (*Dreistufentheorie*), cara à doutrina jurídica alemã. O primeiro grau, público, é de publicidade irrestrita; o segundo, privado, depende da condição da pessoa envolvida; enquanto o terceiro, íntimo, é suposto ser preservado, tanto mais que usufrui de tutela jurídica.

Uma vez que os direitos à informação e à protecção da vida privada constituem valores civilizacionais, com guarida constitucional em sociedades democráticas, a compatibilização entre ambos é incontornável. O processo causa tensão ao jornalista, sendo certo que, se concluir pela prevalência do interesse público, deve sacrificar o menos possível a privacidade. Nas palavras do juiz William Taft:

> A existência e a extensão da prerrogativa nas comunicações são determinadas pelo equilíbrio entre as necessidades e o bem da sociedade e o direito de um indivíduo a desfrutar de boa reputação, se nada fez para a prejudicar. A prerrogativa deve sempre cessar quando o sacrifício do direito individual se torna tão grande que o bem público que dele deriva supera as instruções do eleitorado ou dos seus superiores acerca da acção a adoptar.[15]

---

[15] *Apud* DENNIS, Everette, «The Press and the Public Interest: A Definitional Dilemma», *DePaul Law Review*, 23: 937–960, 1974.

A quem compete determinar o interesse público? Ao jornalista? Ao jornalista, em articulação com hierarquia editorial? A um organismo interno representativo dos profissionais, em Portugal designado por conselho de redacção? Em certas situações, «é tão difícil de traçar que não pode ser entregue exclusivamente ao critério de quem recolheu a informação e defende o seu valor intrínseco»[16]. Para reduzir a margem de discricionariedade, são recomendáveis decisões partilhadas, assumindo a redacção como colectivo capaz de incentivar o debate aberto de abordagens jornalísticas. No limite, pode concluir-se que prevalece o dever de não publicar informações.

As decisões editoriais pressupõem a avaliação do grau de autodeterminação informativa do envolvido. A fixação do tempo e do modo de divulgar informações a seu respeito não é um direito absoluto, o que torna o núcleo de privacidade insusceptível de padronização. Se o fosse, impediria a fundamentação no interesse público de intrusões nesse campo.

Rocca sublinha que «só a vontade pessoal pode converter a intimidade em objecto de informação, mas a informação da intimidade é a sua própria destruição»[17]. Nesta perspectiva, a intimidade instituir-se-ia como barreira intransponível. Porém, na actividade jornalística, a revelação de factos íntimos, embora excepcional, pode encontrar justificação no interesse público – um exercício que indubitavelmente suscita dúvidas:

> É legítimo revelar a doença fatal de que sofre um candidato a cargo público, se existir a expectativa de que não cumprirá o mandato por inteiro? A reserva da sua intimidade recomenda que tal facto não seja divulgado, mas proporcionar ao público a informação suficiente para tomar decisões em matéria eleitoral é

---

[16] MARTINS, Paulo, *op. cit.*, p. 238.
[17] ROCCA, Liliana Vásquez, *op. cit.*

uma obrigação do jornalista. E no caso de um desportista, acometido por uma doença susceptível de afectar a sua performance? O questionamento ético é de idêntica natureza.[18]

O princípio, central na ética profissional, segundo o qual o jornalista deve agir, em todas as circunstâncias, de acordo com a sua consciência ética reclama uma conduta mais exigente do que a vertida em normativos deontológicos, em atenção ao respeito pela pessoa humana. Porque não lhe cabe contar «todos os pormenores», uma perniciosa tendência nascida da contaminação do jornalismo pelo entretenimento, nem o direito à informação o autoriza a apresentar uma falsa imagem de alguém, divulgar fotografias, comunicações privadas ou factos irrelevantes ou embaraçosos.

Patterson e Wilkins distinguem o que o público tem direito a saber, o que precisa de saber e o que quer saber[19]. Satisfazer este desejo é uma atitude alheia à função social do jornalista. No cumprimento das suas *leges artis* – confluência de normas técnicas e de princípios éticos – decide em função do caso com o qual se depara. Primeiro, avalia se reúne interesse público; depois, se o interesse público prevalece sobre a protecção da privacidade, ou seja, se tem legitimidade para a invadir e se é suficientemente sólido o fundamento para tornar públicos factos desse âmbito.

O respeito por limites éticos quanto às informações que o público necessita saber e às que os *media* têm interesse legítimo em obter e difundir obriga a responder a um conjunto de questões, que Gauthier enuncia:

---

[18] MARTINS, Paulo, *op. cit.*, p. 45.
[19] *Apud* FINNEMAN, Teri & THOMAS, Ryan, *op. cit.*, p. 409.

Porque é esta informação considerada confidencial pelo sujeito da história? As suas razões fazem sentido? Devo manter essa informação privada? Quão importante é para o sujeito que permaneça em sigilo? Para que escolhas de vida específicas precisa o público dessa informação? São essas escolhas importantes ou relativamente triviais? A informação é vital para as suas escolhas? Informação semelhante está disponível a partir de fontes públicas?[20]

4. Figuras públicas e cidadãos anónimos

A ponderação das circunstâncias do caso e do papel social do protagonista é incontornável. Um crime é sempre notícia, mas só se justifica revelar a identidade do autor caso se trate de uma figura pública – seja político ou «celebridade», o termo usado no universo anglo-saxónico para designar pessoas que suscitam a atenção dos *media*. É legítimo divulgar a conduta privada quando afecta as funções exercidas, revela hipocrisia (isto é, incoerência com o que o indivíduo preconiza em público, por exemplo, para seduzir o eleitorado) ou cujo conhecimento ajuda a desvendar traços de carácter pertinentes para o juízo dos cidadãos.

Uma figura pública tem consciência de que abdica de parte da sua privacidade. Contudo, tal não significa um «salvo-conduto» para a converter em notícia. Invadir esse núcleo é um acto de indiscrição, ainda que legítimo. Exige avaliação, influenciada por diferentes tradições mediáticas. «Se mentiu à mulher, pode mentir ao país» – eis o argumento invocado nos

---

[20] GAUTHIER, Candace, «Privacy Invasion by the News Media: Three Ethical Models», *Journal of Mass Media Ethics*, 17: 24, 2009.

Estados Unidos para a mediatização do caso Clinton-Lewinsky, que porventura na Europa não despertaria tanto interesse.

A Resolução 428/70 da Assembleia Parlamentar do Conselho da Europa sustenta que «aqueles que, pelos seus próprios actos, incentivaram revelações indiscretas em relação às quais se queixam mais tarde, não podem invocar o direito à privacidade», mas essa atitude não dispensa o jornalista de observar princípios éticos. O consentimento para revelar assuntos da vida privada não tem, por norma, carácter perpétuo nem pode resultar de acordo tácito.

A «privacidade oferecida», conceito introduzido pela Alta Autoridade para a Comunicação Social numa deliberação de 2000, é um fenómeno complexo. «Não perde a condição de privacidade aquilo que não o quer ser, ou que consente não ser», defendeu então a antiga entidade reguladora portuguesa, questionando a legitimidade dos *media* para ferirem a privacidade «que não se reconhece como ferida». Embora relativa a um programa televisivo de entretenimento, esta tomada de posição ajuda à reflexão no domínio do Jornalismo.

O Conselho Deontológico do Sindicato dos Jornalistas português defendeu, em 1996, que, «à partida, as pessoas são uma não notícia: é preciso uma razão substancial (que, em princípio, lhes seja atribuída) para serem objecto de notícia». Não raro, cidadãos anónimos que desconhecem o funcionamento dos *media* e, por vezes, os seus direitos, expõem a vida privada, por ingenuidade ou sede de protagonismo: «O dever de lealdade para com a sociedade impõe aos jornalistas que não tirem proveito de tais situações. Mais do que isso: que defendam a privacidade de todos os cidadãos»[21]; abstendo-se, nessas circunstâncias, de divulgar factos.

---

[21] MARTINS, Paulo, *op. cit.*, p. 48.

Actualmente, a esfera privada não se circunscreve ao espaço físico. Graças às novas tecnologias, tornou-se «um domínio desespacializado de informação e de conteúdo simbólico sobre o qual o indivíduo acredita que deve exercer controlo, independente de onde esse indivíduo e onde essa informação possam estar localizados»[22]. Por outro lado, reconhece-se que a privacidade é passível de violação em espaços públicos – daí a adopção, na Grã-Bretanha, do conceito de «legítima expectativa de privacidade», que atende ao contexto, sendo aplicável a situações como a desfiguração por doença ou imagens de uma tentativa de suicídio difundidas pelo circuito interno de uma unidade comercial.

5. Problemática com múltiplas dimensões

Na actividade jornalística, a protecção da privacidade envolve diversas dimensões. Em primeira instância, as que constituem expressão da dignidade humana. A pertinência noticiosa é um princípio basilar, pelo que são destituídas de interesse público condutas como a transmissão de imagens de cidadãos acamados ou de cadáveres. A cobertura de funerais, por exemplo, pode exigir uma dupla autorização – para captar imagens e para as reproduzir.

Os poucos códigos deontológicos que aludem ao noticiário sobre suicídios acautelam o risco de imitação. O da Independent Press Standards Organisation (IPSO), cuja versão mais recente data de 2016, desaconselha detalhes excessivos sobre o método usado. A Carta de Treviso (Itália), aprovada em 2006, só autoriza a divulgação de suicídios de menores desde que não sejam enfatizados aspectos capazes de provocar emula-

---

[22] THOMPSON, John, op. cit., p. 29.

ção. Excepções admissíveis estavam previstas no antigo código suíço, de 2005: o facto de o suicídio ter «relação provável» com a função de quem o cometeu ou de adquirir «carácter de manifestação», visando alertar a opinião pública para um problema não resolvido, como uma imolação em público, em nome de uma causa.

Para salvaguardar o desenvolvimento da sua personalidade, a generalidade dos códigos prevê a não identificação quer de vítimas de crimes sexuais, quer de menores – sejam autores de actos ilícitos, testemunhas ou vítimas. Alguns procuram prevenir a identificação indirecta (o código da IPSO rejeita o uso da palavra incesto em casos de abuso sexual). O contacto com crianças e jovens impõe cautelas redobradas. Em regra, entrevistas ou depoimentos dependem da autorização de familiares, encarregados de educação ou detentores do poder paternal. Vários códigos determinam que não sejam questionados acerca de domínios que ultrapassem a sua compreensão.

A protecção da privacidade deve ser tomada em consideração logo na recolha de informação. Numa transmissão televisiva ou radiofónica em directo que, por natureza, subtrai ao jornalista a possibilidade de exercer a função de mediador, é enorme o risco de ceder à emoção. Pode até, involuntariamente, prestar-se a veicular apelos contrários à dignidade humana, como à aplicação da pena de morte em julgamentos de crimes hediondos.

Na cobertura de tragédias – acidentes, atentados, terramotos, guerras – emerge a reserva da intimidade, sobretudo perante pessoas em situação de fragilidade psicológica ou vulnerabilidade emocional, a respeitar tanto na recolha de declarações como de imagens. O código deontológico português, de 1993, estabelece que devem ser proporcionadas condições de serenidade aos entrevistados – também para assegurar o rigor da informação, já que só assim podem emitir testemunhos credíveis. Esta atitude de lealdade implica a informação prévia sobre o contexto em que as declarações serão usadas (se para publicação ou como material de apoio). Proporcionar uma «decisão informada» acerca do interesse, oportunidade e extensão da exposição mediática do entrevistado é a recomendação do código holandês[23], revisto em 2015.

Reportagens centradas no sofrimento tendem a tornar-se factor de vitimização adicional dos envolvidos e a acentuar, pela banalização, a indiferença do público. As consequências traumáticas podem abater-se sobre vítimas e familiares, mas também sobre jornalistas. O Dart Center for Journalism and Trauma, da Universidade de Washington, que estuda boas práticas e oferece formação para cenários de conflito, aconselha sensibilidade na realização de entrevistas (capacidade de ouvir e contenção) e ausência de referência a detalhes sórdidos, para atenuar o efeito na comunidade. Diversos estudos demonstram, por outro lado, que a repetição de imagens, em particular televisivas, mantém viva a experiência dolorosa das vítimas de tragédias.

A inibição de acusações sem fundamento, o respeito pela presunção da inocência e o recurso a meios ilícitos apenas quando não há alternativa são princípios consagrados, simultaneamente, em sede legal e de auto-regulação, inscrevendo-se também na problemática do interesse público e da protecção da vida privada. Cair na tentação de substituir a Justiça, condenando cidadãos na praça pública, é eticamente censurável. Os *media*, ao acolherem acusações, obrigam-se à audição prévia dos visados – vários códigos invocam a concessão de tempo e informação suficientes para que se pronunciem. O uso de câmaras ou microfones ocultos e a dissimulação de identidade

---

[23] RAAD VOOR DE JOURNALISTIEK, *Guidelines from the Netherlands Press Council*. Disponível em: www.rvdj.nl/english/guidelines, consultado a 18 de Novembro de 2015.

só são admissíveis em situações excepcionais, uma vez demonstrado o incontestável interesse público e desde que não existam meios convencionais de obtenção da informação.

O tratamento jornalístico da morte por afogamento, em 2013, de seis estudantes na praia do Meco, perto de Lisboa, prova que o caso concreto influencia a decisão editorial:

> A identidade do sobrevivente não teria, provavelmente, sido revelada, se o acontecimento fosse, desde o início, tratado jornalisticamente como um crime, suspeita que só mais tarde se instalou. Sendo à partida um acidente, a identificação surgiu como natural. O silêncio do jovem sobre o que aconteceu deu azo a especulações, a raiar o «julgamento» mediático.[24]

E isto porque diversos órgãos de comunicação partiram do princípio de que se há vítimas, tem de haver culpado.

O uso de redes sociais como fonte de informação – materializado na reprodução de fotografias ou conversas privadas – viola o direito à imagem e à palavra, ainda que se reconheça o impacto desses espaços na reconfiguração do conceito de privacidade. A transcrição de escutas telefónicas produto de investigações judiciais é susceptível de atingir a reputação de indivíduos e de violar disposições sobre presunção de inocência e reserva da vida privada. Tais condutas justificam a pergunta: pode o jornalista violar a lei em nome do interesse público? Uma resposta positiva pressupõe, evidentemente, a assunção de responsabilidades. Porque, como observa Leveson, «a imprensa que se considera acima da lei pode ser profundamente antidemocrática»[25].

---

[24] MARTINS, Paulo, «O Respeito pela Privacidade Começa na Recolha de Informação», *Comunicação e Sociedade*, 25: 182, 2014.

[25] LEVESON, Brian, *op. cit.*, p. 66.

O conceito de privacidade não pode, nesta medida, deixar de estar presente na prática quotidiana dos jornalistas. Qualquer violação dessa esfera tem sempre de se estribar em razões de manifesto interesse público, e, sendo a dignidade humana um valor primacial em sociedades democráticas, também incumbe ao jornalista defender a vida privada dos cidadãos, em particular dos que não têm consciência dos efeitos da sua exposição pública.

Leituras recomendadas

Beam, Randal, Brownlee, Bonnie, Weaver, David & Di Cicco, Damon, «Journalism and Public Service in Troubled Times», *Journalism Studies*, 10: 734-753, 2009.

Conselho Deontológico do Sindicato dos Jornalistas, Recomendação 4/1996, de 5 de Novembro, sobre exposição pública de cidadãos comuns.

Cornu, Daniel, *Jornalismo e Verdade – Para Uma Ética da Informação*, Lisboa, Instituto Piaget, 1999.

Dart Center for Journalism & Trauma (2003), «Tragedies & Journalists – A guide for more effective coverage». Disponível em: dartcenter.org/files/en_tnj_0.pdf, consultado a 20 de Outubro de 2015.

Dennis, Everette, «The Press and the Public Interest: A Definitional Dilemma», *DePaul Law Review*, 23: 937-960, 1974.

Fidalgo, Joaquim, *O Lugar da Ética e da Auto-Regulação na Identidade Profissional dos Jornalistas*, Lisboa, Fundação Gulbenkian e Fundação para a Ciência e Tecnologia, 2009.

Finneman, Teri & Thomas, Ryan, «The British National Press and the 2012 Royal Family Photo Scandals», *Journalism Practice*, 8: 407-420, 2014.

Gauthier, Candace, «Privacy Invasion by the News Media: Three Ethical Models», *Journal of Mass Media Ethics*, 17: 20-34, 2009.

Hodges, Lou, «Privacy and the Press», *in*: Wilkins Lee & Christians Clifford G. (eds.), *The Handbook of Media Ethics*, New York, Routledge, 2009.

Leveson, Brian, «An Inquiry into the Culture, Practices and Ethics of the Press: Report», 2012. Disponível em: www.gov.uk/government/uploads/system/uploads/attachment_data/file/270939/0780_i.pdf, consultado a 26 de Setembro de 2015.

Martins, Paulo, *O Privado em Público – Direito à Informação e Direitos de Personalidade*, Coimbra, Almedina, 2013.

Martins, Paulo, «O Respeito pela Privacidade Começa na Recolha de Informação», *Comunicação e Sociedade*, 25: 169–185, 2014.

Megías-Quirós, José Justo, «Privacidad en la Sociedad de la Información», *Persona y Derecho*, 59: 205–251, 2008.

Morrison, David & Svennevig, Michael, «The Public Interest, the Media and Privacy», 2002. Disponível em: www.ofcom.org.uk/static/archive/bsc/pdfs/research/pidoc.pdf, consultado a 10 de Outubro de 2015.

Rocca, Liliana Vásquez, «Fenomenología de la Intimidad; Aproximación Jurídica y Ontológica a los Conceptos de Intimidad y Privacidad», *Revista Observaciones Filosóficas*, 11, 2010. Disponível em: www.observacionesfilosoficas.net/fenomenologiadelaintimidad.htm, consultado a 25 de Setembro de 2015.

Sanders, Karen, «Private Lives and Public Interest», *in*: *Ethics and Journalism*, London, Sage Publications, 2002.

Thompson, John, «Fronteiras Cambiantes da Vida Pública e Privada», *Matrizes*, 4: 11–36, 2010.

Whittle, Stephen & Cooper, Glenda, *Privacy, Probity and Public Interest*, Oxford, University of Oxford, 2009.

A relação entre o jornalista e as suas fontes

Rogério Santos
Centro de Estudos de Comunicação e Cultura
da Universidade Católica Portuguesa

Este capítulo estabelece a relação entre jornalistas e fontes de informação na produção de notícias, com a observação da constituição da ética informativa, e faz a análise das questões de direito de sigilo e de fuga de informação. Aqui, englobam-se problemáticas estudadas pelo autor[1], com uso da principal literatura sobre jornalistas e fontes e questões éticas e deontológicas. Como metodologias empíricas, utilizo a observação participante em publicações, entrevistas em profundidade a dirigentes de instituições, assessores de imprensa e porta-vozes, a experiência profissional como responsável de

---

[1] Cf. SANTOS, Rogério, *A Negociação entre Jornalistas e Fontes*, Coimbra, Minerva, 1997; SANTOS, Rogério, «Práticas Produtivas e Relacionamento entre Jornalistas e Fontes de Informação», *in*: TRAQUINA, Nelson, CABRERA, Ana, PONTE, Cristina e SANTOS, Rogério, *O Jornalismo Português em Análise de Casos*, Lisboa, Caminho, 2001, pp. 93-133; SANTOS, Rogério, *Jornalistas e Fontes de Informação. A Sua Relação na Perspectiva da Sociologia do Jornalismo*, Coimbra, Minerva, 2003; SANTOS, Rogério, *A Fonte Não Quis Revelar. Um Estudo sobre a Produção das Notícias*, Porto, Campo das Letras, 2006.

um gabinete de imprensa empresarial (1983–1994) e director de revista (2003–2005), e estudos de caso.

Procuro responder às seguintes perguntas: como promovem as fontes os seus acontecimentos? Que iniciativas tomam os jornalistas quando recebem informação das fontes? Quais as rotinas produtivas das fontes e dos jornalistas? Quais os delineamentos éticos? Quais as fronteiras entre sigilo, fuga de informação e balão de ensaio? O capítulo divide-se em cinco secções, com tópicos relativos a fontes de informação, jornalistas e comportamentos éticos, princípios reguladores éticos e deontológicos e casos de estudo.

1. Jornalistas

Ao estudar as organizações noticiosas *Fortuna* (1993) e *Diário de Notícias* (1998) concluí que os meios noticiosos possuem estruturas mais simples do que outras organizações burocráticas. Na *Fortuna*, com estrutura muito horizontal, existia pouca distinção entre editor e jornalistas, verificável somente na altura da saída de cada edição. Na estrutura horizontal do *Diário de Notícias*, o editor tem um peso formal relativo face aos jornalistas e uma cadência vigorosa e permanente de produção noticiosa. Verifiquei maior autonomia dos editores no jornal do que na revista.

A redacção constitui um elemento fulcral na organização jornalística. A pressão económica pelo lucro e a cultura ocupacional têm impacto na estrutura organizacional. Apesar de os jornalistas escreverem sobre qualquer tema, nota-se um aumento de especialização, com correspondência na criação ou substituição de secções. Na revista observada, a especialização conduzia ao aumento de notícias de investigação no conjunto das peças jornalísticas, ao contrário do jornal, tributário das acções calendarizadas. Na organização noticiosa, Soloski sublinha a existência de uma linha burocrática e hierárquica responsável pela gestão, e de uma escada profissional, mantida por jornalistas generalistas e especialistas e editores[2]. Por outro lado, verifica-se uma relação semelhante entre jornalistas de meios noticiosos diferentes, que se vêem como concorrentes e colegas, mas também apoiados numa base de anéis ou círculos de apoio, quando permanecem num local de reportagem. Zelizer refere-se aos jornalistas como comunidade interpretativa que representa um espaço cultural de organização, partilha e reconstrução de significados[3]. Nos anos mais recentes, a televisão por cabo e os sites de informação na internet vieram desagregar algumas condições, com maior velocidade, conhecimento efémero e redefinição de géneros. Becker e Vlad escrevem sobre a *filosofia da notícia*: um jornal procura compreender e aprofundar as causas e consequências de um acontecimento, ao passo que a televisão e a internet traduzem o imediato e a imagem[4].

A pressão da organização noticiosa para o fecho da edição encoraja as práticas de rotina. Como analisou Schlesinger, num estudo sobre a BBC-rádio, o jornalista distribui o tempo em tarefas de rotina, embora o trabalho se altere quando ocorre um acontecimento imprevisto e de relevo[5]. Daí, o jornalista

---

[2] Cf. SOLOSKI, John, «O Jornalismo e o Profissionalismo: Alguns Constrangimentos no Trabalho Jornalístico», *in*: TRAQUINA, Nelson (org.), *Jornalismo: Questões, Teorias e «Estórias»*, Lisboa, Vega, 1989/1993, p. 97.

[3] Cf. ZELIZER, Barbie, «Os Jornalistas enquanto Comunidade Interpretativa», *in*: TRAQUINA, Nelson (org.), "Jornalismo 2000", *Revista de Comunicação e Linguagens*, 27: 33–61, 2000.

[4] Cf. BECKER, Lee e VLAD, Tudor, «News Organizations and Routines», *in*: WAHL-JORGENSEN, Karin e HANITZSCH, Thomas (eds.), *The Handbook of Journalism Studies*, New York–London, Routledge, 2009, p. 68.

[5] Cf. SCHLESINGER, Philip, «Os Jornalistas e a sua Máquina do Tempo», *in*: TRAQUINA, Nelson (org.), *Jornalismo: Questões, Teorias e «Estórias»*, Lisboa, Vega, 1977/1993, pp. 167-176.

oscilar entre o estado de controlador e de vítima do tempo: ele possui uma *cronomentalidade*, com tarefas comandadas pelo tempo de fecho do jornal ou noticiário. Tuchman analisou o que chamou *ordem no espaço*, com os *media* a estenderem uma rede que «agarra» os acontecimentos, e *ordem no tempo*, onde se planeia através do serviço de agenda, dado o seu valor político, económico ou social[6]. A agenda constitui-se pelo conjunto de temas e problemáticas com conhecimento prévio de ocorrência diária ou periódica regular e garante a elaboração de notícias que ocupam as páginas do jornal, através dos dispositivos criados pelas rotinas noticiosas: secções ou rubricas, colocação de jornalistas ou correspondentes em locais de criação habitual de factos (Governo, Assembleia da República, capitais dos países mais desenvolvidos e de países com quem se partilha a língua ou se têm acordos comerciais e industriais) e locais onde decorrem congressos.

Rotinas noticiosas, normas profissionais e conceitos como *noticiabilidade* representam traços da *cultura jornalística*. De entre os critérios gerais de noticiabilidade, Ericson e colegas acentuam os de simplificação, dramatização, consonância e personalização[7]. A noticiabilidade conduz ao *valor-notícia*, critério de selecção de acontecimentos ou parcelas de acontecimentos que o jornalista julga merecer inclusão na notícia, com Galtung e Ruge a distinguirem frequência (quanto mais se fala num tópico, mais probabilidades tem de ser notícia), clareza (tema compreensível para o leitor), amplitude ou limiar (abaixo do qual um acontecimento não é noticiado), significação (com interesse para a maioria dos leitores), previsibilidade ou inesperado (as notícias são sobre o que se espera que acon-

---

[6] Cf. TUCHMAN, Gaye, *Making News*, New York, Free Press, 1978, pp. 25–31.
[7] Cf. ERICSON et al., *Visualizing Deviance: A Study of News Organization*, Toronto, University of Toronto Press, 1987.

teça, como o resultado de um encontro desportivo, ou o não previsto, como uma catástrofe ou acidente), negatividade (os assuntos negativos têm mais impacto), países e pessoas de elite (um país como os Estados Unidos tem mais possibilidades de ser notícia do que países africanos ou asiáticos)[8]. A estes elementos, O'Neill e Harcup acrescentam outros, como: quanto mais recursos implicar a escrita de uma notícia, menos probabilidade existe de se transformar em notícia; quanto maior for a estratégia da organização jornalística em termos de sensacionalismo, mais potencialidade há na sua publicação[9]. Se, para Bantz, a cultura jornalística é uma construção simbólica criada pelos membros da organização e molda a sua realidade[10], Manning faz incidir a atenção em dois elementos fundamentais da cultura jornalística: capacidades e «faro» para a notícia[11]. Esta, na sua forma de contar uma história, segue por vezes o modo de contar um mito, com arquétipos e estereótipos. Num estudo sobre produtores de televisão, Tunstall observou a grande autonomia na constituição de equipas, concepção e controlo dos programas e tópicos a cobrir[12]. A preservação do rigor jornalístico é fornecida por processos de auto-regulação –

---

[8] Cf. GALTUNG, Johan & RUGE, Mari, «A Estrutura do Noticiário Estrangeiro. A Apresentação das Crises do Congo, Cuba e Chipre em Quatro Jornais Estrangeiros», *in*: TRAQUINA, Nelson (org.), *Jornalismo: Questões, Teorias e «Estórias»*, Lisboa, Vega, 1965/1993, pp. 61–90.

[9] Cf. O'NEILL, Deirdre & HARCUP, Tony, «News Values and Selectivity», *in*: WAHL-JORGENSEN, Karin & HANITZSCH, Thomas (eds.), *The Handbook of Journalism Studies*, New York–London, Routledge, 2009, p. 167.

[10] Cf. BANTZ, Charles, «News Organizations – Conflict as a Crafted Cultural Norm», *in*: BERKOWITZ, Daniel (ed.), *Social Meanings of News*, Thousand Oaks, London–New Delhi, Sage, 1985/1997, pp. 125–126.

[11] Cf. MANNING, Paul, *News and News Sources – A Critical Introduction*, London–Thousand Oaks–New Delhi, Sage, 2001, pp. 51–52.

[12] Cf. TUNSTALL, Jeremy, *Journalists at Work. Specialist Correspondents: Their Organizations, News Sources, & Competitor-Colleagues*, London, Constable, 1971.

provedor do leitor, cartas ao director e coluna de correcção de erros –, espaços e colunas que reforçam a ideia do diálogo com os leitores, apesar da escolha efectuada nas cartas ao director segundo critérios jornalísticos.

2. Fontes de informação

Para Gans, a fonte é aquela que o jornalista inquire, pois este não está sempre na posição de observar o acontecimento noticiável[13]. Por regra, a fonte organiza-se para publicitar interesses próprios e com enquadramentos específicos de uma actividade. Hess descreve as estratégias das fontes a partir de um triângulo: alimentar os circuitos de informação, educar e vender, e reduzir eventuais prejuízos em situações não favoráveis[14]. Ericson e colegas distinguem várias categorias de fontes: jornalistas, porta-vozes de instituições e organizações governamentais, porta-vozes de instituições e de organizações não-governamentais, cidadãos individualizados[15]. As fontes sabem que um acontecimento por si criado necessita de promoção em termos de novidade, dramatismo e sensacionalismo, para encontrarem eco nos *media*. Em certas ocasiões, as fontes procuram controlar situações negativas (acidentes, prejuízos, despedimentos, escândalos), através da censura ou do secretismo da acção.

---

[13] Cf. GANS, Herbert, *Deciding What's News – A study of CBS Evening News, NBC Nightly News, Newsweek and Time*, New York, Random House, 1979, p. 80.

[14] Cf. HESS, Stephen, *The Government/Press Connection – Press Officers and their Offices*, Washington, The Brookings Institution, 1984.

[15] Cf. ERICSON et al., *Representing Order – Crime, Law, and Justice in the News Media*, Toronto–Buffalo–London, University of Toronto Press, 1991, pp. 186–199.

Nem todas as fontes possuem acesso semelhante aos *media*. As mais poderosas, caso das governamentais e grandes instituições, garantem com facilidade a colocação dos seus eventos nas páginas dos jornais ou na informação televisiva e radiofónica, na internet e redes sociais, mas fontes como associações, grupos cívicos e organizações não-governamentais lutam pela divulgação dos seus acontecimentos. As fontes chegam às organizações noticiosas através de *acesso*, em que as ideias veiculadas pela fonte assumem grande aceitação no texto do jornalista, e *cobertura*, com a descrição do evento em aspectos mais episódicos ou anedóticos. A televisão dá mais destaque a acidentes e desastres do que a imprensa escrita e realça mais as fontes oficiais. Contudo, o poder das fontes oficiais não determina a eficácia em todas as situações, ao passo que as fontes não oficiais alcançam acesso noticioso adequado em determinados momentos. Por exemplo, antigos jornalistas a dirigir gabinetes de imprensa em instituições públicas e privadas produzem textos aptos para colocação nos *media*. Os especialistas em relações públicas e as agências de comunicação passam o tempo a aconselhar os dirigentes das organizações onde trabalham ou prestam assessoria sobre temas ou ângulos para os *media*.

As fontes desenvolvem múltiplas rotinas nos contactos com os jornalistas, como comunicados, conferências de imprensa, visitas e almoços. Ao mesmo tempo, preparam fugas de informação, gerem situações de crise e organizam documentos internos, incluindo recortes de imprensa, produzem vídeos e criam páginas nas redes sociais. Nas operações diárias de rotina, muitas das tarefas assemelham-se ao trabalho dentro dos *media*: procurar informação, seleccionar e enquadrar, produzir e promover eventos. No caso de cargos institucionais, existe uma agenda do registo de actividades diárias: comunicados, telefonemas, relatórios, publicações internas, conferências de imprensa e visitas. A par de respostas às solicitações dos jornalistas (postura reactiva), as fontes produzem informação destinada a alimentar os jornalistas (postura proactiva). A troca de informação entre o governo e os *media* é conduzida de forma equilibrada, aceitando-se o dito com cuidado e conhecimento ou permitindo balões de ensaio que preparam determinadas situações.

3. Elementos de compreensão ética e deontológica

Vários autores têm trabalhado as questões éticas e deontológicas, como responsabilidade social, auto-regulação e credibilidade empresarial, provedores de leitor, bem como profissão do jornalista e mudanças e transformações, mais voltadas para os jornalistas e menos para os comportamentos das fontes.

Segundo Paulino, a responsabilidade social é a base do jornalismo ético, em que os comunicadores se responsabilizam perante o público, com prestação de contas das suas actividades[16]. Este autor identifica e avalia as iniciativas estabelecidas dentro dos MARS (Meios de Assegurar a Responsabilidade Social dos *Media*), ideia desenvolvida por Claude-Jean Bertrand, e que incluem colunas de correcção de erros, secções de cartas dos leitores, colunas do provedor dos leitores, revistas de jornalismo, observatórios de imprensa e códigos de ética dos *media*, bem como associações de telespectadores e redes sociais (como blogues e Facebook).

Formam-se posições que explicam a evolução dessa responsabilidade. Para Albarran, a questão da ética torna-se problemática porque não há um código profissional e universal como em Medicina ou Advocacia, com muitos jornalistas a fun-

---

[16] Cf. PAULINO, Fernando, *Responsabilidade Social da Mídia. Análise Conceitual e Perspectivas de Aplicação no Brasil, Portugal e Espanha*, Brasília, Casa das Musas, 2009, p. 10.

cionarem com base nas suas experiências para resolução de desafios[17]. Se este autor entende que as mudanças e as transformações da indústria dos *media* relegam as questões éticas e obrigações sociais para plano secundário, com responsabilidades divididas entre empresas e profissionais, Aznar conclui que os problemas de ética nos *media* não se encontram nos jornalistas[18]. Assim, tece uma crítica forte à actual percepção dos *media*, com o financiamento a basear-se em critérios e exigências de gestão empresarial, de procura de lucro a curto prazo e rentabilidade imediata, e propõe um compromisso em termos de mecanismos de auto-regulação: criação de conselhos de imprensa, estatutos editoriais, códigos internos e livros de estilo. Pina reforça esta posição, ao fazer corresponder a responsabilidade social da imprensa a um maior nível de credibilidade dos jornalistas e à defesa e promoção do interesse público[19]. Noutro texto, Sara Pina entende que, se houver aumento da desconfiança face à responsabilidade dos *media* e dos políticos, diminui a participação dos cidadãos[20].

A abordagem teórica da sociologia das profissões e dos paradigmas nas últimas décadas do século XX leva Fidalgo a diferenciar o jornalista de outras profissões, o que faz os *media* tributários de uma lógica particular de funcionamento[21]. Esta

---

[17] Cf. ALBARRAN, Alan, «Responsabilidade Ética e Social das Empresas de Comunicação», *in*: FAUSTINO, Paulo (org.), *Ética e Responsabilidade Social dos Media*, Lisboa–Porto, Media XXI, 2007, pp. 25-34.

[18] Cf. AZNAR, Hugo, *Comunicação Responsável. A Auto-regulação dos Media*, Porto, Porto Editora, 2005, p. 91.

[19] Cf. PINA, Sara, «Jornalismo, Liberdade e Responsabilidade», *in*: FAUSTINO, Paulo (org.), *Ética e Responsabilidade Social dos Media*, Lisboa-Porto, Media XXI, 2007, p. 49.

[20] Cf. PINA, Sara, *Media e Leis Penais*, Coimbra, Almedina, 2009, p. 84.

[21] FIDALGO, Joaquim, *O Jornalista em Construção*, Porto, Porto Editora, 2008, pp. 70-71.

caracteriza-se, em primeiro lugar, pela busca da verdade e da objectividade, com a distinção entre facto e opinião (política, religiosa ou desportiva). Em segundo lugar, pelo modo de recolher informação junto de fontes credíveis e a sua transformação em notícia escrita que conte uma história. Outra matéria abordada é a do provedor do leitor como instância auto--reguladora, com a especificidade da centralidade do desafio ético e deontológico e da regulação da actividade jornalística (regulação, hetero e auto-regulação). Assim, o objecto da pesquisa visa compreender as especificidades da profissão de jornalista, modos como é encarada e tratada pelos protagonistas directos e olhada e julgada pelo todo social em que se inscreve e com quem interage. Na sequência de trabalhos anteriores, Marisa Silva analisa um dos aspectos da auto-regulação – o provedor do leitor – e chama a atenção para os seus benefícios, nomeadamente o facto de ele exercer a sua função dentro dos *media* e perto do local da ocorrência dos factos[22]. Dos poderes do provedor, a autora elenca os seguintes: influência, palavra, recomendação e enquadramento social das actividades jornalísticas.

Pode fugir-se ao normativismo dos textos com perspectiva crítica e concluir pela necessidade de olhar os indivíduos como participantes iguais no diálogo, o que significa igual poder na determinação do resultado do diálogo. Tal implica focar os valores de auto-estima, inclusão e ausência da imposição como elementos importantes a associar à actividade dos *media*. Estas ideias têm plena aplicação quando se vê na perspectiva ética a relação entre os dois agentes em campo: fonte e jornalista.

---

[22] Cf. SILVA, Marisa, *As Cartas dos Leitores na Imprensa Portuguesa: Uma Forma de Comunicação e Debate do Público*, tese de doutoramento defendida na Universidade Nova de Lisboa, 2009, p. 153.

4. A necessidade de fontes noticiosas credíveis

O jornalista espera que a fonte forneça informação e não bloqueie ligações. Também não gosta que esta o procure para vender um produto, aspecto articulado à separação que o jornalista faz entre o seu trabalho e os interesses económicos da organização noticiosa a que pertence. Berkowitz distingue três níveis na relação: *adversarial*, de oposição; *neutra*, com vantagens mútuas; *negociação*, com mudanças constantes de poder na relação[23]. A fonte procura colocar informações de acordo com objectivos próprios (*primeiro definidor*), o jornalista adapta a informação a quadros de noticiabilidade da sua organização (*segundo definidor*).

As fontes não tratam os jornalistas de igual modo, o mesmo ocorrendo ao tratamento dado pelos jornalistas às fontes, o que conduz a uma selecção e hierarquia dos jornalistas por parte das fontes. Hess observou a existência de serviços oferecidos aos jornalistas do círculo interior não oferecidos a jornalistas de outras organizações[24]. Há um círculo mais íntimo ou de maior peso, onde os jornalistas que o cobrem solicitam informação. Quanto a outras situações, dizendo respeito ao círculo exterior ou menos importante, as fontes solicitam cobertura aos jornalistas. Para Molotch e Lester, a dimensão do poder das fontes reside na capacidade de criar acontecimentos públicos[25]. O acesso regular das fontes junto das organizações noticiosas determina o poder daquelas. Nas notícias da *For-*

---

[23] Cf. Berkowitz, Daniel, «Reporters and their Sources», *in*: Wahl-Jorgensen, Karin & Hanitzsch, Thomas (eds.), *The Handbook of Journalism Studies*, New York–London, Routledge, 2009, p. 102.

[24] Cf. Hess, Stephen, *The Government/Press Connection – Press Officers and Their Offices*, Washington, The Brookings Institution, 1984, p. 100.

[25] Molotch, Harvey & Lester, Marilyn, «As Notícias como Procedimento Intencional: Acerca do Uso Estratégico de Acontecimentos de Rotina, Aci-

tuna, os grandes grupos económicos tinham boa visibilidade, em especial no formato de entrevistas, numa demonstração de força das fontes oficiais. Porém, outras fontes, como pequenos empresários e jovens que apostam em nichos de mercado, marcavam também as notícias com os seus eventos.

Como as fontes, o jornalista estabelece uma hierarquização de contactos. Quando a fonte é importante e de acesso directo ao poder, o jornalista tolera falhas e arrogância e evita não perder o contacto («secar a fonte»). A ligação do jornalista com as fontes assenta no tempo de contacto e no reconhecimento da capacidade de diálogo e conhecimento destas. Ao fim de vários anos de trabalho, um jornalista acaba por ter um volume adequado de contactos com fontes de confiança. Da observação directa dos *media* e da experiência como fonte, encontrei formas elevadas de deontologia: confiança, compreensão pelo papel do outro, respeito pelas diferenças e interesses. Os *media* clássicos (rádio, televisão, imprensa) têm essas regras escritas ou assentes no costume. Contudo, a maior concorrência, a crescente perda da cultura organizacional (saída de jornalistas mais velhos, entrada de jornalistas em condições laborais precárias), o misto de sensacionalismo, tabloidização e informação-entretenimento, bem como a concentração de propriedade dos *media* e as novas plataformas electrónicas, sem vigilância e auto-regulação correctiva dos outros *media*, abalam o nível de confiança existente até há pouco.

5. Estudos de caso

Para uma compreensão do jornalismo mais adequada, é habitual analisar os factos noticiados e as problemáticas a eles

---

dentes e Escândalos», *in*: TRAQUINA, Nelson (org.) *Jornalismo: Questões, Teorias e «Estórias»*, Lisboa, Vega, 1974/1993, pp. 34–51.

associadas (conjunto de notícias sobre um tema), de modo a construir um modelo de interpretação. A isso se chama estudos de caso, que estabelecem modelos (as formas de narrar os acontecimentos repetem quadros de comportamento, compreensíveis para o seu leitor; por exemplo, escrever sobre um crime remete para as narrativas de crimes cometidos antes, como as razões por detrás da nova ocorrência). Aqui, consideramos os casos de desaparecimento de crianças (Madeleine, Rui Pedro) e escândalos (Casa Pia, Face Oculta). Madeleine McCann desapareceu em Maio de 2007, quando estava de férias com pais e irmãos numa praia algarvia. A investigação policial levantou a ideia de rapto: um inglês morador na localidade foi o primeiro suspeito; mais tarde, os pais da criança foram também indiciados como suspeitos, com a hipótese de morte acidental da criança e corpo escondido. Rui Pedro deixou de ser visto em Lousada em Março de 1998, com a Polícia a considerar a ideia de rapto para rede de pedofilia. Treze anos depois, um suspeito foi notificado de acusação. O processo Casa Pia foi noticiado em Setembro de 2002; referia-se a abusos sexuais de menores acolhidos naquela instituição (para crianças pobres e órfãos menores) por figuras públicas e um ex-funcionário. O processo Face Oculta, noticiado em Outubro de 2009, envolveu um grupo económico pronunciado por lavagem de dinheiro, corrupção política e evasão fiscal.

Todos os casos foram amplamente divulgados pelos *media* e discutidos na opinião pública. Os desaparecimentos das crianças foram publicitados pelas famílias dos desaparecidos (fontes como *primeiro definidor*). No caso da criança inglesa, a família fez uma fortíssima campanha de comunicação a nível mundial para a sua procura, que culminou numa recepção papal, com forte impacto emocional nos *media* e na opinião pública (*postura proactiva*). Os escândalos foram denunciados primeiro em jornais e canais de televisão, levando as autoridades a iniciar a investigação, com produção de provas que levaram os suspeitos a julgamento, embora em processos muito lentos no tempo (jornalistas como *primeiro definidor*).

Os casos em estudo levam-me a aplicar os conceitos de campo de notícia, notícia como mito e revelação da informação (sigilo *versus* fugas de informação).

Ao olhar o espaço estruturado dos *media* e a sua ligação à sociedade, Bourdieu desenvolveu o conceito de *campo*, no qual se gera concorrência entre agentes envolvidos, problemas, conceitos, análises, comentários e acontecimentos[26]. No interior de um campo, os ocupantes de posições dominantes e dominadas efectuam lutas de diferentes formas. Um campo, que, em Bourdieu, inclui domínios como político, religioso, artístico, intelectual, literário, científico e jurídico, revestidos de mecanismos como capital simbólico, investimento, ganho e reconhecimento. Por outro lado, trabalham-se os conceitos de *retoma*, quando uma informação passa de um meio noticioso para outro de maior peso público, a amplia e a transforma em assunto do dia, tensões no campo jornalístico, que expressam a conflitualidade dos jornalistas, e *campo estruturado*, observando as arenas institucionais (corpos oficiais do Estado, semioficiais e não oficiais). Ao analisar as notícias dos casos em estudo, observou-se a existência de vagas de grande mediatismo e zonas de silêncio, numa constante retoma com picos e circularidade de temas (problemática), e de que fontes e jornalistas foram responsáveis.

À retoma e circularidade da problemática, junta-se a ideia da notícia como mito, que indica uma forte comparabilidade entre histórias. O desaparecimento das crianças teve enquadramentos semelhantes, dentro da ideia de enquadramento: rapto, pedofilia, questões de saúde, família. Nos escândalos (Casa Pia, Face Oculta), revelou-se um conjunto de temas

---

[26] Cf. BOURDIEU, Pierre, *Sobre a Televisão*, Oeiras, Celta, 1994/1997, p. 41.

recorrentes em histórias semelhantes, ampliando taras psicológicas: poder, dinheiro, corrupção, sexo.

Uma última ideia é a da quebra de segredo, em especial no caso dos escândalos. Aqui, determina-se a proibição de divulgar provas (documentos, emails e outro material informático, cartas, dossiês ou escutas telefónicas), por estar a correr um processo de justiça. A quebra do sigilo ou do segredo de justiça permitiu publicar diversas notícias, levantando problemas às autoridades por antecipar julgamentos. Em livro sobre o caso da pedofilia, Pina entende que a cobertura mediática não foi serena e equidistante, nomeadamente no começo do caso[27]. Na época, o regulador dos *media* divulgou uma nota em que considerava que a investigação era de interesse generalizado, mas criticava o uso sensacionalista e imponderado. Não se pode esquecer que o caso rebentou no começo da televisão comercial, ávida por maiores audiências. Já o caso Face Oculta pode relacionar-se com a luta política, onde a desocultação de escândalos relacionados com os partidos políticos estimula essa luta. As fontes que denunciam as histórias são anónimas, mas encontram nos jornalistas parceiros interessados em as divulgar, o que marca um tipo de jornalismo que mistura a investigação e um crescente cinismo face aos poderes instituídos, com o sensacionalismo e a tabloidização.

6. Conclusões

Como objecto deste texto, estudaram-se as rotinas e o relacionamento entre jornalistas e fontes e a importância da ética nos dois lados da produção da notícia. A *notícia* é uma construção social da realidade, fruto da permanente troca e nego-

---

[27] Cf. PINA, Sara, *Media e Leis Penais*, Coimbra, Almedina, 2009, p. 218.

ciação de significado do acontecimento. Primeiro, porque o jornalista – observando o acontecimento de forma directa ou obtendo-o de uma fonte de informação – enquadra os dados do evento segundo a perspectiva pessoal ou da organização noticiosa a que pertence, ou de acordo com os elementos fornecidos pela fonte promotora do evento. Segundo, porque a notícia se adequa à forma de narrativa destinada a prender a atenção do leitor ou telespectador a uma história que se conta. Terceiro, porque a relação entre jornalistas e fontes implica a colaboração entre as partes em jogo e a autonomia de acção. Finalmente, esta relação decorre num campo ou arena de conflito e de cooperação com alguns interesses escondidos ou não confessados, o que pode inibir a adequada postura ética na notícia.

O trabalho aqui presente combinou a leitura da literatura produzida sobre a matéria e a aplicação de técnicas de investigação em ciências sociais, tais como observação participante, inquérito, entrevistas com fontes e jornalistas e estudos de caso. Se, do lado da fonte, há uma preocupação diária em criar informação atraente para os jornalistas, com formatos e rotinas produtivas adequadas, os jornalistas trabalham os acontecimentos e os seus significados tendo em conta o tempo e o espaço disponíveis para a feitura das peças noticiosas. O equilíbrio ético e as formas de responsabilidade social dos *media* (cartas de leitor, provedor, estatuto editorial, separação económica e política dos jornalistas face aos seus patrões) são exigências para o jornalismo livre. A desregulação dos últimos trinta anos pode ameaçar o rigor e a qualidade das notícias, reduzindo as fronteiras entre informação sigilosa, balão de ensaio e fuga de informação, como ilustram alguns dos casos de estudo na última secção do capítulo.

Leituras recomendadas

Becker, Lee & Vlad, Tudor, «News Organizations and Routines», *in*: Wahl-Jorgensen, Karin & Hanitzsch, Thomas (eds.), *The Handbook of Journalism Studies*, New York-London, Routledge, 2009.

Berkowitz, Daniel, «Reporters and their Sources», *in*: Wahl-Jorgensen, Karin & Hanitzsch, Thomas (eds.), *The Handbook of Journalism Studies*, New York-London, Routledge, 2009, pp. 102–115.

Fidalgo, Joaquim, *O Jornalista em Construção*, Porto, Porto Editora, 2008.

Galtung, Johan & Ruge, Mari, «A Estrutura do Noticiário Estrangeiro. A Apresentação das Crises do Congo, Cuba e Chipre em Quatro Jornais Estrangeiros», *in*: Traquina, Nelson (org.), *Jornalismo: Questões, Teorias e «Estórias»*, Lisboa, Vega, 1965/1993.

Gans, Herbert, *Deciding What's News – A study of CBS Evening News, NBC Nightly News, Newsweek and Time*, New York, Random House, 1979.

Hess, Stephen, *The Government/Press Connection – Press Officers and their Offices*, Washington, The Brookings Institution, 1984.

Manning, Paul, *News and News Sources – A Critical Introduction*, London–Thousand Oaks–New Delhi, Sage, 2001.

Molotch, Harvey & Lester, Marilyn, «As Notícias como Procedimento Intencional: Acerca do Uso Estratégico de Acontecimentos de Rotina, Acidentes e Eescândalos», *in*: Traquina, Nelson (org.) *Jornalismo: Questões, Teorias e «Estórias»*, Lisboa, Vega, 1974/1993.

Pina, Sara, *Media e Leis Penais*, Coimbra, Almedina, 2009.

Santos, Rogério, *A Negociação entre Jornalistas e Fontes*, Coimbra, Minerva, 1997.

Santos, Rogério, «Práticas Produtivas e Relacionamento entre Jornalistas e Fontes de Informação», *in*: Traquina, Nelson, Cabrera, Ana, Ponte, Cristina e Santos, Rogério, *O Jornalismo Português em Análise de Casos*, Lisboa, Caminho, 2001.

Santos, Rogério, *A Fonte Não Quis Revelar. Um Estudo sobre a Produção das Notícias*, Porto, Campo das Letras, 2006.

SCHLESINGER, Philip, «Os Jornalistas e a sua Máquina do Tempo», *in*: TRAQUINA, Nelson (org.), *Jornalismo: Questões, Teorias e «Estórias»*, Lisboa, Vega, 1977/1993.

SILVA, Marisa Torres, *As Cartas dos Leitores na Imprensa Portuguesa: Uma Forma de Comunicação e Debate do Público*, tese de doutoramento defendida na Universidade Nova de Lisboa, 2009.

SOLOSKI, John, «O Jornalismo e o Profissionalismo: Alguns Constrangimentos no Trabalho Jornalístico», *in*: TRAQUINA, Nelson (org.), *Jornalismo: Questões, Teorias e «Estórias»*, Lisboa, Vega, 1989/1993.

Valores do trabalho jornalístico

Francisco Karam
Universidade Federal de Santa Catarina
Observatório da Ética Jornalística (objETHOS)

A história do jornalismo, de sua realização como profissão e de seus vínculos com o interesse social está ancorada na luta pela formulação e consolidação de um *ethos* profissional que se afirmou, ainda que com enormes dificuldades e limites, nos últimos 300 anos. O *ethos* jornalístico esteve sempre ligado à realização da profissão e cresceu com os valores buscados por ela e pela inserção e relevância sociais da atividade. Por isso, surgiram escolas de formação profissional que não apenas treinam estudantes, mas também discutem a atividade e seus embates éticos. Discutem conceitos de certo e errado, de melhor e de pior, de adequado e de inadequado no exercício imediato da atividade.

Diante da reflexão teórico-ética, do reconhecimento moral da atividade jornalística e da validação de determinadas expressões, pode-se incluir, como procedimentos, a busca do contraditório, a diversidade de fontes e a precisão, a correção linguística e os métodos de apuração adequados e legítimos, entre vários itens.

Quando aparecem os considerados problemas éticos jornalísticos, algumas constatações e perguntas rondam a atividade: «precisamos discutir mais nossa profissão», «o jornalista precisa saber que seu papel exige grande responsabilidade social», «qual é a nossa ética?», «até onde podemos ir?». Trata-se, portanto, de *valores*. E de *valores validados, ou não, socialmente*. Trata-se da linguagem humana desenvolvida que valida valores, os reconhece e aplica, incluindo os julgamentos que faz. Toda representação pela linguagem (oral, escrita, imagética) encerra uma tentativa de representação que é reconhecida por quem emite e deve ser validada por quem recebe. E, claro, idealmente deve ser compartilhada e permitir interação entre protagonistas e públicos.

No caso do presente artigo, pretende-se representar quais valores percorrem o jornalismo, um pouco de sua origem, muito de sua validade e as razões de sua existência, centrando-se em alguns deles, entre os inúmeros que constituem o campo jornalístico.

Embora os estudos sobre ética e sobre filosofia sejam de enorme valia, além da prática da convivência profissional, familiar ou escolar que remetem a procedimentos corretos durante a vida, é importante o estudo específico sobre a ética jornalística e sobre a base epistemológica em que se apoia. Isso envolve, na prática, o conjunto de dilemas com os quais os profissionais jornalistas se defrontam todos os dias. Eles passam pelo uso ou não de camuflagem (câmeras ocultas, alteração de identidade, gravações não autorizadas); pela honestidade com o público; pela responsabilidade exigida e pelas consequências individuais e sociais; pelo limite entre privacidade e divulgação de interesse coletivo; pela realização da vocação pública jornalística dentro de sistemas de concentração e de megafusões midiáticas; pela seleção, hierarquização e edição informativas; pela revelação de informações em situações especiais como sequestro, conflitos e guerras; pela terceirização dos serviços de informação; pelo uso ou não do *off*; pela relação editorial/comercial ou pelo conflito opinião *versus* informação, subjetividade *versus* objetividade; pelo conflito de interesses, entre vários, muitíssimos outros.

1. Renascimento, sociedade industrial e jornalismo

O período chamado de Renascimento ficou também conhecido como aquele que prefigurou o Iluminismo, com o ressurgimento da criação, liberdade ... e liberdade de pensamento. Tal liberdade, que acompanha o crescimento e a implementação dos direitos civis, está ancorada, até chegar aos dias de hoje, em momentos marcantes da história da humanidade, quando algumas expressões como *cidadania, direitos, igualdade, liberdade* ganham dimensão social mais intensa. É o caso, por exemplo, da Declaração dos Direitos do Homem e do Cidadão, proclamada pela Assembleia francesa de 28 de agosto de 1789, no rastro da própria Revolução Francesa; da Declaração de Independência dos Estados Unidos de 1776 (Declaração do Bom Povo da Virginia, de 12 de junho de 1776); dos escritos de John Milton sobre a liberdade de expressão[1]; e, mais modernamente, da Declaração Universal dos Direitos Humanos de 1948 e do Convênio Europeu para a Proteção dos Direitos Humanos e Fundamentais, de 1950.

Então sepultado – ou ao menos em processo de sepultamento –, o obscurantismo pré-Renascimento, o Poder da Igreja e da Inquisição, aliados ao Poder monárquico aristo-

---

[1] Intelectual e funcionário público inglês, que viveu entre 1608 e 1674 na Inglaterra. Seu escrito *Areopagítica* (1644) é uma apaixonada defesa da liberdade de expressão e contra a censura prévia, tendo inspirado a primeira Constituição dos Estados Unidos da América. Criticava a Monarquia e defendia a República.

crático-feudal, deixou de ser hegemônico nas relações políticas, religiosas e mercantis. Deu espaço a um novo período, também chamado Modernidade, que ampliou o conceito de Humanidade.

Surge a nova era dos Direitos, embalada pela disseminação mais massiva de conhecimento e de informações, beneficiada pela prensa de Gutenberg[2]; pelos novos sistemas de transporte e integração entre continentes, regiões e países; pela alfabetização crescente; pelas reformas ou revoluções de independência ou nacionalistas (França, Estados Unidos, Inglaterra), especialmente nos séculos XVII e XVIII, mais tarde chegando à América e a outras regiões; pela constituição dos poderes nacionais representativos em lugar do poder eclesiástico ou aristocrático principesco, como o Executivo, Legislativo e Judiciário; pela luta abolicionista; pela ideia de cidadania... Surge, então, o novo conceito de democracia, em parte tributário da antiga democracia grega – embora nesta estivessem excluídas determinadas pessoas, como mulheres e escravos.

É o período em que ganha força, no mundo ocidental, o direito de base romana, como o de defesa, de acusação e de inocência presumida. Tal cenário correspondeu ao da emergente sociedade industrial, capitaneada pelo modo de produção capitalista, mas que deixou direitos e deveres do novo ambiente como patrimônio também para o modo de produção socialista.

Bem antes, portanto, do cenário ciberespacial – em torno de 300 anos antes –, acentuavam-se os traços do gênero humanidade como um todo e dos direitos e deveres e garantias indi-

---

[2] Johannes Gutenberg nasceu em Moguncia (Alemanha), vivendo provavelmente entre 1397 e 1468. Criou o processo de impressão com tipos móveis, a tipografia, intensificando, no Ocidente, o processo de reprodução ampliada e disseminação massiva de informações e de conhecimento.

viduais e coletivas que corresponde a um novo espaço público, de ideias, de informação, de conhecimento e de consumo[3].
Ou, como considera Adelmo Genro Filho,

> A informação jornalística, vale insistir, e a base técnica para sua produção (imprensa, rádio, tv) nasceram no bojo do mesmo processo de desenvolvimento das relações mercantis. Surgiu, então, o jornalismo como uma forma social de percepção e de apropriação da realidade, correspondendo a um aspecto determinado da práxis humana.[4]

No novo cenário, apresenta-se como necessário relatar o movimento diário e cada vez mais intenso da humanidade, como necessidade de saber o que se passa e como possibilidade de conhecer o entorno, até mesmo para consumir tanto ideias como produtos comerciais. Talvez nunca o interesse próprio nos negócios (venda de ideias e de produtos e, por conseguinte, de um meio em que isso circule, o jornal impresso à época) tenha trazido também grandes benefícios sociais coletivos.

Ao necessitar de um espaço de consumo ampliado, houve necessidade de informações que agradassem «a gregos e troianos», ou seja, que houvesse controvérsia. Surgiu então, a partir do novo cenário do jornalismo impresso de opinião, um espaço em que os outros fossem tão ou mais importantes do que os negócios, do que os donos ou editores.

O espaço havido, então, é o da controvérsia, relembrando a retórica de convencimento e o contraponto da dialética greco-romana, na filosofia e no direito. Mais credibilidade e

---

[3] Cf. CORNU, Daniel, *Jornalismo e Verdade: Para Uma Ética da Informação*, Lisboa, Instituto Piaget, 1999.
[4] GENRO FILHO, Adelmo, *O Segredo da Pirâmide: Para Uma Teoria Marxista do Jornalismo*, Porto Alegre, Tchê, 1987, p. 180.

mais legitimidade haveria se maior fosse o espaço de relatos, de fatos e de opiniões em que houvesse contrapontos. Isso correspondia a um cenário que, desde a Grécia Antiga, seria essencial para a continuidade da legitimidade, da credibilidade e da crença: um auditório múltiplo, heterogêneo e cada vez maior para garantir a continuidade e sucesso dos negócios. Mas os negócios, ancorados no interesse privado, teriam de se submeter, para garantir *credibilidade* e *legitimidade*[5], ao interesse público, primeiro grande valor do jornalismo moderno. A imprensa então, por volta do século XVIII, nos primórdios da sociedade industrial, com um espaço público que crescia e já não tão incipiente, estrutura-se como negócio e se legitima como interesse público[6].

É neste ambiente, portanto, que vão surgir dois outros valores centrais vinculados ao interesse do fazer jornalístico, praticamente seus pilares: a *credibilidade* e a *legitimidade* – bases para a crença coletiva e social que o jornalismo ilumina, esclarece. É um quarto poder ou um contrapoder.

De um lado, o jornalismo se torna essencial para a informação e o conhecimento sobre o entorno massivo, planetário, em períodos cada vez mais curtos e em linguagem clara, acessível. E que seja capaz de compartilhar o conhecimento e informações herméticas de outras e quaisquer áreas que se reflitam no espaço público comum da modernidade e da então nova sociedade. Esta sociedade é agora industrial, na qual a própria informação e o desdobramento humano cotidiano acompanham o ritmo das indústrias, tornando-se a cultura também acelerada gradualmente e a linguagem representativa do mundo em movimento cada vez mais acelerada também.

---

[5] Cf. BERNIER, Marc-François, *Éthique et Déontologie du Journalisme*, Saint-Nicolas (Quebec), Les Presses de l'Université Laval, 2004.

[6] Cf. KARAM, Francisco, *Jornalismo, Ética e Liberdade*, 4.ª ed. revista e atualizada, São Paulo, Summus, 2014.

2. Novos valores de referência

De tal cenário econômico e político derivam-se outros tantos valores que se diferenciam dos do jornalismo dos primórdios da modernidade e se alastram por toda ela até chegar ao século XX como referenciais para o exercício jornalístico. É quase lógico que *honestidade* com os leitores, com o público e consigo mesmo seja um valor referencial central. A *independência* que ampara a isenção e evita os constrangimentos políticos e econômicos seria outro valor fundamental. Em decorrência do papel único de escolher, apurar e narrar – em que é necessário honestidade e independência –, num mundo em que o jornalista detém quase a exclusividade de mediação desde seu início até quase o século XXI –, seria necessário ter enorme *responsabilidade* (*accountability*) e utilizar cuidadosos métodos de trabalho específicos, como ser transparente. E, quando não for possível – e a informação for muito importante para o público –, ter autoridade moral para a camuflagem (disfarce), sempre uma exceção e não uma regra.

Há muitos outros valores jornalísticos também. Se ao jornalismo cabe a mediação do mundo em movimento para articular o presente e o entendimento de uns sobre outros e tem legitimidade para entrar onde outros não conseguem ou não podem, para narrar com certa especificidade o presente em andamento e tornar isso claro a todos, é notório que o conceito de *honestidade* com os leitores seja um dos baluartes do novo modo de fazer jornalístico. Ele reivindica que controvérsia, fontes diferenciadas e contrapostas e fatos com múltiplas interpretações estejam no centro da apuração e abordagem.

Ser honesto com o leitor, ouvinte, telespectador ou usuário da internet implica embates tanto com a estrutura comercial da empresa em que é exercido o jornalismo quanto com acionistas e anunciantes, que podem estar no centro da investigação que tenta iluminar o entorno e «afligir os satisfeitos e satisfazer os aflitos». Esta clássica expressão do jornalismo norte-americano – com várias versões de sua origem – hoje, em muitas situações, é sugerida ao contrário: «satisfazer ainda mais os já satisfeitíssimos e afligir ainda mais os já muito aflitos». É uma contradição e tanto entre os valores históricos profissionais vinculados ao interesse público com a estrutura comercial que, em muitos casos, presta mais contas ao poder político e econômico do que propriamente ao grande público. Assim, um valor e uma luta profissionais seria superar os limites para a realização da honestidade e não deixá-la de lado, o que parece definitivo para uma defesa moral do jornalismo e de sua utilidade social.

Da mesma forma, a *responsabilidade* que emana do profissional que tem como tarefa apurar, ouvir, contextualizar e narrar tem bastante sentido, num mundo em que, de um lado, pesa a convicção do trabalho, e, de outro, as consequências dele. Por isso, a responsabilidade é um valor primordial no sentido de examinar as consequências do processo jornalístico até sua disseminação final.

O terreno valorativo da responsabilidade perante a ética aplicada à profissão encontra em Bonete Perales uma argumentação plausível:

> Os jornalistas quando informam (ética descritiva) e quando formam (ética prescritiva) se servem inevitavelmente da linguagem, escrita, oral ou visual; e, por isso, tal como os filósofos anglo-saxões se centravam na análise da linguagem moral convertendo-a no objetivo básico de sua forma de fazer ética filosófica, podemos sugerir que os meios de comunicação e informação precisam estar conscientes de seus pressupostos e implicações morais que envolvem a utilização da linguagem, e converter a linguagem mesmo em objeto principal da responsabilidade moral.[7]

---

[7] BONETE PERALES, Enrique, «De la Ética Filosófica a la Deontología Perio-

3. Métodos e compromissos

E a camuflagem ou ocultação de identidade? Tal conduta não é exclusiva da área jornalística, mas paradigmática de um método que, mediante avaliação moral e técnica, legitima-se em decorrência de possíveis benefícios sociais.

Amparados pela regulamentação, policiais fazem isso há muito tempo, técnicos em inteligência também. Amparados pela Modernidade e pelo contrato social baseado em uma divisão de funções e trabalhos, jornalistas fazem isso desde a consolidação da reportagem como gênero central no jornalismo, afirmado no ambiente de uma sociedade republicana, democrática, industrial. E na qual a *Instituição Imprensa* passa a ter papel relevante na disseminação e compartilhamento de fatos, versões e debates contemporâneos, mediante alguns critérios como interesse público – também este um valor construído e defendido social e modernamente.

Mas a camuflagem seria justificável apenas quando todas as formas convencionais de apuração forem esgotadas e em casos em que o extremo interesse público justifica métodos como alteração de identidade e câmera oculta, por exemplo.

Os jornalistas não têm proteção constitucional como detetives, policiais, justiça ou espiões. Mas têm uma legitimidade dada por um mandato popular não escrito que seria, idealmente, o de revelar publicamente aquilo que prejudica o público, que uns querem esconder e outros mostrar, e que, muitas vezes, é a própria justiça, Polícia, estado e empresa privada que querem ocultar. Num mundo em que transparência é uma palavra bela, mas que ocultação é uma palavra essencialmente aplicada, jornalistas seriam os porta-vozes de um público que clama por

---

dística», *in*: BONETE PERALES, Enrique (coord.), *Éticas de la Información y Deontologías del Periodismo*, Madrid, Tecnos, 1995, p. 39.

luzes sobre o obscurantismo. É um ousado desafio técnico e moral, dado que o próprio jornalista, no modelo de negócios tradicional, está constrangido pelas forças políticas, econômicas e ideológicas que hegemonizam o modo de produção. Mas é o ideal e é o que justifica a existência do jornalismo e a defesa de seus valores. Os valores não devem ser abandonados; os limites é que precisam ser ultrapassados.

Ainda que a imprensa seja crescentemente um negócio que inclui a informação apenas como um de seus produtos – e, a meu ver, o principal –, conceitos como credibilidade e legitimidade sociais foram e são importantes para que o jornalismo se mantenha como essencial à vitalidade democrática e aos debates e decisões geradas a partir dela.

Ou seja, embora o mandato popular conferido ao jornalista não passe pelo sufrágio universal, há uma legitimidade em nome da posição de ofício que ele tem para mostrar dados e fatos que atinjam diretamente a vida dos cidadãos. E que bom se assim fosse sempre, acima dos interesses mercadológicos e econômicos que autorizam algumas investigações jornalísticas a seguir adiante e outras não, a partir dos centros de poder da empresa. Não para generalizar tal método, mas para utilizá-lo quando necessário e de acordo com as plenas convicções de que tal trabalho trará esclarecimento à sociedade que pode estar sendo enganada ou prejudicada com a ocultação. E também onde as instituições do Estado começam a falhar ou quando estão envolvidas elas mesmo em atos duvidosos. Ou, ainda, onde setores particulares se apropriam do interesse público para defender apenas o próprio bolso.

Para cada um destes temas é possível elaborar uma filosofia para a ação. E somente ligando-a à solidariedade com o gênero humano considerado universal teria sentido. Mas em cada gênero ou formato se aplicam reflexões e práticas com especificidades. Assim, os gêneros Notícia, Reportagem, Entrevista, Comentário, Crônica, Editorial, Artigo, *Cartoon*, Infografia e Serviços, por exemplo, teriam aspectos em comum com o processo de reconhecimento da relevância, com a verificação e com as palavras ou narração a ser utilizada. À escolha em cada etapa precedem interrogações próprias do jornalista: estarei destacando o que há de mais importante? O método de apuração está correto e é válido? Há consequências para o que apuro, comento ou desenho? Estou exercendo com responsabilidade o papel do jornalismo nas sociedades contemporâneas, em que o outro é tão ou mais importante do que eu? E nos quais os valores universais são mais importantes do que aspectos individuais ou valores particulares para que haja benefício a mais pessoas?

E mais: isso vale para todos os veículos, formatos e mídias, ainda que convergentes? É o mesmo padrão para meios impressos ou virtuais, para televisão, rádio, celular, ainda que no ciberespaço? Vale para as assessorias ou gabinetes de imprensa em que se produzem materiais jornalísticos, independentemente de ser de um sindicato de trabalhadores ou de empresa, de governos ou de entidades da sociedade civil?

A abordagem deve ser a mesma para pequenos eventos ou grandes catástrofes e tragédias humanas? Para o tratamento informativo de eventos e interpretações em tribunais ou para a cobertura de atentados ou tratamento de doenças terminais?

E os novos casos e temas nas redes sociais ou rede mundial de computadores, que envolvem autenticidade ou falsidade, plágio, pressa e rentabilidade mais econômica do que social? Ou que apenas produzem versões unilaterais dos acontecimentos, com interpretações essencialmente ideológicas e sem contrapontos?

Os valores morais da profissão sustentam uma cultura da atividade, devendo ser disseminados entre todos que exercem o ofício. Deve-se também superar as dificuldades para perseguir o jornalismo por meio de valores consolidados.

4. Especificidade de valores e conexão social

Todos estes valores e problemáticas remetem a um campo específico, o do jornalismo, ainda que as redes sociais e o ciberespaço redefinam algumas questões para a área jornalística[8]. No entanto, o fato de haver uma crise no modelo de negócios não sepulta valores jornalísticos como os antes apontados e sequer enterra a atividade jornalística, uma vez que é necessário certo envolvimento com o fazer diário, em determinado número de horas, com critérios próprios da atividade, como os que definem o que deve ou não ser abordado, as formas de apuração e quem deve ser ouvido, e ainda como narrar e disseminar a informação e com qual qualidade e credibilidade para que ainda o público veja, no jornalismo, a legitimidade na qual se assentou lá atrás, há três séculos.

A divisão em editorias correspondeu a um mundo crescentemente complexo e dividido em áreas de saber e de poder, inclusive na produção de fatos em gabinetes ou nas ruas (parlamento, universidades, campos de conhecimento, movimentos sociais e divisão social de trabalho, de saberes e competências).

Assim, o trabalho jornalístico, do ponto de vista técnico, desenvolveu determinada linguagem e determinado processo de reconhecimento, apuração e narração, do qual derivam apresentação estética e princípios éticos que, a partir da fundamentação necessária para legitimá-los, transformam-se em valores profissionais. Isso vale para muitas profissões e, no caso jornalístico, chegou por meio de muitos debates e do surgimento de códigos deontológicos profissionais específicos que corresponderam ao estado do jornalismo moderno, sobretudo

---

[8] Cf. KARAM, Francisco, «Journalism in the Age of the Information Society, Technological Convergence, and Editorial Segmentation: Preliminary Observations», *Journalism: Theory, Practice and Criticism*, 10: 109–125, 2009.

nos últimos 200 anos, mas com forte preponderância e afirmação no século XX. É resultado da divisão social de trabalho e de funções e de uma profissão que afirma sua identidade e reúne os valores que devem ser afirmados – ainda que não estanques – para que seja chamada de uma profissão.

Mas há limites. E os limites estão entre o público e o privado, ainda que este seja redefinido a cada momento; estão entre aquilo que é objeto do jornalismo e da necessidade do público a saber e aquilo que é apenas fofoca e exploração de aspectos particulares, de intimidade, da vida privada.

Há, portanto, uma liberdade expressa pela informação do tipo jornalístico, consagrada pela divisão social do trabalho, manifesta no dia-a-dia da apuração, investigação, edição, entrevista, etc. Há, também, uma baseada na opinião, como é o caso do *cartoon* e da coluna assinada, onde o colunista pode não apurar nada, mas é livre para expressar suas ideias com base na observação do mundo [...] e do relatos dos jornalistas, fundamentados nos critérios de noticiabilidade e no direito social à informação.

A liberdade de imprensa baseia-se na necessidade de os cidadãos saberem o que se passa, disseminar e comentar as informações, discutir e poder tomar decisões em praça pública, com base em corretas informações que são essenciais à escolha individual e coletiva sobre os rumos a seguir.

Os limites da liberdade de imprensa são ultrapassados quando a base histórica na qual se afirmou a profissão jornalística dá lugar ao marketing, ao simples rendimento financeiro a qualquer custo, ao espetáculo mórbido – ainda que rotulados de interesse público –, sufocando o espaço da controvérsia e dos debates, de angulações contrapostas, de divergências expostas com equidade diante do desdobramento noticioso. Por isso, é à luz da profissão e de seu exercício ético, técnico e estético que pode haver um julgamento moral pela categoria e pela sociedade. Mas, nos casos em que não se configurar nenhum tipo de interesse público ou relevância social, resta o julgamento judicial, porque nenhum jornalista deve prejudicar, em nome da liberdade de imprensa, quem quer que seja se não for com sua base moral profissional, razão de ser da defesa contemporânea da atividade.

5. Atualidade dos valores

É inegável, hoje, a importância das novas tecnologias da comunicação e da multimídia no acesso ao conhecimento produzido em diferentes campos do saber, em distintas regiões geográficas. Este acesso é importante, também, para que se conheçam as decisões, versões e opiniões em diferenciados campos do poder e de sua produção. Embora a produção de saber envolva, em diversas áreas, uma linguagem até certo ponto hermética – e mesmo que esta produção seja em ritmo mais lento –, a quantidade e distinção de conhecimento, seja na Medicina, na Física Nuclear ou na História permitem que, com critério de relevância e linguagem compreensível, as pessoas tenham *potencialmente* acesso a esta produção. Isto é importante? Parece que sim, porque as descobertas científicas, as interpretações históricas, os eventos que isso suscita e as opiniões sobre eles, num mundo também potencialmente globalizado em seus aspectos econômicos, políticos, culturais e midiáticos, interessam às pessoas, que deles receberão efeitos. Ao mesmo tempo, as decisões políticas próximas ou distantes, públicas ou secretas, terão efeito na vida do mais remoto e pacato cidadão de distantes regiões, de diferentes mundos culturais e sociais.

Se há relevância na circulação de informação sobre os eventos e as decisões contemporâneas, em todos os campos do poder e do saber, é inegável, também, que esta informação tem um caráter de interesse público geral. E se esta informação interessa a todos e, ao mesmo tempo, circula em meios tecnológicos sofisticados, com uma rapidez quase instantânea à sua produção – em redes de, teoricamente, fácil acesso público –, é relevante que haja estudos para detectar alguns pontos-chave na produção de tal conhecimento e informação.

É importante que, dentro deste contexto, sejam aprofundados estudos sobre os limites para o exercício ético da atividade profissional no jornalismo, diagnosticando os principais problemas existentes hoje e situando, simultaneamente, as suas possibilidades. É preciso situar a potencialidade e os limites do exercício profissional, mas, ao mesmo tempo, mostrar as mudanças que a multimídia e as novas tecnologias em geral apontam para a área, para a nova mediação social da realidade que os profissionais terão como desafio fazer e os limites que se avizinham e aumentam. Entre muitíssimos temas, cita-se a autenticidade de informações, o conflito de interesses, o plágio, a fidedignidade no relato, as fontes interessadas, a privacidade *versus* o interesse público, a sociedade do jornalismo com outros ramos do capital, os limites da investigação e publicização jornalísticos, critérios de relevância noticiosa, alteração de identidade profissional e câmera oculta...

Ao mesmo tempo, é necessário tratar de especificidades na atuação cotidiana do profissional. O tratamento de cada caso/problema ético-deontológico, terá de refletir por que está mais adequado ou correto de uma maneira e não de outra. Isto envolve valores que, partindo da Filosofia e da Teoria do Jornalismo, chega aos valores profissionais, por meio dos quais se defende a profissão na história e na contemporaneidade.

O debate sobre a ética jornalística e sobre as temáticas e procedimentos profissionais deontológicos em jornalismo vêm crescendo nos últimos anos. Ao mesmo tempo em que é ampliado o número de códigos, subscritos por categorias profissionais e empresariais no campo da comunicação e do jornalismo, cresce também a análise sobre a eficácia e a utilidade das referências deontológicas na área, bem como dos deveres e direitos profissionais. Isto é, trata-se também de limites, de responsabilidades, de conflito de direitos ou, em síntese, dos valores do trabalho jornalístico, suas mudanças e suas permanências.

Pode-se caminhar, assim, no sentido de contribuir para clarificar a complexa trama em que se dá hoje o processo de produção jornalística. Como o jornalismo é, na maioria das vezes, *refém* da prática imediata, o papel de teorizar sobre a área e de observar implicações mais complexas da atividade cotidiana contribui, a meu ver, para um processo de ampliação da consciência do profissional em relação ao próprio meio no qual está inserido.

O papel da teoria, neste aspecto, é pensar a prática e suas implicações imediatas para poder, pela crítica, repensá-la em novas bases. Envolve história, valores e *ethos* profissional. Envolve os estudos de ética aplicados às profissões. Envolve saltar da ética para a deontologia e desta para aquela, num processo permanente e num quadro de referenciais jornalísticos históricos e relacionados à importância social da atividade.

Contextualizar, debater e afirmar valores jornalísticos parece essencial à profissão e à sociedade. É importante para manter o sonho de esclarecimento a que o jornalismo se propôs quando dos primórdios do processo de globalização que se intensificou muito com a disseminação massiva de conhecimento, de informações e de ideias, com base na técnica da prensa de Gutenberg por volta de 1460. Há mais de 500 anos inaugurou-se, com a impressão massiva de livros e posteriormente de periódicos como jornais, a *possibilidade* mais rápida e coletiva de uns conhecerem mais os outros e de se fazer a ponte entre as particularidades para que se entenda melhor o gênero humano e, com tal perspectiva, para que se tente articular o presente imediato minimamente inteligível, no sentido de uma integração radical humana, sem perder as cláusulas pétreas do projeto de esclarecimento, como «liberdade, igualdade e fraternidade». Parece ser o papel que cabe ao jornalismo dentro de tais valores – os quais precisam de constante afirmação e debate pela própria sociedade, no sentido de garantir a legitimidade jornalística dentro do quadro de uma democracia atual, representativa e participativa.

Leituras recomendadas

Aznar, Hugo, *Ética de la Comunicación y Nuevos Retos Sociales*, Barcelona, Paidós, 2005.

Bernier, Marc-François, *Éthique et Déontologie du Journalisme*, Saint-Nicolas (Quebec), Les Presses de l'Université Laval, 2004.

Bonete Perales, Enrique (coord.), *Éticas de la Información y Deontologías del Periodismo*, Madrid, Tecnos, 1995.

Cornu, Daniel, *Jornalismo e Verdade: Para Uma Ética da Informação*, Lisboa, Instituto Piaget, 1999.

Foreman, Gene, *The Ethical Journalist*, Oxford, Wiley-Blackwell, 2010.

Genro Filho, Adelmo, *O Segredo da Pirâmide: Para Uma Teoria Marxista do Jornalismo*, Porto Alegre, Tchê, 1987.

Kapuscinsky, Ryszard, *Los Cínicos no Sirven para este Oficio: Sobre el Buen Periodismo*, Barcelona, Anagrama, 2002.

Karam, Francisco, *Jornalismo, Ética e Liberdade*, 4.ª ed. revista e atualizada, São Paulo, Summus, 2014.

Karam, Francisco, «Journalism in the Age of the Information Society, Technological Convergence, and Editorial Segmentation: Preliminary Observations», *Journalism: Theory, Practice and Criticism*, 10: 109–125, 2009.

Nordenstreng, Kaarle & Topuz, Hifzi (eds.), *Journalist: Status, Rights and Responsabilities*, Prague, IOJ, 1989.

Ética da comunicação governamental

José Manuel Santos e *Gisela Gonçalves*
Universidade da Beira Interior

1. O campo e as práticas da comunicação governamental

O campo da comunicação política diz respeito aos processos de comunicação e interacção entre políticos, meios de comunicação social e públicos. Na sua forma original e mais visível, a comunicação política corresponde aos esforços comunicacionais dos partidos e agentes políticos, veiculados nos *media*, com o intuito de influenciar os resultados dos pleitos eleitorais. Mas a comunicação política não se limita ao marketing político em contexto de campanha política. O seu campo abrange igualmente a comunicação governamental, que decorre de forma contínua, também em períodos ditos «normais», isto é, entre campanhas eleitorais.

O acto de governar em democracia implica trocas constantes de informação e de comunicação acerca de políticas públicas, ideias e decisões, não apenas entre os membros do governo ou dos partidos políticos, mas também, e especialmente, entre os governantes e os governados. Como Fairbanks, Plowman e

Rawlins realçam[1], uma democracia saudável requer um público informado e um governo que presta contas (*accountable*) sobre as suas acções, de forma transparente, àqueles que o elegeram.

Informar e prestar contas são objectivos que estão plasmados no que Mordecai Lee denominou «os propósitos democráticos das relações públicas governamentais: relações com os meios de comunicação social, informação pública e capacidade de resposta ao público enquanto cidadãos»[2]. Estas metas podem ser operacionalizadas de forma directa ou indirecta. Directamente, quando os governos informam os cidadãos através de relatórios públicos, a forma mais comum de veicular informação sobre as políticas públicas e o uso do erário público. A crescente informatização das funções do governo (*e-government*), cada vez mais abrangente, guiou-se pelo mesmo objectivo: facilitar o contacto directo com os cidadãos e exponenciar a capacidade de resposta do governo às suas dúvidas e críticas.

Os «propósitos democráticos» das relações-públicas governamentais podem ser alcançados também indirectamente através da cobertura noticiosa. Quer quando as notícias resultam da iniciativa do governo, normalmente através de estratégias de assessoria de imprensa (por exemplo, comunicados de imprensa, conferências de imprensa, entrevistas), quer quando as notícias decorrem da investigação jornalística, junto de fontes de informação do governo (por exemplo, profissionais de relações públicas [RP]) ou de fontes não oficiais (por exemplo, políticos ou funcionários públicos).

---

[1] Cf. FAIRBANKS, Jenille, PLOWMAN, Kenneth & RAWLINS, Brad, «Transparency in Government communication», *Journal of Public Affairs*, 7: 23–37, 2007.

[2] LEE, Mordecai, «Government Public Relations: What It Is Good For?», *in*: LEE, Mordecai, NEELEY, Grant & STEWART, Kendra (eds.), *The Practice of Government Public Relations*, Boca Raton, FL, CRC Press, 2012, p. 12.

Como Pippa Norris defende[3], o ideal de jornalismo de investigação (*watchdog journalism*) é provavelmente o melhor sinónimo de jornalismo enquanto quarto poder – uma sentinela independente, localizada na sociedade civil, capaz de contrabalançar os poderes executivo, legislativo e judiciário. Ao questionarem a precisão da informação disponibilizada pelo governo, ao interrogarem os agentes políticos e investigarem a sua conduta, os jornalistas são um bastião do interesse público, denunciando casos de desinformação, incompetência, escândalo, corrupção e criminalidade, tanto no sector público como privado.

A responsabilidade pela elaboração e disseminação de mensagens governamentais cai geralmente nos ombros de profissionais de comunicação. Enquanto funcionários públicos podem pertencer a um departamento/serviço de comunicação nas diversas organizações governamentais, tanto ao nível nacional como regional ou local. Estão encarregados de manter os cidadãos informados, de aumentar o conhecimento público sobre as políticas públicas e a forma como são criadas, bem como de facilitar o *feedback* e a comunicação bidireccional com os jornalistas e cidadãos[4].

Também não é incomum que os responsáveis pela comunicação governamental, especialmente nos organismos do governo central, sejam nomeados com base em critérios partidários e não profissionais. Pode igualmente acontecer que

---

[3] Norris, Pippa, *Public Sentinele. News Media and Governance Reform*, Washington, The World Bank, 2010.

[4] Cf., Garnett, James, *Communicating for Results in Government*, San Francisco, Jossey-Bass Publishers, 1992; Grunig, James, «Public Relations Management in Government and Business», *in*: Lee, Mordecai (ed.), *Government Public Relations: A Reader*, Boca Raton, FL., CRC Press, 2008, pp. 21-64; Lee, Mordecai, Neeley, Grant & Stewart, Kendra (eds.), *The Practice of Government Public Relations*, Boca Raton, FL., CRC Press, 2012.

o serviço de assessoria de imprensa seja contratado a agências de comunicação, empresas muitas vezes seleccionadas pelas suas preferências políticas. Esta realidade parece apontar para uma politização da comunicação governamental, levantando assim as seguintes questões: será a comunicação governamental gerida para promover apenas os objectivos políticos do governo (interesses partidários e eleitoralistas) ou também para prosseguir os objectivos democráticos das RP governamentais (idealmente o interesse público)? Será ingénuo pensar que a comunicação governamental poderá ser alguma vez politicamente neutra? A resposta a esta questão será sempre problemática porque o governo é simultaneamente uma organização pública e política.

No muito mediatizado século XXI, a gestão da imagem, a gestão de crises e de escândalos tornou-se a principal preocupação dos governos[5]. Na era da tecnologia ubíqua, nenhum líder político pode negligenciar a sua imagem, em qualquer sítio e a todo o momento, sem consequências para a sua popularidade e notoriedade. Com o esbatimento das fronteiras entre acções públicas e privadas, nenhuma acção de foro privado é deixada fora da atenção mediática. Controlar a agenda mediática é, pois, o cerne da comunicação governamental. Deste modo, o próprio acto de governar acabou por se tornar uma «campanha permanente», pois combina a «criação de imagem com cálculo estratégico», tornando-se o governo um «instrumento destinado a sustentar a popularidade pública dos eleitos»[6].

Neste contexto, compreende-se o porquê de os consultores políticos, relações públicas, assessores de imprensa e con-

---

[5] Cf. NEGRINI, Ralph et al. (eds.), *The Professionalization of Political Communication*, Bristol, Intellectual, 2007.

[6] BLUMENTHAL, Sidney, *The Permanent Campaign*, New York, Simon & Schuster, 1980, p. 7.

sultores de comunicação estarem hoje no centro do sistema político, dando força ao que Pfetsch denominou a «profissionalização da comunicação governamental»[7]. Alguns autores vêem nessa profissionalização uma explicação para o declínio na confiança dos cidadãos no governo e nas instituições públicas, e em última análise, para o enfraquecimento da própria democracia[8].

A visão mais negativa sobre o papel do comunicador profissional no âmbito das instituições governamentais decorre da associação com a manipulação ou *spin*. O termo inglês *spin doctor* rotula os assessores de imprensa que, ao serviço de partidos ou governos, manipulam os jornalistas e, consequentemente, a opinião pública. Recorremos a Vasco Ribeiro para ilustrar algumas das principais técnicas do *spin doctoring*[9]:

- **Manipulação da verdade através da «paraverdade»**: é o caso do arredondamento dos números;
- **Manobras de diversão**: trata-se de construir deliberadamente um facto mediático, com recurso a uma fuga de informação que desvie a atenção dos jornalistas de uma determinada estória mais embaraçosa ou negativa;

---

[7] Pfetsch, Barbara, «Government News Management», *in*: Graber, Doris, McQuail, Denis & Norris, Pippa (eds.), *The Politics of News. The News of Politics.* Washington DC, CQ Press, 1998, pp. 71-72.

[8] Cf. McNair, Brian, «PR Must Die: Spin, Anti-spin and Political Public Relations in the UK, 1997-2004», *Journalism Studies*, 5: 325–338, 2004. De acordo com o último Eurobarómetro de Outono, publicado em Outubro de 2016, a desconfiança dos cidadãos no governo continua a ser uma realidade: a maioria dos europeus não confia no parlamento nacional (62% «tend not to trust») nem no governo nacional (64%). Fonte: http://ec.europa.eu/COMMFrontOffice/publicopinion/index.cfm/Survey/getSurveyDetail/instruments/STANDARD/surveyKy/2130, consultado a 15 de Janeiro de 2017.

[9] Ribeiro, Vasco, *Os Bastidores do Poder – Como Spin Doctors, Políticos e Jornalistas Moldam a Opinião Pública Portuguesa*, Lisboa, Almedina, 2015, pp. 99-102.

- **Esvaziamento da estória**: ao saber-se que está a ser preparado um artigo negativo – muitas vezes resultado de um longo trabalho de investigação jornalística – o *spin doctor* antecipa a estória fornecendo-a paralelamente a um outro órgão de comunicação social ou, por vezes, fazendo uma conferência/declaração de antecipação à imprensa;
- **Testar a opinião pública**: consiste em fazer passar uma informação que teste o seu grau de aceitação junto da opinião pública, mas sem revelação das fontes de informação. Caso a informação seja contestada, o governo apressa-se a desmentir a notícia;
- **Informação a conta-gotas**: os exclusivos de uma acção governativa ou iniciativa legislativa raramente são fornecidos na totalidade ao jornalista, para não esgotar a notícia. Fornecer fragmentos de informações só a alguns órgãos de comunicação social permite uma maior cobertura e destaque;
- **Esconder os corpos**: todos os governos têm necessidade de tornar públicas informações negativas para a sua reputação ou notoriedade. Aproveitando as dezenas de *press releases* que são distribuídos diariamente pelas redacções ou um dia em que já há outro tema na agenda, o *spin doctor* «dispara» essas informações menos populares;
- *Bullying* **e intimidação**: consiste em dificultar o acesso à informação aos jornalistas que publicam notícias negativas sobre o governo ou políticos «amigos».

Certamente que a ideia de que os políticos (e os seus assessores) são manipuladores ou mentirosos não surgiu apenas na era dos *spin doctors*. Mas foi sobretudo devido à sua crescente presença e poder que alguns governos se viram pressionados para criar códigos éticos, deontológicos ou de conduta para a prática da comunicação do governo.

2. Avaliar a comunicação governamental à luz de que ética?

Do ponto de vista ético, cada um dos intervenientes no processo de comunicação governamental vê-se confrontado com dilemas éticos próprios. No caso do governante, para começar com o principal locutor e actor neste processo, o dilema diz respeito ao conflito entre os seus interesses particulares (carreira, vantagens materiais, honras, etc.) e o interesse público, o bem comum, ao que acresce, em muitos casos, o interesse do seu partido político, que não se confunde com nenhum dos outros dois. Os profissionais de relações públicas que intervêm no processo, quer do lado do governo, quer do lado das empresas privadas, comungam do dilema ético geral da profissão: ou bem dar prioridade aos *interesses do cliente*, que neste caso é o governo, ou bem dar prioridade ao *interesse público*, ao «bem comum». Na literatura dedicada à ética das relações públicas encontram-se críticos e defensores de cada uma destas posições[10]. As coisas complicam-se ainda mais com a tendência (neo)liberal para a privatização de funções que, desde os tempos de Max Weber até há poucas décadas, eram apanágio de funcionários do Estado, cujo *ethos* se identificava fortemente, e naturalmente, com a defesa da coisa pública. Hoje em dia, o conselheiro e operacional da «comunicação», mesmo do lado do governo, é um profissional de uma agência privada de relações públicas contratado para o efeito pelo governante. Qual o interesse a priorizar: o da agência, ou seja, de quem for seu dono, o do governante, ou o do interesse público? Serão estes interesses compatibilizáveis?

---

[10] HARRISON, Karey & GALLOWAY, Chris, «Public Relations Ethics: A Simpler (But Not Simplistic) Approach to the Complexities», *PRism*, 3: 3, 2005.

Além da questão dos agentes da comunicação e dos seus interesses, coloca-se a dos objectos a avaliar. Qual o objecto, ou objectos, de avaliação ética na comunicação governamental? Quando se fala em «comunicação política», pensa-se, em primeiro lugar, em palavras, discursos, comunicados, declarações de governantes ou dos seus porta-vozes. No entanto, as decisões, as medidas, os actos dos governantes também são parte integrante do processo de comunicação. Além disso, a relação das palavras e dos actos tem uma importância ética relevante. Um governante que promete uma coisa e faz outra trai a instituição social fundamental da *promessa*, além de mostrar falta de consistência na acção. Tais comportamentos são eticamente impróprios, além de comprometerem a relação de *confiança* necessária ao bom funcionamento do processo de comunicação entre governantes e governados, o que também coloca, em si, um problema ético.

Além das questões éticas que se levantam dentro do processo de comunicação governamental, e que incluem a mentira, a manipulação de estatísticas e informações, etc., há as que se colocam relativamente aos actos à margem desse processo, frequentemente já na esfera privada ou semiprivada da vida dos governantes. Entram nesta categoria os casos de corrupção, nepotismo, favorecimento indevido do próprio ou de próximos, etc. A simples suspeita, mais ou menos fundada ou infundada, pode dar origem a casos mediatizados, perturbadores do processo de comunicação. Independentemente de os agentes estarem inocentes ou não, nestas situações de crise são frequentes as faltas éticas cometidas na gestão comunicacional.

Depois da questão dos sujeitos e da dos objectos, coloca-se a dos métodos e a dos critérios. Tendo em conta as teorias éticas mais correntes em filosofia moral, esta questão começa por ser a de saber qual a doutrina ética mais adequada à avaliação ética da comunicação governamental.

As filosofias morais mais aplicadas no domínio da comunicação governamental foram, durante muito tempo, o utilitarismo e a moral deontológica kantiana, frequentemente designada como «deontologia»[11]. Mais recentemente, a partir do início do século, assistiu-se à recuperação e desenvolvimento de uma outra filosofia moral, a ética das virtudes, uma tradição de pensamento que remonta à Grécia Antiga, em particular a Aristóteles, a qual também teve uma crescente aplicação à avaliação ética das actividades de diferentes áreas profissionais, incluindo as da comunicação.

3. Aplicação do utilitarismo e da ética deontológica kantiana

O utilitarismo é uma teoria ética que, à primeira vista, parece ser particularmente adequada à avaliação ética da comunicação governamental, na medida em que se baseia num princípio que também orienta a acção de muitos governantes, sendo considerado correcto pela generalidade dos agentes políticos. Com efeito, o princípio utilitarista afirma que uma boa decisão – ou acção, ou «medida» – é aquela que tem por consequência global (somando todas as consequências) «o maior bem possível para o maior número possível de pessoas». Este bem calcula-se agregando os bens parciais de cada um dos indivíduos que formam a sociedade. Não será este o objectivo de qualquer decisão ou medida política de um bom governante? Não prosseguirá ele o interesse público ao maximizar o «bem agregado» dos cidadãos, minimizando, ao

---

[11] É de notar que este último termo acaba por ter duas significações diferentes, que convém não confundir: por um lado, designa um tipo de *teoria* ética, por outro, a *aplicação* de qualquer teoria ética a diferentes actividades profissionais.

mesmo tempo, as consequências negativas que poderão advir, para alguns ou mesmo todos, das suas decisões? Neste caso, a tarefa da comunicação governamental consistiria, no essencial, em explicar aos cidadãos e eleitores as previsões e os cálculos dos governantes que justificam as medidas tomadas, sobretudo quando estas implicam «sacrifícios».

Acontece, porém, que a ética utilitarista apresenta alguns pontos fracos que tornam problemática a sua aplicação à comunicação governamental. O primeiro é que a concepção utilitarista do bem – concebido como prazer, felicidade, *welfare* ou satisfação de «preferências» pessoais (sejam elas quais forem) – passa ao lado de normas éticas. Estas só se justificam, na perspectiva utilitarista, se, no cômputo total, contribuírem para o aumento do bem agregado. A deliberação e a fundamentação das decisões são, assim, feitas com base numa análise pura e dura de custos e benefícios, o que conduz à relativização de valores éticos. Aplicando isto à comunicação política, uma consequência poderia ser a seguinte: os agentes governamentais responsáveis pela comunicação poderiam estar tentados em seguir Platão quando este defende o recurso, pelo bom governante, à «mentira nobre» (*Leis*, 663 d–e), sempre que se trate de assegurar o bem superior da cidade. Mais próximo de nós, há quem defenda alguma tolerância em relação à economia paralela, a bem do crescimento do PIB (Produto Interno Bruto), crescimento esse que indiciaria um aumento da felicidade e do bem-estar.

De um ponto de vista ético, o problema central que coloca o utilitarismo é a sua tendência para quantificar tudo, havendo realidades eticamente muito relevantes, mas insusceptíveis de serem reduzidas a números, como o valor da vida de uma pessoa ou a sua dignidade. Um outro problema de vulto que coloca o utilitarismo, e que tem consequências óbvias na sua aplicação à comunicação governamental, tem que ver com a questão da justiça e está no facto de, na sua perspectiva, a maioria ter sempre razão em impor as suas preferências, mesmo que isso se faça em detrimento de minorias.

Face aos problemas que o utilitarismo coloca, a partir de certa altura a sua aplicação a actividades eticamente tão sensíveis como a comunicação social e o exercício de funções políticas acabou por ceder o lugar à deontologia kantiana, outra grande tradição na filosofia moral moderna. A deontologia fez tábua rasa dos problemas que, no fundo, são inerentes ao utilitarismo, dando a prioridade absoluta ao princípio ético, à lei moral, na avaliação ética da acção humana. O cumprimento do dever imposto pela norma moral passa à frente do «bem», subjectivo e substancial, que orienta a perspectiva utilitarista. Na perspectiva deontológica, nenhuma falta ética, nenhuma negligência do «dever» moral, poderá ser relativizada ou anulada por cálculos de custos e benefícios, por maior que seja o «bem agregado» resultante das respectivas acções ou omissões.

A ética deontológica contribuiu fortemente, nas últimas décadas, para uma *institucionalização* da ética aplicada às profissões graças à elaboração de *códigos* deontológicos adaptados às diferentes actividades. Trata-se de uma institucionalização que se inspira no direito, efectuando algo como uma juridicização da ética. Os códigos compilam normas prescritivas locais que traduzem o princípio ético supremo, excessivamente abstracto e formal, em regras de acção mais concretas que integram os conteúdos empíricos específicos das práticas profissionais. Em complemento aos códigos instituiu-se a prática de *auditorias* éticas que têm por fim verificar se as suas regras foram observadas ou violadas. As entidades encarregadas da elaboração dos códigos e da realização das auditorias são, normalmente, as organizações profissionais dos diferentes sectores (ordens, associações profissionais, etc.).

Acontece que, tal como no utilitarismo, a ética das profissões centrada em códigos de regras também tem as suas fraquezas. Se os limites do utilitarismo são, como se disse, inerentes à própria teoria ética utilitarista, os problemas que levanta a ética deontológica aplicada têm, sobretudo, que ver com a sua aplicação, ou seja, com a elaboração dos códigos, o seu uso no dia-a-dia e a prática das auditorias. O problema central da ética das regras é que não pode haver regras para todas as situações e circunstâncias e, mesmo quando existem, a sua aplicação casuística é sempre muito delicada. Há muitas maneiras de, na prática, contornar as regras ao mesmo tempo que se aparece aos olhos do público como cumpridor. É nisso que consiste, no fundo, o trabalho do *spin doctor*. Na literatura existente sobre a aplicação de códigos éticos em relações públicas, inclusive na comunicação governamental, há autores que consideram que, em muitos casos, o uso de códigos éticos «é mais cosmética do que outra coisa»[12].

4. A ética das virtudes e a sua aplicação à comunicação

A chamada ética das virtudes, justamente por não estar centrada num princípio formal e na aplicação à acção de regras normativas dele derivadas, pretende obviar aos problemas da deontologia. O traço distintivo mais frequentemente utilizado para caracterizar a ética das virtudes é o facto de se tratar de uma ética *agent-based*, centrada no *agente*, por oposição à ética deontológica, cujo paradigma é a ética de Kant, que é considerada *action-based*, centrada na *acção*. Enquanto que na perspectiva deontológica o agente deve partir da questão «qual é o meu dever?», «de acordo com que regra devo agir?», na perspectiva da ética das virtudes, o agente coloca a si próprio a questão «como sentiria e agiria nesta situação uma pessoa íntegra e de carácter excelente?»

---

[12] HARRISON & GALLOWAY, *op. cit.*, 2005, p. 4.

Na perspectiva da ética das virtudes, considera-se que as acções de um agente são em grande parte moldadas pelas qualidades caracteriais que o levam a agir de determinada maneira. As «virtudes» são qualidades de carácter eticamente relevantes e valiosas. São competências práticas ou, como diz Aristóteles, «disposições adquiridas a agir» o melhor possível, de maneira excelente, face aos desafios de situações tipificadas. O termo grego *aretê*, que os romanos traduziram por *virtus*, que deu «virtude» em português, significa originária e literalmente «excelência». Nesta perspectiva, o importante é saber o que o agente *é* eticamente, ou seja, que capacidades contém o seu carácter, que virtudes ou defeitos apresenta. Os actos são sem dúvida importantes, no entanto são derivados, são a consequência da presença ou ausência de «excelências» no sujeito.

Uma virtude é a interiorização de um *modo de agir* face a situações tipificadas. A coragem, por exemplo, é a capacidade de, face a situações perigosas, assumir riscos inevitáveis e necessários para realizar um bem valioso, controlando o medo e agindo racionalmente. A virtude é, normalmente, a capacidade de regular emoções; no caso da coragem, refrear o medo. A incapacidade de controlar o medo provoca um vício por defeito: a cobardia, falta de coragem. A neutralização total da emoção, um vício por excesso: a temeridade, excesso de autoconfiança. O virtuoso não precisa de seguir uma regra explícita, reflectida, porque interiorizou um modo de agir. Mas também é verdade que podemos explicitar esse modo de agir numa norma geral; no caso da coragem seria: «age com coragem sempre que a situação o impõe». No entanto, uma tal norma é demasiado geral. A decisão de um acto corajoso necessita de muito mais informação: que situação é que o impõe? Até onde deve ir a coragem, ou seja, o controlo do medo? O que justifica uma maior ou menor coragem? Há aqui subtis ponderações a fazer para as quais não há regras preestabelecidas. Na definição de virtude (ética), Aristóteles diz que ela é uma «disposição a escolher segundo uma mediania, determinada segundo uma regra tal como a determinaria o homem prudente (*phronimos*)» (*Ética a Nicómaco*, 1106b36). A «mediania» refere-se, no caso da coragem, a uma regulação emocional que situe o cursor algures no «meio», numa escala entre o excesso e o defeito. Além disso, a regulação da maior ou menor coragem deve ser adequada aos objectivos em jogo na situação. Não se gasta a mesma coragem a salvar uma vida humana em perigo ou um boné levado pelo vento. A «regra» é, portanto, sempre *ad hoc*, determinada, *para cada caso*, pelo «homem prudente». Com o recurso a este decisor ideal, Aristóteles não necessita de uma ética de regras e princípios universais.

Na teoria das virtudes, o filósofo faz uma distinção central entre as «virtudes éticas» (*êthikê aretê*), como a coragem, a generosidade, a justiça, etc., e as «dianoéticas» ou intelectuais. A mais importante virtude intelectual é, precisamente, a *phronêsis*, a prudência ou sabedoria prática, a virtude do homem prudente (*phronimos*). Isto significa que para serem eficazes, dando origem a acções virtuosas, as virtudes éticas estão sempre dependentes de uma virtude intelectual, a sabedoria prática, que terá de resolver os problemas de cálculo e de deliberação que se colocam no seu uso efectivo nas mais diversas ocasiões da vida, quer na normalidade quotidiana, quer nas situações mais dramáticas. A sabedoria prática ou prudência (*phronêsis*), virtude intelectual, dirige as virtudes éticas como um maestro dirige uma orquestra: em cada situação dá indicações às virtudes mais adequadas e necessárias para intervir, ao minuto, e como intervir, da maneira mais apropriada, com a intensidade mais adequada.

Nessa sua função de dirigente das virtudes éticas, a sabedoria prática tem de ter ela própria uma espécie de bússola, uma estrela polar que a oriente. Essa estrela é o «bem», que é, para o filósofo grego, muito concretamente, uma «vida boa», uma *vida humana digna de ser vivida*. As virtudes e a sua função devem ser compreendidas no âmbito de uma teoria do bem humano. O bem aristotélico não é um simples estado passivo do sujeito (como o prazer) ou a satisfação de «preferências» do agente (como no utilitarismo), mas o viver de uma vida humana bem-sucedida, a «vida boa», da qual se pode dizer que realiza, objectivamente, a *eudaimonia*, conceito que se costuma traduzir, algo imperfeitamente, por felicidade. Esta não é o resultado de acções ou da boa sorte, antes reside nas próprias acções. A *eudaimonia*, o bem humano, é uma «actividade de acordo com a virtude», com a «excelência», e isto, acrescenta o filósofo, «durante toda uma vida» (*Ética a Nicómaco*, 1098a).

No domínio da discussão contemporânea, entre as diversas críticas que foram dirigidas à ética das virtudes encontra-se a da dificuldade, ou mesmo, para vários críticos, a impossibilidade de operacionalizar a sua aplicação à avaliação ética de actividades profissionais. Isso deve-se, antes de mais, à aversão por parte de alguns defensores deste tipo de ética ao estabelecimento de regras éticas gerais de conduta, e, portanto, a códigos deontológicos, cujas regras, se estiverem bem adaptadas às profissões em causa, permitiriam uma avaliação ética relativamente simples dos casos concretos.

Na sua aplicação à avaliação de actividades profissionais, a ética das virtudes privilegia a interiorização de *valores* éticos pelos agentes, o que significa desenvolvimento de virtudes específicas, quer éticas quer epistémicas, pelos próprios agentes, que os capacitem a agir de modo excelente nas diferentes situações. Nesta perspectiva é dada especial importância à aquisição e ao desenvolvimento de capacidades, quer compreensivas quer específicas (à profissão), e, em conformidade, a processos de reflexão, de discussão e de comunicação bidireccional. O recurso a códigos não é simplesmente proscrito, mas estes devem ser mais de natureza *aspiracional* do que prescritiva e jurídica[13]. É mais importante transformar, no sentido da excelência, as mentes dos agentes – a sua atitude caracterial, o seu *ethos* – do que fazê-los cumprir à letra códigos prescritivos que a esperteza dos *spin doctors* poderá sempre contornar.

Na aplicação da ética das virtudes a diferentes tipos de actividades como profissões ou funções sociais convém ter presente, além da distinção aristotélica entre virtudes éticas e intelectuais, uma outra, que não se lhe sobrepõe e se pode cruzar com ela, entre virtudes *específicas* e virtudes *compreensivas* ou gerais. Neste último caso estão virtudes que intervêm em todas as áreas de actividade, o que é o caso das virtudes éticas aristotélicas, bem como da «sabedoria prática», a virtude intelectual que coordena o uso daquelas. Numa ética aplicada a profissões deverá ser prestada particular atenção a virtudes específicas. Além disso, há virtudes éticas compreensivas que são cardinais, especialmente importantes em certas actividades. A *veracidade/sinceridade* (o termo grego *alêtheia* tem os dois significados), por exemplo, virtude elencada por Aristóteles na sua tabela das virtudes éticas mais comuns, é particularmente importante quando se trata de avaliar uma actividade como a comunicação governamental.

Já uma virtude como a *liderança* faz parte da categoria das virtudes específicas. Robert Audi sublinha a sua importância na actividade empresarial[14]. Podemos acrescentar que também na actividade do governante ela é fundamental. O mesmo se pode dizer da *consistência* das decisões e da *coerência* das medidas políticas. Tratar-se-á nestes casos de virtudes éticas? Não serão antes de natureza mais técnica? Do ponto de vista de uma ética das virtudes ou da vida boa, o espectro do ético é

---

[13] HARRISON, John, «Conflicts of Duty and the Virtues of Aristotle in Public Relations Ethics», *PRism*, 2: 3, 2004.

[14] AUDI, Robert, «Virtue Ethics as a Resource in Business», *Business Ethics Quarterly*, 22: 278, 2012.

de certo modo mais largo do que na perspectiva deontológica da ética das regras, mais focada em questões da esfera, mais estreita, da «moralidade». Para a ética das virtudes, no domínio da acção, não há fronteira estanque entre o ético e o técnico, entre o ético e político. A inconsistência e a incoerência da governação, além de serem más para a vida da comunidade e, só por isso, afastarem do bem, põem em causa a *fiabilidade* do governante, uma virtude ética fundamental na política.

Um dos primeiros a tratar a virtude cardinal da governação foi Aristóteles. Essa virtude é a sabedoria prática política, a *phronêsis* do governante. Existe, para ele, uma sabedoria prática comum, que todos teríamos interesse em possuir para conduzir as nossas vidas. Há, por outro lado, algumas sabedorias práticas especializadas, à frente das quais a do juiz (a juris-*prudência*) e a do político. Estas variantes especializadas da sabedoria prática são, sem dúvida, virtudes da inteligência, no entanto são elas que regulam o uso das virtudes éticas.

5. Análise de um caso

Ilustraremos a diferença de abordagem entre a ética deontológica e das regras e a ética das virtudes através do seguinte mini-estudo de caso.

Um secretário de Estado, grande adepto de futebol, aceitou um convite de uma grande empresa petrolífera para assistir à final do Campeonato europeu da modalidade, que teve lugar em Paris, na qual participava a equipa portuguesa. A empresa em causa ofereceu a viagem ao governante. Perante a divulgação do caso na comunicação social, o representante do governo concedeu que o facto era de lamentar, não sendo suficientemente grave para justificar uma demissão. O governo garantiu igualmente que, a partir daí, os assuntos importantes da petrolífera a tratar no ministério, nomeadamente questões pendentes de fiscalidade, seriam tratados directamente pelo ministro e não pelo secretário de Estado, de modo a afastar qualquer suspeita de favorecimento. Além disso, o governo anunciou de imediato a decisão de elaborar e fazer entrar em vigor um «código ético e de boas práticas» que clarificaria, doravante, que tipo de amabilidades ou presentes de cortesia, e até que valor, poderiam ser aceites por membros do governo no âmbito das suas relações com entidades privadas.

Os elementos deste caso são actos e declarações dos responsáveis a tentar justificar esses actos. Manifestamente, o comportamento do secretário de Estado introduziu entropia na comunicação dos governantes com o público, os governados, pelas dúvidas éticas que suscita. Não são só os comunicados do governo e as declarações oficiais dos seus membros ou porta-vozes que consubstanciam a comunicação governamental. Os actos dos membros do governo são igualmente parte dessa comunicação e são tão importantes como as mensagens discursivas.

No âmbito de uma ética deontológica do dever não é fácil aplicar directamente o princípio moral universal, a lei moral, a casos concretos duvidosos, como este, em que não há violação da lei moral óbvia. Aparentemente, o secretário de Estado não fez nenhum favor fiscal à empresa. O governante pode sempre afirmar que nunca lhe fará nenhum favor fiscal. Por outro lado, esse tipo de convites era corrente e considerado admissível num passado ainda recente. Justamente porque em casos dúbios, de fronteira, como este, os agentes têm dúvidas legítimas sobre o seu *dever moral*, sobre o que *devem ou não* fazer nas suas funções e papéis profissionais, são precisos códigos éticos. Estes são colectâneas de regras que fazem a ponte entre o simplicíssimo princípio universal e as complexas singularidades da vida real. Conhecendo o espírito da época e a sua aspiração ao cumprimento do «dever» em todas as coisas e *über alles*, o governo reagiu habilmente ao alarido ético, gerado pelo acto do governante, propondo a criação imediata de um código com regras para casos deste tipo e até, já que se estava com a mão na massa, de outros. Com esta iniciativa, o governo, além de prevenir incidentes futuros do mesmo género, ilibou o secretário de estado de todas as culpas possíveis, justificando assim a ausência de demissão. O governante não podia ter cometido qualquer falta pela simples razão que não havia código regulador. Transfere-se para a ética o princípio jurídico *nullum crimen, nulla poena sine lege*, não há crime nem sanção se não houver lei.

Do ponto de vista de uma ética das virtudes, a análise do caso focar-se-á sobretudo na fraqueza de certas virtudes dos agentes, ou na sua ausência. Mesmo se a ética das virtudes não é absolutamente contrária à elaboração de códigos, podendo as regras destes ser, por assim dizer, muletas didácticas para os iniciantes, para os (ainda) não virtuosos, que serão talvez a maioria, o essencial está na posse e na eficácia das virtudes. No caso vertente, a análise terá de averiguar que virtudes poderão ter falhado, e caso tenham de facto falhado, quem deve assumir as responsabilidades. Para Aristóteles, o ser humano é não só responsável pelos seus actos, mas também, até certo ponto, pelos seus defeitos ou virtudes, visto que estas não são inatas, mas se adquirem pela educação e formação, e se desenvolvem pelo esforço do agente. Não seria, pois, a ausência de código escrito que poderia ilibar o governante. A possível falta assenta num défice de virtude do agente e, a existir um mau agir, este é, simultaneamente, da responsabilidade do governante e de quem o nomeou, neste caso do primeiro-ministro. Para Aristóteles, as funções de governo devem, o mais possível, caber aos melhores, o que significa que devem caber aos que têm mais capacidades para essas funções, o que inclui não apenas competências técnicas mas virtudes éticas e sabedoria prática.

Na perspectiva da ética das virtudes, o não recurso a regras para casos singulares é intencional; baseia-se num modelo ideal do *phronimos*, do detentor da sabedoria prática, em que é este que possui a capacidade hermenêutica e heurística para fazer a boa escolha, encontrar por si a regra adequada à situação e às circunstâncias, tendo sempre em vista os fins da vida digna. As virtudes éticas comportam uma ideia geral de fins genéricos bons em si – ser corajoso, ser honesto, por exemplo, são fins – e o desejo de os realizar, mas precisam de ser reguladas, activadas e dirigidas (no tempo, lugar, circunstâncias, etc.) pela sabedoria prática.

No caso em análise, terá havido alguma falta de *autocontenção* (virtude ética) do governante, quer da paixão futebolística e do desejo de a satisfazer, quer para resistir ao acto de amabilidade inapropriada (defeito ético) da empresa. Falhou sobretudo a *phronêsis*, o discernimento político (outra tradução possível do termo), uma virtude considerada intelectual, mas que é, no fundo, a mais importante das virtudes éticas. Ao primeiro-ministro faltou a coragem (virtude ética) que teria sido necessária para demitir o governante, tendo optado por uma perspectiva utilitarista das coisas: a perda, no governo, de um homem (tecnicamente) competente seria um preço demasiado alto a pagar por um pecado, finalmente, venial.

Em suma, a politização crescente da comunicação governamental, o escrutínio cada vez mais intenso da acção dos agentes políticos e a porosidade cada vez maior da fronteira entre as esferas pública e privada são alguns dos factores que contribuem para aumentar os casos eticamente problemáticos, ao mesmo tempo que tornam mais difícil a avaliação ética da comunicação governamental. É óbvio que, neste contexto, o nível do que é eticamente exigido aos agentes políticos, quer aos políticos quer aos profissionais da comunicação (profissionais de RP, assessores de imprensa, jornalistas, etc.), tende a aumentar.

Nestas circunstâncias, o agente político e o profissional terão a maior vantagem em internalizar valores éticos sólidos, susceptíveis de virem a ser a sua segunda natureza no momento de agir, prevenindo, assim, as armadilhas éticas e os «casos». Tal seria o conselho da ética das virtudes. Quanto aos códigos de ética de inspiração deontológica, apesar de haver sempre situações complexas ou *sui generis* que os seus autores não previram, fornecem sempre balizas úteis de orientação ética, sobretudo para os agentes políticos e profissionais menos experientes no terreno eticamente difícil e muitas vezes armadilhado da comunicação governamental.

Leituras recomendadas

Audi, Robert, «Virtue Ethics as a Resource in Business», *Business Ethics Quarterly*, 22: 273–291, 2012.

Blumenthal, Sidney, *The Permanent Campaign*, New York, Simon & Schuster, 1980.

Bowen, Shanon, «Ethics in Government Public Relations», *in*: Lee, Mordecai (ed.), *The Practice of Government Public Relations*, Boca Raton, FL, CRC Press, 2012.

Fairbanks, Jenille, Plowman, Kenneth & Rawlins, Brad, «Transparency in Government Communication», *Journal of Public Affairs*, 7: 23–37, 2007.

Garnett, James, *Communicating for Results in Government*, San Francisco, Jossey-Bass Publishers, 1992.

Gonçalves, Gisela, *Ética das Relações Públicas*, Coimbra, Minerva, 2013.

Grunig, James, «Public Relations Management in Government and Business», *in*: Lee, Mordecai (ed.), *Government Public Relations: A Reader*, Boca Raton, FL, CRC Press, 2008.

Harrison, John, «Conflicts of Duty and the Virtues of Aristotle in Public Relations ethics», *PRism*, 2: 1–7, 2004.

Harrison, Karey & Galloway, Chris, «Public Relations Ethics: A Simpler (But Not Simplistic) Approach to the Complexities», *PRism*, 3: 1–17, 2005.

Lee, Mordecai, «Government Public Relations: What It Is Good For?», *in*: Lee, Mordecai, Neeley, Grant & Stewart, Kendra (eds.), *The Practice of Government Public Relations*, Boca Raton, FL, CRC Press, 2012.

Lee, Mordecai, Neeley, Grant & Stewart, Kendra (eds.), *The Practice of Government Public Relations*, Boca Raton, FL, CRC Press, 2012.

McNair, Brian, «PR Must Die: Spin, Anti-spin and Political Public Relations in the UK, 1997–2004», *Journalism Studies*, 5: 325–338, 2004.

Oakle, Justin & Cocking, Dean, *Virtue Ethics and Professional Roles*, Cambridge, Cambridge University Press, 2001.

Pfetsch, Barbara, «Government News Management», *in*: Graber, Doris, McQuail, Denis & Norris, Pippa (eds.), *The Politics of News. The News of Politics*. Washington DC, CQ Press, 1998.

Ribeiro, Vasco, *Os Bastidores do Poder – Como Spin Doctors, Políticos e Jornalistas Moldam a Opinião Pública Portuguesa*, Coimbra, Almedina, 2015.

Santos, José Manuel, *Introdução à Ética*, Lisboa, Documenta, 2012.

Walker, Rebecca & Ivanhoe, Philip, *Working Virtue: Virtue Ethics and Contemporary Moral Problems*, Oxford, Clarendon Press, 2007.

III

CÓDIGOS DEONTOLÓGICOS E AUTO-REGULAÇÃO

A auto-regulação dos *media*

Joaquim Fidalgo
Universidade do Minho

> A auto-regulação dos media *é um esforço conjunto dos profissionais dos meios de comunicação social para definir e pôr em prática, voluntariamente, um conjunto de directrizes editoriais e, através delas, desenvolver um processo de aprendizagem aberto ao público. Fazendo-o, os* media *independentes aceitam a sua quota-parte de responsabilidade no que toca à qualidade da informação pública, ao mesmo tempo que preservam plenamente a sua autonomia editorial no processo de lhe dar forma.*
>
> MIKLÓS HARASZTI (OSCE – Organização para a Segurança e Cooperação na Europa), 2008

«De que modo podemos garantir uma imprensa livre *mas também* responsável?» A resposta a esta pergunta costuma ser: através da auto-regulação. Desde que começaram a colocar-se as questões exigentes da responsabilidade social dos *media*, sobretudo a partir da década de quarenta do século XX, uma reiterada profissão de fé na auto-regulação fez praticamente a unanimidade de opiniões entre os jornalistas, assim como entre os empresários e gestores de meios de comunicação social. Era, defendia-se, o melhor (o único?) modo de conseguir que as liberdades de expressão, de imprensa e de empresa se mantivessem imunes às tentações de interferência externa (designadamente dos poderes políticos), ao mesmo tempo que se prometia um trabalho informativo cuidado, independente, responsável e, sobretudo, responsabilizável (*accountable*), graças a um escrutínio permanente feito pelos pares.

Teoricamente, parecia fazer sentido. E algumas experiências interessantes foram surgindo no terreno, como, por exemplo, durante décadas, alguns Códigos de Conduta e alguns Conselhos de Imprensa (*Press Councils*), com destaque para a conhecida *Press Complaints Commission* (PCC), no Reino Unido. Não obstante, cedo se percebeu também que o empenho dos profissionais na monitorização e na condenação de práticas menos recomendáveis nem sempre passava além das boas intenções ou de promessas (quase sempre adiadas) de actuações firmes. Deixar a regulação das práticas profissionais entregue exclusivamente aos próprios profissionais foi mostrando as suas limitações, fosse por claras derivas corporativas que levavam aqui e além a tentativas de ocultação, de desculpa e de autodefesa, fosse por incapacidade de encontrar até os mecanismos concretos que pusessem em prática os bons propósitos enunciados.

Com o andar do tempo, foi-se tomando consciência destas limitações. Foi-se percebendo também que a informação jornalística enquanto bem público indispensável nas sociedades contemporâneas poderia requerer alguma co-responsabilização dos poderes públicos na sua regulação, para não a deixar de certo modo «capturada» pelos seus directos protagonistas. Além disso, a evolução dos *media* na era digital alterou profundamente o modo como a comunicação social existe e se propaga no espaço público, complexificando uma realidade antes relativamente simples – e criando, por conseguinte, novos desafios a qualquer propósito (auto)regulador. Finalmente, foi-se percebendo cada vez mais que «as pessoas antes conhecidas como audiência»[1] não podiam continuar a ser encaradas como meros receptores da informação no espaço público e, pelo contrário, deviam ser integradas nas diferentes fases do processo comunicativo enquanto co-actores de corpo inteiro. O passar de uma perspectiva excessivamente centrada nos *media* para uma outra mais centrada nos cidadãos levou, naturalmente, a repensar igualmente os caminhos da regulação mediática. E se é verdade que os méritos da auto-regulação continuam a ser defendidos por muitas vozes, em especial nos domínios profissional e empresarial, não é menos verdade que ganham espaço crescente as sugestões (e experiências práticas) de instrumentos de co-regulação – ou também de «auto-regulação regulada»[2] –, que estabelecem parcerias entre os profissionais, as empresas, os públicos e o próprio Estado. Uns mecanismos e outros não se excluem mutuamente, antes se complementam. E ficar só por estes ou só por aqueles empobreceria o edifício regulatório que, nas sociedades democráticas, pode contribuir para melhorar a qualidade da informação jornalística, para aumentar a exigência de que ela preste contas e para, com isso, favorecer a confiança que os cidadãos precisam de depositar nela.

1. Contextos e conceitos

Foi sobretudo na segunda metade do século xx (em particular no pós-Segunda Guerra Mundial) que a auto-regulação

---

[1] A célebre formulação de Jay Rosen («The People Formerly Known as the Audience») surgiu pela primeira vez no seu blogue «PressThink», em Julho de 2006. Pode ler-se aqui:
http://archive.pressthink.org/2006/06/27/ppl_frmr.html.
[2] Cf. SCHULZ, Wolfgang & HELD, Thorsten, *Regulated Self-Regulation as a Form of Modern Government,* Eastleugh (UK), University of Luton Press, 2004.

dos *media* ganhou popularidade e se desenvolveu em muitos países do Ocidente. De modos diversos e por caminhos nem sempre coincidentes, ela procurava dar respostas à asserção, cada vez mais enfatizada, de que os meios de comunicação têm uma incontornável «responsabilidade social» e, portanto, devem (1) respeitar princípios e valores éticos básicos, (2) adoptar padrões e práticas profissionais exigentes, e (3) prestar contas à sociedade por aquilo que fazem ou não fazem. No fundo, tratava-se de assumir a enorme importância, nas sociedades contemporâneas, de uma informação independente e rigorosa no espaço público, admitindo ao mesmo tempo que, precisamente pela sua relevância, ela pode ser objecto de cobiças várias – sobretudo nas esferas política e económica – que lhe desvirtuem o propósito essencial de serviço ao bem comum. E tratava-se também de defender que uma aceitação voluntária de certas regras e normas de conduta, por parte dos directos protagonistas da actividade jornalística, seria o modo mais seguro de garantir que o binómio liberdade/responsabilidade se manteria como pedra angular do trabalho dos *media*: não permitir que de algum modo fossem cerceadas as liberdades de expressão, de imprensa e de empresa, mas simultaneamente assumir toda a responsabilidade (com a inerente abertura à prestação de contas, ou *accountability*) pelos seus actos e omissões.

A auto-regulação permitia, desde logo, que se retirasse espaço aos poderes públicos para regularem «a partir de fora» uma actividade que já estaria suficientemente regulada e fiscalizada «a partir de dentro». E assim preservaria, ao menos no plano das intenções, a sua independência e a sua autonomia, a sua liberdade.

Mas, olhada pelos olhos dos jornalistas, a auto-regulação pretendia também que o trabalho dos *media* fosse encarado na sua especificidade de «bem público» (mesmo operando no contexto de empresas privadas) e, portanto, se regesse por valores que não fossem exclusivamente os do lucro, como qualquer outra actividade simplesmente comercial. Os primeiros códigos deontológicos dos jornalistas – que são um dos instrumentos mais conhecidos e mais disseminados de auto-regulação – pretendiam chamar a atenção para a necessidade de se servir o interesse público, assumindo uma incontornável responsabilidade social e oferecendo aos cidadãos os meios para tomarem decisões mais informadas. Neste aspecto, a auto-regulação pretendia também contrariar derivas comerciais que, com recurso ao sensacionalismo e à ligeireza informativa, poderiam desvirtuar a vocação mais nobre e altruísta do jornalismo – com o que isso significaria de perda de credibilidade e erosão da confiança por parte do público.

Além de dar resposta a estas duas preocupações – uma da esfera política, outra do domínio económico-empresarial –, a promessa de auto-regulação serviu ainda, ao longo das décadas, para os jornalistas procurarem construir e cimentar uma identidade profissional que reputavam essencial para o reconhecimento público e a legitimação jurídica do seu ofício. Reclamando um estatuto especial para poderem fazer bem o seu trabalho (com direitos específicos como o acesso às fontes de informação, a garantia de sigilo profissional, a protecção de uma «cláusula de consciência», etc.), ofereciam como contrapartida a assunção voluntária de um conjunto de princípios éticos e normas deontológicas, bem como a garantia de que velariam pelo seu cumprimento no seio de todo o grupo profissional[3]. Reclamando plena liberdade de acção, prometiam um uso responsável dela – e, mais que isso, a responsabilização efectiva de quem, entre eles, abusasse dessa liberdade ou esquecesse os seus deveres para com a sociedade.

---

[3] Cf. FIDALGO, Joaquim, *O Jornalista em Construção*, Porto, Porto Editora, 2008.

Os primeiros mecanismos de auto-regulação surgiram nos primeiros anos do século xx, mas multiplicaram-se de modo muito mais intenso depois da Segunda Guerra Mundial (após a publicação do célebre Relatório Hutchins, nos Estados Unidos da América, intitulado «A free and responsible press» (1947)[4] e considerado de algum modo o alicerce da «teoria da responsabilidade social» dos *media*). Houve, entretanto, um segundo momento de forte apelo à auto-regulação, na última década do século xx, muito por força das importantes alterações nos contextos políticos e sociais à escala mundial, com a crescente globalização, a diminuição da presença do Estado na economia, a progressiva desregulação de mercados, o apelo cada vez maior à participação cívica e à dinâmica da sociedade civil. Foi também a altura da queda do muro de Berlim e do fim do bloco soviético, bem como do início da revolução digital e do advento da internet, que iriam modificar drasticamente a paisagem mediática.

Convém esclarecer que, sob a capa de auto-regulação, se foram abrigando entendimentos e práticas nem sempre coincidentes[5].

A auto-regulação dos *media* pode caracterizar-se, em sentido lato, como a definição, aceitação e implementação voluntária de um conjunto de princípios e regras de conduta por parte dos seus intervenientes directos. E quem são os seus intervenientes directos? Tradicionalmente, os jornalistas e as empre-

---

[4] Alguma informação complementar sobre o «Relatório Hutchins» pode ser encontrada em: http://niemanreports.org/articles/1947-a-free-and-res ponsible-press/. Uma versão integral do texto está disponível em: https://ia802703.us.archive.org/23/items/freeandresponsib029216mbp/freeandres ponsib029216mbp.pdf.

[5] Cf. Puppis, Manuel, «Media Governance: A New Concept for the Analysis of Media Policy and Regulation», *Communication, Culture & Critique*, 3: 134–149, 2010.

sas. Daí que algumas das primeiras iniciativas de auto-regulação (de que foi exemplo a entretanto extinta *Press Complaints Commisssion* [PCC], no Reino Unido) agregassem basicamente as empresas de *media*, os seus proprietários e gestores, oferecendo ao público uma espécie de «mediação» mais ágil e rápida do que os tribunais, para assegurar o direito de resposta, corrigir erros ou lapsos de publicação, dar explicações a partir de queixas[6]. E um objectivo claro era, também, inviabilizar a produção de quaisquer normas legais que dessem um carácter obrigatório (e sancionatório) a estas situações.

Num outro plano, contudo, também os jornalistas, enquanto grupo profissional, se esforçaram por pôr de pé mecanismos de auto-regulação, de que os exemplos mais difundidos foram os já referidos Códigos de Conduta e Códigos Deontológicos. Já não se tratava só (ou sobretudo) de mediar conflitos e de dar respostas a queixas pontuais; tratava-se de regulação no plano ético e deontológico, traduzida num compromisso público de respeito por uma série de princípios, valores e padrões de conduta profissional, com a promessa complementar de auto-crítica e/ou de denúncia pública sempre que algum dos membros do grupo esquecesse ou infringisse as normas voluntariamente auto-impostas.

Mais tarde, foram surgindo também algumas iniciativas auto-reguladoras no seio de empresas concretas de *media*,

---

[6] Há mesmo quem, como Duncan, sugira que a PCC «não pode estritamente ser considerada um mecanismo auto-regulador, pois era dominada pelos proprietários, não pelos jornalistas» (Cf. DUNCAN, Jane, «A Political Economy of Press Self-regulation: The Case of South Africa», *Media, Culture & Society*, 36: 172, 2014). E, portanto, o seu falhanço (bem visível nas críticas que se seguiram ao escândalo das escutas telefónicas feitas por jornais no Reino Unido, e que foram denunciadas no célebre «Inquérito Leveson» [2012], culminando mesmo com a extinção da própria PCC) não pode ser considerado «um falhanço da auto-regulação», enquanto tal, mas apenas «o falhanço de um modelo muito particular de auto-regulação» (*ibidem*).

implicando tanto os seus patrões como os seus jornalistas, e assumindo a forma de «declarações de missão», de livros de estilo que iam muito além dos aspectos técnicos ou de códigos de conduta mais detalhados do que os códigos da profissão[7]. E a instituição de Provedores do Leitor, do Ouvinte, do Telespectador, como aconteceu sobretudo na passagem do século XX para o século XXI, soma-se a estas iniciativas de âmbito empresarial que congregam num mesmo propósito auto-regulador os responsáveis das empresas e os jornalistas.

Temos, assim, basicamente três níveis por que se repartem os mecanismos e instrumentos de auto-regulação dos *media*:

- Da empresa mediática e/ou da redacção concreta, individualmente consideradas;
- Da indústria de *media* (através de associações profissionais empresariais);
- Do grupo profissional dos jornalistas, olhado no seu conjunto.

É sobretudo a este terceiro nível que nos referimos quando analisamos a auto-regulação, suas vantagens e insuficiências. E em bom rigor é o que mais nos importa, quando olhamos para um esforço de regulação dos *media* basicamente numa perspectiva ética (e não tanto legal ou de mercado), preocupada em afirmar as suas responsabilidades, em prestar um ser-

---

[7] Alguns exemplos em Portugal são os do Livro de Estilo do *Público* (http://static.publico.pt/nos/livro_estilo/nova/index.html) ou do Código de Conduta do Expresso (http://expresso.sapo.pt/informacao/codigocon duta/codigo-de-conduta-dos-jornalistas-do-expresso). No estrangeiro, alguns compromissos públicos pormenorizados de órgãos de comunicação social, no que toca a regras e práticas de actuação em matéria ético-deontológica, podem ser encontrados por exemplo no *The Washington Post* (http://asne.org/content.asp?contentid=335) ou no *New York Times* (http://asne.org/con tent.asp?contentid=317).

viço de qualidade à comunidade, em manter com o público uma relação de confiança. Há, entretanto, quem prefira um conceito mais lato de *accountability* dos *media*, como é o caso por demais conhecido de Claude-Jean Bertrand[8] e daquilo a que chamou os M*A*R*S* – Meios de Assegurar a Responsabilidade dos *Media*[9] –, sob essa sigla incluindo todo e qualquer instrumento destinado à prestação pública de contas por parte dos meios de comunicação, desde que voluntários e não ligados ao Estado (conselhos de imprensa, conselhos de redacção, códigos de conduta, livros de estilo, provedores, associações de leitores, ouvintes, espectadores, colunas ou blogues de crítica dos *media*, iniciativas de literacia mediática, cartas ao director, etc.). Em sentido estrito, auto-regulação, como o próprio nome sugere, envolve os produtores directos daquilo que se pretende regular; neste sentido mais lato, a responsabilização dos *media* é assunto que diz respeito não só aos seus produtores directos (profissionais e empresários), mas também ao público consumidor e, no limite, a toda a sociedade que colhe deles os benefícios ou malefícios.

2. O que a auto-regulação é e o que não é

A auto-regulação dos *media* não é, ao contrário do que por vezes se sugere, uma forma de controlo, muito menos de censura. Os mecanismos que lhe dão corpo actuam, por regra, *a posteriori*, cuidando de saber se o que foi publicado/difundido pela comunicação social está de acordo com princípios éticos e normas deontológicas definidas. Ou seja, se age de modo

---

[8] Cf. BERTRAND, Claude-Jean (org.), *L'Arsenal de la Démocratie – Médias Déontologie et M*A*R*S**, Paris, Economica, 1999.
[9] A sigla habitualmente utilizada em inglês é M*A*S*, significando precisamente *Media Accountability Systems*.

responsável. Mecanismos de controlo ou de censura, pelo contrário, costumam actuar *a priori*, obrigando a uma apreciação prévia de conteúdos e à correspondente autorização.

Por outro lado, uma coisa é a «restrição» de liberdades fundamentais, outra bem diferente é a «regulação» do seu funcionamento efectivo; certos constrangimentos no uso das liberdades de expressão e de imprensa não constituem verdadeiramente uma limitação delas (pois não são um direito absoluto), mas antes modalidades da sua aplicação, tendo em conta um uso responsável que procura servir um bem maior – o bem público. Mesmo quando se auto-regula o uso da liberdade, está-se, de algum modo, a «decidir livremente não ser totalmente livre», para com isso poder respeitar responsavelmente os direitos de todos os implicados.

Auto-regulação não é também uma forma mais ou menos disfarçada de *marketing*, procurando conquistar as boas graças do público através do recurso propagandístico a bandeiras de transparência, responsabilidade e arrependimento que, não obstante, se ficam pelas palavras e não levam a qualquer consequência prática. A célebre asserção de que «a ética vende» pode ser, aqui, usada de modo perverso, garantindo aos consumidores de *media* não muito mais do que uma espécie de «serviço de assistência pós-venda» semelhante ao de qualquer indústria.

Auto-regulação não é, enfim, uma forma de autodefesa ou um pacto de não-agressão, procurando disciplinar a competição. Em nome dos mais elevados propósitos, já vimos pactos serem celebrados entre canais de televisão concorrentes, não porque certos princípios éticos e profissionais se impunham, mas porque desse modo se impediria o parceiro do lado de fazer algo que daria grandes audiências. «Se tu não fizeres, eu também não faço...», é argumento pouco elevado para um genuíno esforço de auto-regulação em nome de valores éticos e de defesa do bem comum.

O que é, então, auto-regulação?

Como Vital Moreira sublinha, auto-regulação é, desde logo, uma forma de regulação – e não a ausência dela[10]. O facto de ser um processo voluntário, não coercivo e não associado a sanções materiais sugere a alguns que é apenas uma operação cosmética ou um entretenimento formal. Não. Estas suas características fazem dela, pelo contrário, um processo pessoalmente mais exigente, pois vinculam-na a um compromisso interior, sinceramente assumido, e não a qualquer ordem ou castigo vindos de fora. Auto-regulação é ainda, segundo o mesmo autor, «uma forma de regulação colectiva», pois não se confunde com a autocontenção ou autodisciplina individuais.

Finalmente, estamos perante uma forma de regulação não--estatal, dependente do querer livre e voluntário dos directos intervenientes no processo da comunicação social. Há outras formas de regulação estatal, ou até formas mistas de colaboração entre a esfera pública e a esfera privada (co-regulação), mas a auto-regulação é outra coisa. É «um compromisso social de melhoria da comunicação pública.»[11] E reside aí a sua especificidade, a sua nobreza. Para usar a síntese feliz de Hugo Aznar, a auto-regulação «supõe que o ajuste normativo dos *media* seja deslocado do Estado – com a sua regulação jurídico-administrativa – e do mercado – com a sua regulação económica – para a *sociedade civil*, com a sua *regulação ética*.»[12]

3. Vantagens e limitações

Organizações internacionais como o Conselho da Europa (CE), a United Nations Educational, Scientific and Cultural

---

[10] Cf. MOREIRA, Vital, *Auto-Regulação Profissional e Administração Pública*, Coimbra, Almedina, 1997, pp. 52–53.

[11] AZNAR, Hugo, *Comunicação Responsável – A Auto-regulação dos Media*, Porto, Porto Editora, 2005, p. 33.

[12] *Ibidem*, p. 14 (realces do autor).

Organization – Organização das Nações Unidas para a Educação, Ciência e Cultura (UNESCO), a União Europeia (EU) ou a Organização para a Segurança e a Cooperação na Europa (OSCE) têm, nas últimas décadas, insistido na expansão da auto-regulação dos *media*, vendo aí o melhor caminho de garantir (e preservar) a liberdade e ao mesmo tempo aumentar a qualidade global da informação difundida no espaço público, em tempo de grandes tentações de facilitismo, aligeiramento, sensacionalismo e rendição às lógicas puramente comerciais. São uma boa síntese as razões apresentadas por Miklós Haraszti, num livro intitulado *The Media Self-Regulation Guidebook – All Questions and Answers* (2008) e editado pela OSCE para pôr em evidência os méritos da auto-regulação:

- É boa para os *media*, na medida em que garante o respeito pelos bons padrões *profissionais* e, com isso, aumenta a sua credibilidade, ajudando a proteger a independência dos jornalistas;
- É boa para o *público*, pois ajuda-o a conhecer os princípios e valores por que os profissionais dos *media* prometem reger-se, e ao mesmo tempo permite queixas em caso de incumprimento;
- É boa para a *democracia*, pois é uma maneira de disseminar práticas cívicas participativas independentemente das forças políticas, dando relevo à «sociedade civil».

Hugo Aznar, também um grande defensor da auto-regulação como caminho para uma «comunicação responsável», sintetiza em palavras semelhantes os principais méritos da auto-regulação, com base nas suas quatro funções básicas[13]:

---

[13] Cf. AZNAR, Hugo, *op. cit.*, e FIDALGO, Joaquim, *O Lugar da Ética e da Auto--Regulação na Identidade Profissional dos Jornalistas*, Lisboa, Fundação Calouste Gulbenkian, 2009, pp. 375–376.

- Ela formula publicamente as normas éticas que devem guiar a actividade dos *media*, explicitando e assumindo, perante todos, os princípios e valores que os guiam;
- Contribui para que se criem e desenvolvam as condições (laborais, profissionais e sociais) que tornem possível o cumprimento «normal» das exigências éticas e deontológicas da comunicação;
- Expõe perante a opinião pública, analisando e discutindo, os casos decorrentes de queixas do público ou suscitados por iniciativa dos próprios profissionais;
- Permite que, a partir da análise e debate dos seus casos, se faça um trabalho pedagógico permanente de estudo, de reflexão e de aprendizagem sobre a dimensão moral da actividade dos *media*.

O outro lado da medalha tem, entretanto, que ver com algumas limitações, fragilidades ou ineficiências que também costumam associar-se à auto-regulação dos *media*, se não em termos conceptuais, pelo menos em termos da sua efectiva aplicação prática.

A mais frequente e contundente crítica reporta-se à sua suposta ineficácia. Dependendo apenas do genuíno esforço voluntário e bem-intencionado dos mais directos actores do processo comunicativo, a auto-regulação acaba muitas vezes por se limitar a um embelezamento cosmético da relação entre os responsáveis dos *media* e os seus públicos, melhorando-lhes a imagem, prometendo uma acção firme de denúncia de todos os que incumprem os compromissos éticos do ofício, mas, na prática, deixando tudo mais ou menos como está. Uma clara deriva corporativa afecta frequentemente os organismos profissionais auto-reguladores, funcionando mais como um mecanismo de autodefesa do grupo do que como um escrutínio efectivo e descomplexado dos seus comportamentos. E o trabalho de regulação (monitorização, escrutínio, explicação pública, crítica, sanção) de práticas censuráveis acaba, de algum modo, por ficar «capturado» pelos próprios reguladores – que são eles mesmos, neste contexto, os sujeitos e os objectos do processo.

Esta crítica da auto-regulação liga-se com uma outra que lhe é próxima: a de que se está perante um processo demasiado (ou exclusivamente) «centrado nos *media*», excluindo do processo «as pessoas anteriormente conhecidas como a audiência»[14], mas que, com o andar dos tempos, foram conquistando um lugar de direito enquanto co-protagonistas (e não meros *destinatários*, clientes ou consumidores) da informação e da comunicação no espaço público. Ou seja, também os públicos, os cidadãos, devem ter um lugar de pleno direito no acompanhamento, verificação e crítica do trabalho dos *media* (que existem, recorde-se, para os servir), devendo, portanto, ser chamados a participar igualmente nos esforços de regulação da actividade.

Há quem critique ainda o *soft power* que constitui a auto-regulação, pelo facto de não estar nos seus atributos normais penalizar eventuais infractores com sanções materiais (pecuniárias, laborais, disciplinares). Tipicamente, a auto-regulação tem que ver com princípios éticos e normas morais, pelo que as sanções a ela associadas colocam-se também (e apenas) no plano moral. Logo, seriam supostamente menos eficazes. Se é compreensível esta objecção, não é menos verdade que dificilmente as coisas poderiam, aqui, ser de outro modo. Prever sanções materiais em processos voluntários de auto-regulação seria, de algum modo, transferir este mecanismo para os terrenos da regulação pública, estatal – e, no limite, da própria lei –, retirando-lhe afinal o seu carácter próprio e insubstituível. É o perigo da «juridificação» de normais morais, que tem sido

---

[14] ROSEN, Jay, *blogue citado*.

muito criticada em alguns contextos (desde logo o português) por, na prática, poder transformar a postura genuína de auto-regulação em «hetero-regulação», acabando por adoptar procedimentos (a chamada «regulação de comando-e-controlo») que precisamente se pretendia tornar desnecessários através de uma efectiva auto-regulação voluntária.

Deve sublinhar-se que, no domínio dos *media*, uma sanção moral não é coisa pouca. Uma empresa jornalística ou um profissional do jornalismo têm como principal capital o seu bom nome, a sua reputação profissional, a sua credibilidade. Expô-los publicamente (e pelos próprios pares) como prevaricadores em processos de relevante incidência ética é um castigo pesado – sobretudo em sociedades que valorizam estes aspectos, como é desejável que o façam. Como diz Cristina Mañero, «o sucesso da auto-regulação exige um clima profissional e social que valorize adequadamente a importância dos juízos morais e que não actue somente face à imposição daquilo que está dotado de coacção e de força externa»[15]. E se não se nega a necessidade de existência de leis para os *media* e para quem neles trabalha, parece claro que, em nome da liberdade e da responsabilidade, seria preferível não cometer à lei o que pode (e deve) resolver-se melhor nos meandros de uma consciência ética e de uma prática deontológica sinceramente partilhadas e assumidas no seu insubstituível valor.

O caso de Portugal ilustra bem estes aspectos. Desde sempre a auto-regulação foi pouco mais do que uma promessa «eterna-

---

[15] MAÑERO, Cristina L., «Los Mecanismos de Autorregulación en los Medios de Comunicación Españoles», *in*: AZNAR, Hugo & VILLANUEVA, Ernesto, (coord.), *Deontología y Autorregulación Informativa – Ensayos desde una Perspectiva Comparada*, México, Universidad Iberoamericana, 2000, pp. 173-174.

mente adiada»[16] ou «frustrada»[17]. No caso dos empresários de *media*, e descontando alguma participação num antigo Conselho de Imprensa de características mais co-reguladoras do que auto-reguladoras, pouco ou nada existiu além de acordos pontuais. No caso do grupo profissional dos jornalistas, o facto de os instrumentos auto-reguladores essenciais (o Código Deontológico, o Conselho Deontológico) terem surgido e funcionado sempre na óptica do Sindicato dos Jornalistas – onde a filiação é voluntária e, de facto, não engloba grande número de profissionais – acabou por lhe retirar alguma capacidade de manobra, e até algum prestígio público consensualmente aceite. Estas insuficiências vieram a dar ao Estado o argumento que ele porventura desejava para avançar com uma iniciativa legislativa – a da criação de uma Comissão da Carteira Profissional de Jornalista e de um Estatuto Disciplinar do Jornalista por ela supervisionado – que, embora formalmente seja referido por alguns como um organismo de «auto-regulação interprofissional»[18], na prática é um exemplo de «auto-regulação regulada» ou «auto-regulação induzida», pois decorre de uma imposição legal e não da adesão livre dos profissionais dos *media*, além de prever sanções materiais, como a própria suspensão do título profissional, para infracções do foro ético-deontológico. O grande organismo regulador dos *media* em Portugal é, para todos os efeitos, a Entidade Reguladora para a Comunicação Social (ERC), uma entidade pública e legal

---

[16] Cf. FIDALGO, Joaquim, *op. cit.*, e FIDALGO, Joaquim, «Self-regulation in Portugal: A Work in (Slow) Progress», *in*: SOUSA, Helena et al. (eds.), *Media Policy and Regulation: Activating Voices, Iluminating Silences*, 2013, pp. 199-215, (*e-book* disponível em: http://hdl.handle.net/1822/29772).

[17] Cf. CAMPONEZ, Carlos, *Deontologia do Jornalismo*, Lisboa, Edições Almedina, 2011.

[18] MOREIRA, Vital, «Liberdade de Informação e Segredo de Justiça», *Público*, edição de 20/01/2004.

(que tem entre as suas competências estatutárias a obrigação de «promover a co-regulação e incentivar a adopção de mecanismos de auto-regulação», mas que, em boa verdade, pouco tem feito nesse sentido).

4. Novos caminhos, novas ideias

Com os desenvolvimentos mais recentes da paisagem mediática (omnipresença do digital, internet, facilidade de acesso a mecanismos de auto-edição, redes sociais, etc.), reforçaram-se as dúvidas sobre até que ponto a auto-regulação, tal como a conhecemos, será adequada para este universo de novos actores e novas práticas. Como se questiona Fengler:

> O modelo tradicional de auto-regulação ainda chega para o mundo dos *media* convergentes, e muito competitivos, de hoje? Podem os mecanismos de prestação de contas que emergiram online – como blogues de jornalistas, provedores do leitor, críticos de *media* nas redes sociais –, apoiar com sucesso, ou até substituir, os instrumentos tradicionais de auto-regulação?[19]

Começa a falar-se cada vez mais em encontrar novas modalidades que complementem e melhorem a auto-regulação. Stephen Ward, por exemplo, sugere um novo processo de *accountability* traduzido na criação de uma «National Coalition for Media Standards» que associe, num processo aberto, jornalistas e não jornalistas na análise crítica e proactiva de todas as formas de jornalismo. Ele o diz:

---

[19] FENGLER, Suzanne et al., «How Effective is Media Self-regulation? Results From a Comparative Survey of European Journalists», *European Journal of Communication*, 30: 250, 2015.

Vejo essa coligação como o centro de uma roda cujos raios ligam a agências de *media*, a instituições da sociedade e a indivíduos preocupados com a existência de *media* democráticos. Ela não substitui mecanismos existentes. Seria uma espécie de «meta-organização» que coordenaria toda a actividade de grupos e parceiros interessados. A auto-regulação confinada ao interior de uma profissão está morta. Longa vida a um compromisso socialmente alargado![20]

Também Marc-François Bernier propõe esquemas mistos que procurem atingir (mas de modo mais credível, mais eficaz e mais actual) os objectivos pretendidos com a auto-regulação. Num texto sintomaticamente intitulado *Au-delà des Mythes et Limites de L'autorégulation: La Corégulation Démocratique*[21], Bernier alude a uma espécie de «confusão» recorrente entre auto-regulação e autodisciplina, baseada na suposição de que quem definia livremente as normas de conduta era também capaz de as fazer cumprir. Mas isso não acontece, diz. Daí a sua proposta de um modelo de «co-regulação democrática»: o grupo profissional define os princípios éticos e as regras de conduta, mas outrem (no caso, alguma estrutura do Estado democrático) vela pela sua aplicação efectiva. O propósito básico é separar o domínio da *auto-regulação* (definição de normas) do domínio da *imputabilidade* (responsabilização efectiva pelas práticas). Ao estabelecer uma parceria entre os prota-

---

[20] WARD, Stephen, «Beyond Self-Regulation: Creating a National Coalition», 2015. Disponível em: http://mediamorals.org/beyond-self-regulation-creating-a-national-coalition/, consultado a 12 de Junho de 2016.

[21] BERNIER, Marc-François, «Au-delà des Mythes et Limites de L'autorégulation: La Corégulation Démocratique», 2009. [Communication au colloque international Déontologie de l'Information, Tunis, 23-24 Avril 2009.] Disponível em: http://www.crej.ca/publications/mythes_limites.html, consultado a 12 de Junho de 2016.

gonistas dos *media* e instituições públicas capazes de levar as normas à prática, dar-se-ia real corpo ao propósito regulador sem, com isso, abrir caminho a intervenções mais coercivas do Estado face aos supostos (ou reais) desmandos dos *media* e à sua suposta (ou real) impunidade.

Pelo seu lado, Kaarle Nordenstreng foi-se tornando cada vez mais crítico da auto-regulação, sobretudo por considerar que ela se tornou «um modo de concentrar o poder dos *media* nas mãos dos próprios *media*, reforçando a tendência para um "jornalismo de trincheira" [...]. E como os *media* na Europa são predominantemente comerciais, isto significa uma orientação clara para a regulação pelo mercado». Em consequência, diz:

> [...] não se deve contar com grandes contributos da auto-regulação para resolver os problemas de 'governance' dos *media*. Pelo contrário, manter alguma distância face aos próprios *media* e dar um papel às audiências e aos cidadãos torna a regulação dos *media* mais próxima daquilo que é suposto que ela faça em contextos democráticos».[22]

Insistindo em substituir a velha perspectiva centrada nos *media* por uma outra em que o centro nevrálgico dos *media* esteja nos cidadãos, Nordenstreng prefere falar também de uma «ética dos cidadãos» em vez de uma «ética dos profissionais» – e aqui invoca, juntamente com Clifford Christians, a relevância de princípios éticos universais em que todos nos reconheçamos e que contribuam para dar credibilidade à res-

---

[22] NORDENSTRENG, Kaarle, «Self-regulation: A Contradiction in Terms? Discussing Constituents of Journalistic Responsibility», *in*: PÖTTKER, Horst & SCHWARZENEGGER, Christian (eds.), *Europäische Öffentlichkeit und journalistische Verantvortung*, Herbert von Halem Verlag, 2010, pp. 428-429. Disponível em: http://tampub.uta.fi/handle/10024/66151.

ponsabilidade social dos *media* neste nosso século XXI. E concluem: «Há aqui uma mudança de paradigma de um modelo que encara os *media* e os jornalistas como os donos dos direitos e liberdades de comunicação, para um outro modelo em que os cidadãos e a sua sociedade civil são os últimos e legítimos proprietários da liberdade de informação»[23].

Em conclusão, poderemos dizer que a reputação da auto-regulação dos *media* já terá visto melhores dias, mas continua a ser um desafio insubstituível para a consciência ética e profissional (individual e colectiva) de todos os que se dedicam à actividade de pesquisa, elaboração, edição e difusão de informação de interesse comum no espaço público. Como diz Duncan, a auto-regulação pode não ser a melhor forma de regular a imprensa, mas talvez seja «a menos má»[24]. Sobretudo, não deve, em nosso entender, ser encarada isoladamente, dissociada de múltiplos outros mecanismos e instrumentos vocacionados para a defesa da liberdade dos *media* sempre em articulação com a monitorização da sua responsabilidade social e da sua abertura à prestação de contas públicas, em nome da credibilidade e da confiança. O «edifício regulatório» faz-se – para mais num ambiente mediático tão diverso, tão multifacetado e tão descentrado como aquele em que agora (con)vivemos – de múltiplos caminhos e abordagens, sendo precisamente a sua pluralidade que ajuda à sua eficácia e à sua capacidade de nos congregar a todos (profissionais ou não, mas todos co-protagonistas da comunicação pública) num esforço comum.

---

[23] CHRISTIANS, Clifford & NORDENSTRENG, Kaarle, «Social Responsibility Worldwide», *Journal of Mass Media Ethics*, 19: 16, 2004.

[24] Cf. DUNCAN, Jane, «A Political Economy of Press Self-regulation: The Case of South Africa», *Media, Culture & Society*, 36: 167–182, 2014.

Leituras recomendadas

Aznar, Hugo, *Comunicação Responsável – A Auto-regulação dos Media*, Porto, Porto Editora, 2005 (ed. original: 1999, Espanha).

Bernier, Marc-François, «Au-delà des Mythes et Limites de L'autorégulation: La Corégulation Démocratique», 2009. [Communication au colloque international Déontologie de l'Information, Tunis, 23–24 Avril 2009.] Disponível em: http://www.crej.ca/publications/mythes_limites.html, consultado a 12 de Junho de 2016.

Bertrand, Claude-Jean (org.), *L'Arsenal de la Démocratie – Médias Déontologie et M*A*R*S**, Paris, Economica, 1999.

Camponez, Carlos, *Deontologia do Jornalismo*, Lisboa, Edições Almedina, 2011.

Christians, Clifford & Nordenstreng, Kaarle, «Social Responsibility Worldwide», *Journal of Mass Media Ethics*, 19: 3–28, 2004.

Duncan, Jane, «A Political Economy of Press Self-regulation: The Case of South Africa», *Media, Culture & Society*, 36: 167–182, 2014.

Ebberwein, Tobias et al. (eds.), *Mapping Media Accountability – in Europe and Beyond*, Köln, Herbert von Halem Verlag, 2011.

Fengler, Suzanne et al., «How Effective is Media Self-regulation? Results From a Comparative Survey of European journalists», *European Journal of Communication*, 30: 249–266, 2015.

Fidalgo, Joaquim, «Self-regulation in Portugal: A Work in (Slow) Progress», *in*: Sousa, Helena et al. (eds.), *Media Policy and Regulation: Activating Voices, Iluminating Silences*, 2013, pp. 199-215, (*e-book*, disponível em: http://hdl.handle.net/1822/29772).

Fidalgo, Joaquim, *O Lugar da Ética e da Auto-Regulação na Identidade Profissional dos Jornalistas*, Lisboa, Fundação Calouste Gulbenkian, 2009.

Fidalgo, Joaquim, *O Jornalista em Construção*, Porto, Porto Editora, 2008.

Haraszti, Miklós (ed.), *The Media Self-Regulation Guidebook*, Viena, Organização para a Segurança e Cooperação na Europa (OSCE)

– Representative on Freedom of the Media, 2008. Disponível em: http://www.osce.org/fom/31497?download=true, consultado a 12 de Junho de 2016.

Hulin, A. & Stone, M. (eds.), *The Online Media Self-Regulation Guidebook*, Viena, Organização para a Segurança e Cooperação na Europa (OSCE) – Representative on Freedom of the Media, 2013. Disponível em: http://www.osce.org/fom/99560?download=true, consultado a 12 de Junho de 2016.

Mañero, Cristina L., «Los Mecanismos de Autorregulación en los Medios de Comunicación Españoles», *in*: Aznar, Hugo & Villanueva, Ernesto, (coord.), *Deontología y Autorregulación Informativa – Ensayos desde una Perspectiva Comparada*, México, Universidad Iberoamericana, 2000.

Moreira, Vital, «Liberdade de Informação e Segredo de Justiça», *Público*, edição de 20/01/2004.

Moreira, Vital, *Auto-Regulação Profissional e Administração Pública*, Coimbra, Almedina, 1997.

Nordenstreng, Kaarle, «Self-regulation: A Contradiction in Terms? Discussing Constituents of Journalistic Responsibility», *in*: Pöttker, Horst & Schwarzenegger, Christian (eds.), *Europäische Öffentlichkeit und journalistische Verantvortung*, Herbert von Halem Verlag, 2010. Disponível em: http://tampub.uta.fi/handle/10024/66151.

Puppis, Manuel, «Media Governance: A New Concept for the Analysis of Media Policy and Regulation», *Communication, Culture & Critique*, 3: 134–149, 2010.

Schulz, Wolfgang & Held, Thorsten, *Regulated Self-Regulation as a Form of Modern Government*, Eastleugh (UK), University of Luton Press, 2004.

Ward, Stephen, «Beyond Self-Regulation: Creating a National Coalition», 2015. Disponível em: http://mediamorals.org/beyond-self-regulation-creating-a-national-coalition/, consultado a 12 de Junho de 2016.

Códigos deontológicos no jornalismo: frágeis, numerosos e necessários[1]

Rogério Christofoletti
Universidade Federal de Santa Catarina
Observatório da Ética Jornalística (objETHOS)

Grande parte da preocupação ética dos jornalistas está visível nos códigos deontológicos. Esses documentos conseguem concentrar anseios e ideais na mesma medida em que sinalizam padrões e posturas. Sob a forma de tábuas de mandamentos, os códigos permitem, por exemplo, imaginar um centro de gravidade moral de uma categoria profissional, o que já lhes reserva uma importante função, embora não a única.

A exemplo de outros grupos sociais, a fixação de valores para orientar os comportamentos dos jornalistas é resultado de tensões e negociações entre os membros dessa comunidade interessada. Profissionais e organizações avaliam as condutas de seus pares, definem prioridades, estabelecem objetivos e

---

[1] Este capítulo sistematiza diversas ideias e discussões que venho alimentando na última década sobre esses importantes instrumentos de autorregulação. Alguns trechos já foram inclusive publicados na forma de artigos para periódicos científicos.

papéis e apontam marcos para as condutas. O processo tem dinâmica própria e a formulação de regramentos éticos é uma construção simbólica coletiva que depende da assunção dos valores pela comunidade e da adesão a um contrato grupal de conduta.

Tal contrato pode assumir diversas formas, sendo a mais frequente a dos códigos deontológicos. A adesão ao contrato pelos membros da comunidade define a aceitação de certos comportamentos e a condenação de outros, num jogo permanente de reforço e abandono de valores. Essa dinâmica contrasta com a natureza de apresentação dos códigos, quase na forma de tábuas de mandamentos...

Códigos deontológicos funcionam como gramáticas profissionais pois ordenam condutas e definem padrões num plano idealista de ação. São documentos que circulam publicamente e, desta forma, manifestam preocupações, princípios e valores para os demais grupos sociais. Assim, quando uma entidade de classe no jornalismo lança seu código, apresenta aos públicos o que considera correto na profissão e o que rejeita. Apesar dessa função mais pública, os códigos deontológicos são instrumentos majoritariamente voltados para dentro das comunidades a que são dirigidos: as categorias profissionais. Neste sentido, são ordenamentos que reforçam os contornos de um campo de atuação.

Os códigos, porque são engendrados coletivamente dentro de uma categoria profissional, contam com legitimidade corporativa, e seu caráter público enfatiza sua relevância social. Apesar disso, são instrumentos bastante limitados em sua aplicação e funcionamento. O estabelecimento de princípios e valores e a sua expressão na forma de código não garante, por exemplo, que seus signatários tenham as melhores atitudes. Mesmo tendo códigos deontológicos, médicos podem ser negligentes, engenheiros podem ser descuidados, e jornalistas, mentirosos. Diferente das leis que têm um regime de aplicação compulsória, os códigos de ética são dispositivos de aconselhamento e de orientação, dependendo fortemente da consciência das pessoas a que se dirigem, dependendo, portanto, do fator humano.

Esses documentos preveem penalidades aos transgressores, mas o pior castigo gira no âmbito moral, na reprovação social à conduta de quem atravessa a linha do permitido. Por essa razão, em diversos códigos profissionais, a sanção se expressa na forma de exposição pública da condenação do faltoso e de sua falha: o repórter é advertido publicamente por ter inventado uma história, o veterinário é execrado em seu convívio por ter sido imprudente... Punições como essas podem ser consideradas até menores do que eventuais perdas e danos materiais, mas não podem ser desprezadas no âmbito corporativo, no qual os valores da categoria incidem não apenas no plano simbólico. Quando um profissional contraria as regras de conduta de sua categoria e é punido por seus pares, tem parte de sua credibilidade corroída e, com isso, sofre prejuízos em sua integridade moral como ator social.

1. Vitrines morais e padronização de condutas

A ética é um objeto de estudo difícil porque é dinâmica, complexa e evanescente. Essas condições exigem estratégias para cristalizar suas minúcias e movimentos. Uma delas é trabalhar sobre materiais que já tenham consolidado discussões e tensões anteriores, e que reflitam consensos em torno de princípios válidos de ação. Muitas vezes, esses acordos de ética se traduzem em códigos de conduta e, no mundo do trabalho, em documentos deontológicos. Na pesquisa em jornalismo, análises desses documentos são relativamente comuns e algumas referências precisam ser consideradas[2].

---

[2] Podemos destacar, a este respeito, os estudos de Brajnovic (1978), Bruun (1979), Elliot-Boyle (1985–1986), Meyer (1987), Hulteng (1990), Mer-

Na literatura brasileira, destacam-se as pesquisas localizadas de Erbolato, Karam e Tófoli[3], centradas na recente revisão do Código de Ética dos Jornalistas Brasileiros, da Federação Nacional dos Jornalistas (FENAJ). Não se pode dizer que esses documentos tenham sido exaustivamente investigados, sendo necessário e oportuno retornar aos regramentos para identificarmos valores que sustentam as práticas e tomadas de decisão profissionais.

Em algumas situações, quando o jornalismo ainda busca se consolidar no tecido social, quando a corporação está em vias de fortalecimento, e quando existe carência de órgãos de autocontrole e indisposição para a autocrítica, os códigos de ética ocupam um espaço maior na discussão ético-profissional. É o que acontece no Brasil. Desta forma, organizações de mídia que se orientam por códigos de conduta ética e encorajam um diálogo aberto sobre suas práticas geram mais confiança e credibilidade com o público.

> Uma empresa jornalística precisa que os jornalistas sigam as orientações éticas para manter sua credibilidade, a qual está diretamente relacionada com o seu sucesso financeiro. Esta circunstância é, sem dúvida, diferente de algumas outras profissões, em que as organizações empresariais, com um motivo financeiro, por vezes prejudicam a conduta ética para economizar dinheiro.[4]

---

rill (1991), Harris (1992), Goodwin (1993), Laitila (1995), Villanueva (1996), Boeyink (1994), Christians (1998), Aznar (1999), Steele (2000), Son (2002), Bertrand (2002), Limor (2002) e Bykov et al. (2015).

[3] Cf. Erbolato, Mario, *Deontologia da Comunicação Social*, Petrópolis, Vozes, 1982; Karam, Francisco, *Jornalismo, Ética e Liberdade*. São Paulo, Summus Editorial, 1997; Tófoli, Luciene, *Ética no Jornalismo*, Petrópolis, Editora Vozes, 2008.

[4] Dugan, Molly, «Journalism Ethics and the Independent Journalist», *McGeorge Law Review*, 39: 803, 2008.

No final do século XIX, com a abertura dos mercados de massa e a redefinição do papel do jornalista como coletor de informações, a relação entre profissionais e seu público modificou-se. Jornalistas tornaram-se mais preocupados com a necessidade de evitar a expressão de suas próprias opiniões no texto, buscando não mostrar identificação com nenhuma posição moral ou política. Essa mudança de paradigma na profissão trouxe preocupações éticas, surgidas da complexidade crescente da mediação que os meios de comunicação exercem sobre a realidade. Os primeiros movimentos de padronização ética da prática do jornalismo surgem no início do século XX, na Europa. Segundo alguns autores, o primeiro código teria sido criado na França, em 1918; outros apontam que o primeiro documento fora criado nos Estados Unidos, em 1910.

Ao longo do século XX, com o amplo desenvolvimento do capitalismo e a globalização da informação, foram se impondo novos questionamentos e tentativas de normatização das liberdades de imprensa e de expressão. Em 1950, a Organização das Nações Unidas constituiu uma subcomissão especial, com a ideia de instituir normas válidas para todas as organizações e profissionais que trabalhassem com informação, em escala mundial. O esforço sinalizou uma preocupação em padronizar a atuação ética, e, apesar de não existir um código de ética universal para jornalistas, de forma cíclica, pesquisadores se questionam se um ordenamento como este é possível e em que bases pode se equilibrar.

Distinções geográficas, políticas e sociais entre países foram o ponto de partida para um estudo realizado por Hafez em 2002. O autor analisou códigos jornalísticos da Europa e do mundo islâmico, revisitando a hipótese amplamente difundida no meio acadêmico de que existe divisão profunda entre as filosofias do jornalismo oriental (coletivista) e ocidental (individualista). O estudo, porém, apontou para uma crescente universalização da ética formal do jornalismo, apesar das diferenças.

A comparação [...] dos códigos de jornalismo adotados por vários Estados e organizações nos últimos 30 anos revela, entretanto, que as normas que orientam para um «bom» jornalismo são muito mais complexas. Nós mostramos que muitos códigos europeus, bem como os orientais, tentam equilibrar o pessoal e o privado com o interesse público. Códigos orientais procuram proteger a privacidade de forma mais rigorosa do que os seus homólogos europeus, mas a proteção dos direitos da privacidade não é sinal de uma abordagem coletivista da ética. Pelo contrário, o indivíduo parece melhor protegido do sensacionalismo do público pelos códigos orientais do que pelos europeus.[5]

Hafez considera muito simplista a dicotomia «ocidental-individual» *versus* «oriental-coletivista», o que a impede de servir como paradigma geral na comparação das realidades jornalísticas na Europa, Oriente Médio, Norte da África e Ásia Islâmica. O autor ainda aponta que a visão dicotômica é «uma reconstrução romântica da situação pré-colonial»[6], o que não representa a identidade dinâmica desses países, que se redefine através do contato com outros povos e culturas.

Outro estudo comparou 242 documentos sob a ótica da percepção de liberdade de imprensa. Himelboim e Limor analisaram referências à liberdade de imprensa nos códigos de ética de acordo com as respectivas características das organizações e o *status* político-econômico de cada país considerado[7]. Os resultados mostram que a preocupação demonstrada pelos

---

[5] HAFEZ, Kai, «Journalism Ethics Revisited: A Comparison of Ethics Codes in Europe, North Africa, the Middle East, and Muslim Asia», *Political Communication*, 19: 244, 2002.

[6] HAFEZ, Kai, *op. cit.*, p. 245.

[7] Cf. HIMELBOIM, Itai & LIMOR, Yehiel, «Media Perception of Freedom of the Press: A Comparative International Analysis of 242 Codes of Ethics», *Journalism*, 9: 235–265, 2008.

jornalistas com sua liberdade não está necessariamente ligada ao nível de liberdade de imprensa vigente em seus respectivos países. Além disso, os códigos de países em desenvolvimento revelam, principalmente, preocupação acerca das liberdades mais fundamentais de todas.

As principais revelações da pesquisa apontam que, aproximadamente, metade dos códigos não faz nenhuma menção à liberdade de imprensa; os códigos de ética de jornais e organizações de mídia fazem referência limitada à liberdade de imprensa; e nenhuma diferença significativa foi encontrada em relação às variáveis econômicas e geográficas e ao nível de liberdade.

> O presente estudo desafia a concepção de pesquisa enraizada de que a base natural para a análise comparativa da liberdade de imprensa deve se concentrar nos aspectos políticos dos respectivos Estados em que os meios de comunicação e jornalistas atuam, ou seja, o tipo de regime e natureza bilateral das relações entre as instituições políticas e midiáticas. Nossos resultados apontam para outras possíveis direções em pesquisas futuras. Por exemplo, as diferenças entre as concepções funcionais dos meios de comunicação não devem ser avaliadas segundo o tipo de regime ou Estado [...], e sim de acordo com o tipo de organização em que o código se originou.[8]

Roberts, por sua vez, comparou 15 documentos da comunicação, entre códigos de ética jornalísticos, de relações públicas, blogueiros e profissionais do marketing[9]. Seu levantamento ultrapassou duas centenas de valores elencados, mas sua aná-

---

[8] *Ibidem*, p. 256.
[9] Cf. ROBERTS, Chris, «Identifying and Defining Values in Media Codes of Ethics», *Journal of Mass Media Ethics*, 27: 115–129, 2012.

lise apontou para o fato de que em muitíssimos casos eram usadas palavras diferentes com carga semântica semelhante, apontando para um grupo muito menor, mais concentrado e mais recorrente de valores.

Em outro estudo comparativo, cotejamos 30 códigos deontológicos jornalísticos de cinco continentes com o objetivo de mapear os principais valores comuns e de identificar movimentos para adaptação às novas tecnologias de mídia[10]. Os resultados a que chegamos podem ser resumidos em três aspectos: os documentos, majoritariamente, são aconselhadores e idealistas, oferecendo mais recomendações do que sanções e, em certos casos, renunciam a sua função disciplinar; existe grande variedade no tratamento de assuntos referentes à conduta dos jornalistas e, embora alguns aspectos se mostrem universais – verdade e interesse público, por exemplo –, nota-se também sensível diversidade na abordagem e intensidade desses temas; os cuidados e as recomendações dirigidas às novas mídias nos códigos ainda são incipientes, ainda que alguns documentos se destaquem. Entre 30 documentos, apenas dois explicitam detalhadamente como o jornalista deve proceder nas redes sociais e diante de novas tecnologias. A pesquisa mostra que existe disposição das organizações jornalísticas de discutir aspectos que impactam mais recentemente a profissão. No entanto, a pouca presença de indicações nos códigos sinaliza também indefinição de padrões mais amplos.

No ano seguinte, em 2014, e com foco na mesma amostra, a pesquisa nos mostrou que o interesse público é um dos valores mais mencionados nos instrumentos normativos da profissão,

---

[10] Cf. CHRISTOFOLETTI, R. & FERREIRA, I., «Valores de Base em Códigos Deontológicos do Jornalismo em Cinco Continentes», in: SUAREZ VILLEGAS, Juan, ZURBANO BERENGUER, Alba & HADDACH, Othman (org.), *Libro de Actas de la II International Conference on Media Ethics*, Sevilha, Universidad de Sevilha, v. 1, 2013, pp. 345-360.

mas é também difuso e fartamente utilizado como justificativa para violar os próprios códigos[11]. O que se percebeu é que o interesse público é invocado para sustentar ações, para legitimar práticas e também para transgredir normas autoimpostas. Em nome dele, pode-se atentar contra a privacidade alheia, revelar identidades protegidas, publicar informações sobre mortos, quebrar pactos de confidencialidade, pagar por informações, mentir sobre a própria condição de jornalista, gravar áudios e vídeos sem autorização. Visando o interesse público, jornalistas podem ainda expor vítimas de crimes ou desastres, bem como grupos sensíveis, conforme alguns códigos deontológicos.

A pesquisa permitiu concluir que interesse público é um valor que dilata os limites considerados pelos jornalistas, permitindo perigosas brechas, já que o conceito carece de definição mais nítida e universalmente aceita. Pouquíssimos códigos determinam o que vem a ser interesse público, dando margem para um grau imenso de subjetividade no julgamento de ações.

Embora diversos estudos apontem para as vulnerabilidades dos códigos – fragilidade na aplicação das regras, pouco poder de sanção, opacidade de conceitos, etc. –, esses documentos estão consistentemente disseminados pelo mundo. São frágeis, mas numerosos, e parecem ter voltado com tudo. Na Europa e nos Estados Unidos, organizações classistas e acadêmicas constroem bases de dados para aglutinar esses documentos, como é o caso do projeto Accountable Journalism[12], do Donald W. Reynolds Journalism Institute, ou a Ethical Journalism Network[13]. A Online News Association (ONA) tem incentivado

---

[11] Cf. CHRISTOFOLETTI, R. & TRICHES, G., «Interesse Público no Jornalismo: Uma Justificativa Moral Codificada», *Revista FAMECOS* (Online), 21: 484–503, 2014.

[12] Mais detalhes em http://accountablejournalism.org.

[13] Mais informações em http://ethicaljournalismnetwork.org/en.

pequenos e grandes veículos da internet e criarem seus próprios códigos[14], e, na América do Sul, iniciativas como a Red Ética Segura[15], ligada à Fundación Nuevo Periodismo Iberoamericano, e o Observatório da Ética Jornalística (objETHOS[16]) têm se colocado como ambientes de discussão deontológica para além dos códigos.

2. Prescritivismo, valores e virtudes

Códigos deontológicos são úteis e largamente disseminados. Mas entre suas primeiras fragilidades está a acusação de que são instrumentos de poder apoiados em ranços de prescritivismo. A rigor, o viés prescritivo não dá mesmo conta de toda a complexidade da ética na área do jornalismo e da comunicação, por um motivo simples: apresenta as regras de conduta como dadas, cabendo aos profissionais segui-las. Assim, não incentiva a reflexão sobre as normas, mas seu cumprimento. E quando se identifica a transgressão, ficam em evidência a natureza da infração, gravidade e alcance, e suas consequências.

Hare lembra que a moral se vale de um tipo de linguagem prescritiva[17], já que a ética é «o estudo lógico da linguagem moral», e as respostas a indagações como «o que devo fazer?» vão se vincular a imperativos éticos e a juízos de valor. Apesar da natureza impositiva, é importante ressaltar que a ética não se resume ao seu prescritivismo.

---

[14] Conforme http://www.poynter.org/2015/ona-debuts-a-build-your-own-ethics-code-platform/374941/.
[15] Mais detalhes em http://eticasegura.fnpi.org.
[16] Mais informações em https://objethos.wordpress.com.
[17] HARE, R. M., *A Linguagem da Moral*. São Paulo, Martins Fontes, p. vii, 1996.

Por trás dos códigos estão expectativas de grupos para suas áreas profissionais, e algumas marcações do que é agir de forma correta ou não. O que sustenta um ordenamento deontológico – como qualquer outro tipo de ordenamento de natureza ética – são os valores que servem de base àquela determinada profissão. Assim, os colegas de ofício não apenas compartilham certos conhecimentos técnicos e reproduzem alguns aspectos de uma cultura profissional comum, mas também comungam valores éticos. De forma prática, um médico se constitui como profissional na medida em que conjuga dimensões do saber--fazer, do saber-ser, do saber-julgar. Ele detém condições que permitem que aja como médico – prestando socorros, por exemplo –, que se coloque como médico – reagindo em situações que o exigem – e que avalie como médico – elegendo as prioridades morais de sua deontologia.

Pode-se recorrer a uma perspectiva aristotélica e considerar a ética jornalística a partir do conceito de virtude. Em Aristóteles, encontramos uma ética das virtudes distinta da ética consequencialista ou da deontológica. Enquanto nesses dois tipos, o foco está nos princípios que regulam a conduta, a ética aristotélica se concentra nos elementos próprios do indivíduo virtuoso, aquilo que ajuda a constituí-lo da forma como ele de fato é. Nesta direção, no exame da ética jornalística, interessaria menos se o repórter transgrediu a norma e mais as formas de como o profissional se tornou um bom jornalista, um jornalista com virtudes.

Assumir um viés aristotélico não implica renunciar às preocupações próprias de uma ética consequencialista nem às orientações pertinentes a uma ética deontológica. A perspectiva aristotélica permite manifestar valores e destacar virtudes. Trata-se de uma forma positiva de expressar o jornalismo.

Para o filósofo grego, as coisas têm sua finalidade. O sentido da vida é a felicidade, e para alcançá-la é necessário trilhar o caminho do meio: o das virtudes. A virtude é uma tendência para o bem que deve ser ensinada desde o início da existência; é um hábito ou uma disposição racional que torna o homem bom e lhe permite cumprir bem a sua tarefa. Não é simplesmente inata, pois requer aprendizado, exercício cotidiano:

> [...] a virtude relaciona-se com paixões e ações em que o excesso é uma forma de erro, tanto quanto a carência, enquanto o meio-termo é uma forma de acerto digna de louvor; estar certa e ser louvada são características da virtude. Por conseguinte, a virtude é uma forma de mediania, já que, como vimos, o seu alvo é o meio-termo. [...] a virtude é, então, uma disposição de caráter relacionada com a escolha de ações e paixões, e consistente numa mediania [...] que é determinada por um princípio racional próprio do homem dotado de sabedoria prática.[18]

A virtude é um estado de caráter, excelência a ser praticada diariamente. Justiça, prudência, coragem e temperança são virtudes cardeais; outras tantas podem ser mencionadas. Aparentemente anacrônicas e fora de moda, as virtudes recolocam-se no contexto das discussões da conduta humana de uma forma reforçada, na medida em que afirmam a condição humana, a possibilidade da escolha pelo agir bem, mesmo em contextos tão desfavoráveis, como no jornalismo. Nele, é oportuno pensar virtudes que não apenas reafirmem o caráter humano, mas que reforcem os fundamentos dessa atividade, seu espírito e sua função social como razão de existência.

Nos últimos 20 anos, por conta do processo de globalização dos mercados, de acirramento do multiculturalismo e de intercâmbios diversos, vêm crescendo o número de autores que defendem a necessidade de padrões universais de conduta para os humanos. A despeito da geografia e das diferenças lin-

---

[18] ARISTÓTELES. *Ética a Nicômaco*, São Paulo, Martin Claret, 2000, pp. 48-49.

guísticas, políticas, religiosas, econômicas e culturais, alguns estândares poderiam ser apontados como totalizantes no planeta. Strentz, por exemplo, enumera quatro padrões que poderiam ser aplicados ao jornalismo «em culturas distintas e em todas as escolas do pensamento ético»[19]:

- Não recorrer à violência como primeiro recurso na solução de conflitos;
- Evitar o autoengano e não mentir para si mesmo;
- Não abusar da autoridade, de benefícios ou mordomias;
- Responder pelas consequências das suas ações.

Strentz defende a universalização dos padrões na ética jornalística, mas isso só deve reduzir parte da angústia da prática se houver acordo sobre quais estândares irão vigorar. Esse pacto afastaria a comunidade jornalística de uma «mentalidade do "tudo depende"», arrisca ao mesmo tempo em que reconhece: «inerente a nossa busca é a ironia de buscar o universal, reconhecendo que talvez ele só pode ser encontrado ou percebido em última instância no indivíduo»[20].

De forma mais prática, Herrscher propõe um código de ética universal para os jornalistas, apesar dos problemas e limitações de sua aplicação. Este documento «deve considerar a natureza voluntária de tal esforço, as diferenças culturais e econômicas em várias tradições jornalísticas, e o problema da produção de soluções aceitáveis para todos os envolvidos»[21].

O autor elenca um conjunto de valores que deveriam ajudar a compor este código: verdade; integralidade; conflito de

---

[19] STRENTZ, Herb, «Universal Ethical Standards?», *Journal of Mass Media Ethics*, 17: 270-274, 2002.

[20] *Ibidem*, p. 275.

[21] HERRSCHER, R., «A Universal Code of Journalism Ethics: Problems, Limitations, and Proposals», *Journal of Mass Media Ethics*, 17: 277, 2002.

interesses; liberdade, independência e autoestima; honestidade; respeito à privacidade e à honra; tratamento de grupos étnicos, sexos, minorias, crenças religiosas e sexuais, e outros grupos; importância e relevância. Muitos desses aspectos já constam dos códigos locais vigentes e se repetem em alguma medida. Herrscher reconhece que não está certo da possibilidade de um acordo tão amplo, mas como a comunicação e a informação se tornaram globais, um código de ética global seria «a consequência lógica de mudança na nossa maneira de trabalhar como jornalistas e receber informações de cidadãos e consumidores»[22].

Com a mesma preocupação de normatizar condutas jornalísticas em escala mundial, o International Center for Journalists elaborou um documento em 2003 tendo como base quatro conferências realizadas na década de noventa na América Latina. Em formato de cartilha, o documento enumera valores humanos comuns no Ocidente (amor, verdade, liberdade, equidade, solidariedade, tolerância, responsabilidade e vida), além de passos para a tomada de decisão[23].

Em esforço semelhante, Ward e Wasserman problematizam a implementação de uma ética global para a mídia. O livro que organizaram resultou de uma mesa redonda que teve lugar em 2007, na África do Sul. Eles reconhecem que essa ética ainda não existe, mas que é necessária em tempos globalizados, para se adequar o jornalismo a uma compreensão mais ampla de realidades tão díspares no planeta.

---

[22] *Ibidem*, p. 288.

[23] Os estágios para a tomada de decisão são: consulte colegas e editores; defina o problema ético; consulte códigos e guias; meça seu objetivo jornalístico; identifique partes interessadas no tema, e que podem ser afetadas com a decisão; pergunte-se sobre quais são as suas alternativas na escolha; tome a decisão; seja capaz de explicar a sua decisão.

Necessitamos de um jornalismo cosmopolita que relate temas e eventos de um jeito que reflita essa pluralidade global de visões e as relações de poder entre elas; para praticar um jornalismo que ajude a diferentes grupos compreenderem-se melhor a si mesmos. Um jornalismo com uma perspectiva global é necessário para ajudar cidadãos a entender os problemas globais da pobreza, degradação ambiental, desigualdades tecnológicas e instabilidade política. Esses problemas requerem ação global coordenada.[24]

Uma perspectiva globalizada da ética jornalística, como a defendida, contemplaria a sacralidade da vida como um valor universal[25] e um patriotismo de caráter mais amplo, moderado e democrático, aspirando a um jornalismo mais cosmopolita[26]. A reverência à vida e sua preservação ajustam-se no contexto das comunicações, fazendo com que a «sacralidade da vida» se desdobre em outros valores, como a dignidade humana, a verdade e a não-violência.

Por outro lado, o patriotismo exercido na atualidade colide com conceitos importantes para o jornalismo, como objetividade e independência. Ao recorrer ao patriotismo convencional numa cobertura de conflito internacional, por exemplo, um repórter pode cometer deslizes éticos, sendo menos objetivo em seus relatos e parcial na apresentação dos fatos. Para compensar o problema, Ward propõe um patriotismo global, orientado a uma perspectiva cosmopolita no jornalismo,

---

[24] WARD, Stephen & WASSERMAN, Herman, *Media Ethics Beyond Borders: A Global Perspective*, New York-London, Routledge, 2010, p. 2.

[25] Cf. CHRISTIANS, Clifford, «The Ethics of Universal Being», *in*: WARD, Stephen & WASSERMAN, Herman (eds.), *Media Ethics Beyond Borders: A Global Perspective*, New York-London, Routledge, 2010.

[26] Cf. WARD, Stephen, «A Theory of Patriotism for Journalism», *in*: WARD, Stephen & WASSERMAN, Herman (eds.), *Media Ethics Beyond Borders: A Global Perspective*, New York-London, Routledge, 2010.

onde os jornalistas trabalhem como agentes globais, que sirvam aos cidadãos do mundo e que promovam entendimentos não-paroquiais:

> A expressão «jornalistas como cidadãos do mundo» denota um ideal ético e uma mudança gradual nas práticas e na perspectiva. Jornalistas como cidadãos do mundo rejeitam perspectivas estreitas fundadas no etnocentrismo, patriotismo extremo e partidarismo. De forma otimista, a expressão sinaliza para uma evolução desejada na identidade ética dos jornalistas.[27]

As referências citadas reforçam princípios e valores morais, e não propriamente virtudes. Enquanto os primeiros são perseguidos, as virtudes colocam-se como qualidades positivas do sujeito, atributos e disposições para se fazer o bem. Não se trata só de uma característica, mas de uma inclinação. Resulta que, quando se discute a conduta humana pelo viés de valores morais, é comum buscar modelos de atuação que serviriam para orientar comportamentos. Christians e Merril identificam personalidades cujas trajetórias podem auxiliar comunicadores sociais a discutir e a promover o progresso social[28]. A lista desses «tutores morais» vai de Jesus Cristo, Maomé e Madre Teresa a Confúcio, passando por Marx, Martin Luther King, Paulo Freire e Hannah Arendt, entre outros. Caberia aos comunicadores conhecer e identificar os conceitos de cada tutor moral, inspirar-se em seus exemplos, e implementar ações baseadas nos valores de base desses modelos. Essa sequência de gestos se sustenta na responsabilidade inerente à atividade, um encargo proporcional a influência, penetração, poder e alcance desses profissionais e de seus veículos.

---

[27] *Ibidem*, p. 56.
[28] Cf. CHRISTIANS, Clifford & MERRILL, John, *Ethical Communication – Moral Stances in Human Dialogue*, Columbia, University Missouri Press, 2009.

3. Por um sistema deontológico

É evidente que uma ética das virtudes tão-somente não resolve todas as questões do jornalismo. Nenhuma abordagem dá conta disso. Afirmar as virtudes na profissão é focalizar o que pode ser o melhor dela. Não se deve ignorar erros e deslizes, afinal crítica e autocrítica são combustíveis necessários para o aperfeiçoamento. Mas também não se pode ficar apenas na negatividade dos equívocos. Abordar as virtudes é uma disposição para perceber até onde podemos melhorar o jornalismo.

Os códigos deontológicos são numerosos, frágeis e necessários e representam parte dos esforços das comunidades profissionais em busca de mais retidão nas condutas de seus membros. Em diversas situações, os debates em torno dos valores, sua sistematização e expressão na forma de códigos públicos são os primeiros passos no ordenamento dessas condutas. Mas não se pode esquecer que são também necessários outros instrumentos como as comissões de acompanhamento ético, que fiscalizam e aplicam esses documentos. Esses grupos são compostos por profissionais experientes e de conduta ilibada, e recebem queixas ou denúncias contra jornalistas, de modo a aplicar eventuais sanções por condutas represensíveis. São comissões vinculadas aos sindicatos da categoria, mas que também podem ser implantadas em conglomerados de mídia, com o propósito de estabelecer estândares de qualidade e de cumprimento ético. São, assim, importantes, e sem comissões de ética, que aplicam e zelam pelas regras; os códigos são meramente simbólicos.

Em recente levantamento sobre essas instâncias no jornalismo brasileiro, apontamos como as comissões de ética precisam ser fortalecidas para ajudar a criar um efetivo sistema deontológico[29]. Ainda que estejam instaladas em todas as par-

---

[29] Cf. CHRISTOFOLETTI, R., «Comissões de Ética dos Jornalistas: Atuação, Visibilidade e Efetividade», *E-Compós* (Brasília), 18: 1–15, 2015.

tes do país, as comissões sobrevivem com raras verbas e estruturas precárias, são pouco divulgadas, e quase nunca acionadas. Com essa performance reforçam o falso entendimento de que não há desvios éticos na profissão, já que não são aplicadas sanções ou tornadas públicas as falhas dos jornalistas.

À guisa de conclusão, reforçamos que os códigos deontológicos continuam sendo um dispositivo essencial para o aperfeiçoamento da mídia e de seus profissionais. Mas é um erro considerar que sua mera existência possa garantir ações compatíveis com os desejáveis padrões éticos de excelência. O processo de honestidade, retidão, coerência e correção de um grupo social exige mais investimentos.

4. Vinte códigos para não perder de vista

Existem códigos deontológicos para jornalistas no mundo todo. Embora esses documentos reflitam as realidades locais, diversos aspectos da normatividade profissional se repetem, principalmente os valores mais consolidados na área, como a verdade, a independência, a acurácia e a fidelidade aos fatos. Entretanto, também é importante conhecer as especificidades de cada país ou região. A seguir, listamos 20 códigos de ética que merecem atenção, seja por sua tradição, alcance normativo, detalhamento ou aprofundamento das questões.

A lista é incompleta, evidentemente. Mas entendemos também que este levantamento oferece um amplo panorama das gramáticas de conduta jornalística na atualidade. Os documentos podem ser acessados na íntegra (em inglês) na base de dados «Accountable Journalism», especialmente criada pelo Donald W. Reynolds Journalism Institute (https://accountablejournalism.org/ethics-codes). Em português, podem ser consultados em https://objethos.wordpress.com/codigos/.

- **Cânone do Jornalismo da Associação dos Editores de Jornais do Japão**
  Documento sintético e amplo, que surgiu em 1946 e com larga tradição e aceitação entre os jornalistas japoneses. ´um exemplo de que códigos não precisam ser exaustivos.
- **Carta de Deveres Profissionais dos Jornalistas Franceses**
  Criado em 1918, é um dos documentos mais antigos em vigência, e uma referência importante para os profissionais de todo o continente europeu. Foi revisado em 1938.
- **Código de Conduta da União Nacional dos Jornalistas do Reino Unido**
  Desde 1936 traz os princípios que ajudam a instruir a conduta de profissionais ingleses e irlandeses. Foi atualizado em 2011.
- **Regras Éticas da Profissão do Iraque**
  Adotadas em 1969, após as resoluções do 2.º Congresso da Federação Árabe de Jornalistas, que aconteceu no Cairo em fevereiro de 1968.
- **Código de Ética da Associação dos Jornalistas de Hong Kong**
  Documento sintético e genérico, é um dos poucos regramentos chineses da profissão conhecidos no Ocidente.
- **Código de Ética da Associação dos Jornalistas Profissionais (Estados Unidos)**
  Os estadunidenses têm muitos códigos deontológicos, não só classistas, mas também de corporações de mídia. Este código da SPJ é um dos mais aceitos e influentes no país, e foi reformado em 2014.
- **Código de Ética do Comitê de Imprensa do Paquistão**
  Adotado em março de 1972 em assembleia geral e tendo como base a Declaração Universal dos Direitos do

Homem, este código é uma amostra de como Oriente e Ocidente podem ter valores aproximados.

- **Código de Ética do Fórum de Jornalismo Argentino**
  O Fopea é uma influente entidade classista e seu documento – modificado em 2006 – é a principal baliza deontológica dos jornalistas da Argentina.

- **Código de Ética dos Jornalistas Australianos**
  Adotada em 1998, a norma se apoia em quatro princípios: honestidade, justiça, independência e respeito aos direitos das pessoas.

- **Código de Ética dos Jornalistas Brasileiros**
  Esta versão de 2007 é a mais atualizada do código da Federação Nacional dos Jornalistas, a quarta desde o surgimento do documento em 1949.

- **Código de Ética dos Jornalistas Russos**
  Estabelecido pela Federação dos Jornalistas Russos em junho de 1994, em Moscou.

- **Código de Ética dos Membros da Associação do Conselho Turco de Imprensa**
  Este marco de 1989 aceita, por exemplo, a liberdade de comunicação como um instrumento que garante às pessoas o direito de conhecer a verdade.

- **Código de Ética para Jornalistas Nigerianos**
  Também conhecido como Declaração de Ilorin, cidade onde foi assinado, o documento é um dos mais antigos do continente africano e está em vigência desde 1998.

- **Código de Imprensa Germânico**
  Formulado pelo Conselho de Imprensa da Alemanha e por associações de imprensa daquele país, foi apresentado em 1973 em Bonn. Posteriormente, sofreu modernizações e sua versão mais recente é de setembro de 2006.

- **Código de Prática Profissional da África do Sul**
  Desde 2006, orienta os jornalistas do país mais desenvolvido de África, uma das economias emergentes no mundo.

- **Código do Conselho de Imprensa de Bangladesh**
  Orienta a conduta de profissionais de jornais, agências noticiosas e demais jornalistas do país. Surgiu em 1974, foi modernizado em 1993 e emendado em 2002.

- **Código Deontológico dos Jornalistas de Portugal**
  Aprovado em assembleia geral do sindicato dos profissionais em 1993, assemelha-se a um decálogo com uma dezena de indicações pontuais.

- **Diretrizes Éticas da Associação Canadense de Jornalistas**
  Um dos documentos deontológicos mais modernos e específicos do mundo, no que tange a preocupações com novas tecnologias, este regramento foi atualizado em junho de 2011 pelo Comitê de Ética da Associação Canadense de Jornalistas.

- **Normas de Conduta Jornalística do Conselho de Imprensa da Índia**
  Exemplo de regramento exaustivo, com 65 artigos e itens. Foi atualizado em 2005.

- **Orientações do Conselho de Imprensa da Holanda**
  Outro caso de documento detalhista e atualizado. Foi emendado em 2008.

Leituras recomendadas

AZNAR, Hugo, *Ética e Periodismo – Códigos, Estatutos y Otros Documentos de Autorregulación*, Barcelona, Paidós, 1999.

BERTRAND, Claude-Jean, *O Arsenal da Democracia*, Bauru, Edusc, 2002.

BOEYINK, D. E., «How Effective Are Codes of Ethics? A Look at Three Newsrooms», *Journalism Quarterly*, 71: 893–904, 1994.

BRAJNOVIC, Luka, *Deontologia Periodistica*, 2.ª ed. ampliada y reestructurada, Pamplona, Ed. Universidad de Navarra, 1978.

BRUUN, Lars (ed.), *Profesional Codes in Journalism*, Viena, International Organization of Journalists, 1979.

BYKOV, Aleksei, GEORGIEVA, Elena, DANILOVA, Yuliya & BAYCHIK, Anna, «Codes of Journalism Ethics in Russia and the United States: Traditions and the Current Practice of Application», *International Review of Management and Marketing*, 5: 55–61, 2015.

CAMPONEZ, Carlos, *Deontologia do Jornalismo*, Coimbra, Almedina, 2011.

CHRISTIANS, Clifford, *Media Ethics: Cases and Moral Reasoning*, New York, Longman, 1998.

ELLIOT-BOYLE, Deni, «A Conceptual Analysis of Ethics Codes», *Journal of Mass Media Ethics*, 1: 22–26, 1985–1986.

GOODWIN, Eugene, *Procura-se Ética no Jornalismo*, Rio de Janeiro, Nórdica, 1993.

HARRIS, N. G. E., «Codes of Conduct for Journalists», *in*: BELSEY, A. & CHADWICK, R. (eds.), *Ethical Issues in Journalism and Media*. New York, Routledge, 1992.

HULTENG, John, *Os Desafios da Comunicação: Problemas Éticos*. Florianópolis, Editora da UFSC, 1990.

LAITILA, Tiina, «Journalists Codes of Ethics in Europe», *European Journal of Communication*, 10: 527–544, 1995.

LIMOR, Yehiel, «Five Versions of One Code of Ethics: The Case Study of the Israel Broadcasting Authority», *Journal of Mass Media Ethics*, 17: 136–154, 2002.

MERRIL, J. C., «Press Councils and Ethical Codes Are Dangerous Control Mechanisms», *in*: DENNIS, E. & MERRILL, J. C. (eds.), *Media Debates*, New York, Longman, 1991.

MEYER, Philip, *A Ética no Jornalismo*, Rio de Janeiro, Forense-Universitária, 1987.

PLAISANCE, Patrick Lee, *Ética na Comunicação: Princípios para uma Prática Responsável*, Porto Alegre, Penso, 2011.

SON, Taegyu. «Leaks: How Do Codes of Ethics Address Them?», *Journal of Mass Media Ethics*, 17: 155-173, 2002.

STEELE, Bob, «Codes of Ethics and Beyond». Disponível em: http://poyter.org/research/me/coethics.htm, consultado a 20 de setembro de 2001.

VILLANUEVA, Ernesto, *Códigos Europeos de Ética Periodística: Un Análisis Comparativo*, México/D.F., Fundación Manuel Buendía/Generalitat de Catalunya, 1996.

A deontologia dos jornalistas portugueses

Carlos Camponez
Universidade de Coimbra

Pensar a deontologia dos jornalistas portugueses e as suas práticas implica reflectir sobre a história da auto-regulação do jornalismo em Portugal. Numa época marcada por uma profunda mudança, decorreram 24 anos sobre a aprovação, em 1993, do actual Código Deontológico dos jornalistas portugueses sem que se discutisse a necessidade da sua actualização; e foram necessários 19 anos para que os jornalistas voltassem a reunir-se num Congresso – o 4.º, realizado em Janeiro de 2017 – para se debaterem os problemas da profissão. Este facto expressa bem, a nosso ver, a situação da auto-regulação dos jornalistas portugueses, ao mesmo tempo que nos diz muito sobre os desafios do futuro. A abordagem que se segue parte da constatação de uma crise no *dever* da auto-regulação dos jornalistas portugueses e procura escrutinar na história as suas razões profundas. Finalmente, procuraremos chamar a atenção para os desafios que se colocam à responsabilidade social dos jornalistas portugueses.

1. Do controlo da ditadura…

Reportando-se aos 42 anos de censura imposta pelo Estado Novo, Mário Mesquita sublinha que não seria de esperar que, na madrugada do 25 de Abril, «emergisse por qualquer fenómeno de magia revolucionária, uma consciência profissional capaz de conquistar para a comunicação social zonas de autonomia»[1]. Quase 20 anos depois destas palavras, Alfredo Maia, então presidente do Sindicato dos Jornalistas, afirmava que a auto-regulação dos jornalistas em Portugal «é muito escassa e, em alguns casos, totalmente irrelevante»[2].

A deontologia do jornalismo em Portugal ficou profundamente marcada pelos 41 anos de Estado Novo que mediaram a aprovação da Constituição, em 1933, e a Revolução de 25 de Abril de 1974. Se a estes anos juntarmos outros sete, referentes à ditadura militar que lhe antecedeu – desde Junho de 1926 a Abril de 1933 –, concluiremos que nos últimos 90 anos vivemos mais em tempo de censura do que em liberdade de expressão. Este contexto não é de somenos importância para percebermos o estado da auto-regulação do jornalismo em Portugal, de que a deontologia é uma das suas maiores expressões. Em primeiro lugar, porque o início do século XX corresponde ao período em que a profissão de jornalista, tal como hoje a conhecemos no Ocidente, se estruturou, originando os primeiros códigos deontológicos. Em segundo lugar, porque consideramos que a existência de códigos deontológicos no jornalismo só faz sentido em contextos políticos de liberdade de expressão. Com efeito, eles são o assumir público de uma responsabilidade que decorre da liberdade de emitir opiniões e de reportar infor-

---

[1] MESQUITA, Mário, «Estratégias Liberais e Dirigistas na Comunicação Social de 1974–1975», *Revista de Comunicação & Linguagens*, 8: 92, 1988.

[2] MAIA, Alfredo, «O Imperativo da Auto-regulação», *Comunicação e Sociedade*, 11: 149, 2007.

mações. Quando essa liberdade é delimitada por um aparelho de censura prévia, como aconteceu no caso português, que decide o que deve ou não ser publicado, não faz sentido falar em responsabilidade dos jornalistas. Desta afirmação decorre que, a nosso ver, no jornalismo, existam dois outros conceitos que não podem ser separados quando nos referimos à deontologia: liberdade (de expressão e de imprensa) e autonomia profissional.

Já numa discussão realizada em meados dos anos sessenta, altura em que o Sindicato Nacional de Jornalistas (SNJ) quis adoptar um código deontológico, a censura prévia foi apresentada como um óbice à sua criação. Em 1973, os jornalistas chegaram mesmo a levar à Assembleia Geral do Sindicato uma proposta – que viria a servir de base ao primeiro Código Deontológico dos Jornalistas, de 1976 –, cuja aprovação foi adiada *sine die*, enquanto persistisse a censura prévia, deixando bem clara a ligação entre liberdade de expressão, autonomia profissional e responsabilidade.

O jornalismo tutelado por normas deontológicas existe, em Portugal, desde 1976. Só a partir de então, o jornalismo, enquanto profissão autónoma e independente, teve condições para atingir a sua maioridade, dando passos largos para se pôr em linha com a Europa e com as democracias liberais do Ocidente.

Apesar disso, o modelo organizativo dos jornalistas e a sua auto-regulação foram em grande medida determinados pelo Estado Novo – e não obstante os seus objectivos ínvios. O actual Sindicato dos Jornalistas (SJ), que teve um papel fulcral na auto-regulação dos jornalistas portugueses depois do 25 de Abril, é um produto do Estado Novo que instituiu o sindicalismo corporativo através da organização dos trabalhadores em sindicatos nacionais. Estes tinham o estatuto de entidades de direito público, subjugados ao dever de respeito dos «interesses superiores da colectividade nacional», uma expressão sempre problemática, em particular em regimes autoritários. O primeiro presidente do SNJ foi António Ferro, chefe do Secretariado da Propaganda Nacional e considerado, na altura, «o homem-chave da propaganda do regime»[3].

Se é possível dizer-se que até 1933 as organizações de jornalistas e o movimento sindical, em Portugal, estavam em consonância com a realidade das estruturas congéneres europeias[4], esta situação viria a alterar-se profundamente, 42 anos mais tarde, no dealbar da então jovem democracia. Conforme previam os jornalistas que se bateram contra a criação do SNJ, a imposição de uma organização única que representasse todos os jornalistas visava o controlo da profissão e da liberdade de imprensa. Por essa razão, Estado Novo e SNJ nunca conseguiram consensualizar princípios básicos, tais como a definição de jornalista, os critérios de atribuição da carteira profissional e a formação profissional. O diferendo entre os jornalistas e o Governo agudizou-se a ponto de, em 1965, o SNJ ter suspendido a atribuição de carteiras profissionais, limitando-se a validar os documentos de sócio do Sindicato, situação que perdurou até 1979, quando foi aprovado o primeiro Estatuto do Jornalista em democracia.

Além disso, a tutela do jornalismo por parte da censura desqualificou a profissão, tornando a sua formação dispensável, mal remunerada e, em grande medida, esvaziada de um sentido de responsabilidade social[5]. Com efeito, decorridos cerca

---

[3] Cf. VERÍSSIMO, Helena, *Os Jornalistas nos Anos 30/40 – Elite do Estado Novo*, Coimbra, Minerva, 2003, p. 43.

[4] VALENTE, José, *Elementos para a História do Sindicalismo dos Jornalistas Portugueses – I Parte (1834-1934)*, Lisboa, Sindicato dos Jornalistas, 1998, p. 80.

[5] Cf. CARVALHO, Alberto Arons, *A Censura à Imprensa na Época Marcelista*, Coimbra, Minerva, 1999; CORREIA, Fernando & BAPTISTA, Carla, *Jornalistas – Do Ofício à Profissão: Mudanças no Jornalismo Português (1956-1968)*, Lisboa, Editorial Caminho, 2007. Este aspecto é normalmente apresentado como

de 49 anos de censura, em Abril de 1974, muitos dos jornalistas nunca antes tinham experienciado exercer a profissão num clima de liberdade de expressão e de imprensa.

2. ... ao respaldo do Estado democrático

Este facto pode explicar a razão pela qual, depois do 25 de Abril, a deontologia e auto-regulação dos jornalistas continuaram muito respaldadas no papel do Estado. Os jornalistas, que em 1934 viram na criação do SNJ uma ameaça à autonomia da profissão, acabaram por, através do Sindicato, organizar a sua resistência ao Estado Novo, surgindo, com a Revolução dos Cravos, reconciliados com a organização que lhes deu uma unidade corporativa. Por isso, limitaram-se a mudar o nome à estrutura sindical, deixando cair a expressão «Nacional», que denunciava a sua ligação ao antigo regime, e preservaram, através do associativismo livre, os poderes adquiridos durante o Estado Novo[6].

Por seu lado, na ausência de outras estruturas representativas, o Estado continuou a reconhecer ao Sindicato dos Jornalistas as funções de defesa do trabalho e de representação da profissão reiterando, na prática, as funções que este detinha

---

uma diferença assinalável entre o salazarismo e o franquismo. Enquanto este exerceu o controlo do jornalismo através do ensino do jornalismo tutelado pelo Estado, Salazar olhava para a comunicação social e procurou controlá-la desvalorizando-a e coarctando o seu desenvolvimento (cf. SOBREIRA, Rosa, *Os Jornalistas Portugueses (1933-1974) – Uma Profissão em Construção*, Lisboa, Livros Horizonte, 2003, p. 151).

[6] Procurando resistir aos potenciais efeitos desagregadores do livre associativismo, a direcção do SJ fez aprovar em referendo a independência do Sindicato dos Jornalistas face à CGTP/IN e UGT, considerando «que a salvaguarda da unidade da classe passa pela defesa dos princípios de independência em relação a factores que têm dividido o movimento sindical».

durante a ditadura. Entre 1974 e 1979, o Estado aprovou a Lei da Imprensa, onde se estabelecia um prazo de 90 dias para a aprovação do Código Deontológico dos Jornalistas, assim como a criação do Conselho de Imprensa e os Conselhos de Informação[7], além de um conjunto de outros diplomas legais determinantes do futuro da profissão, de que são exemplo o Estatuto do Jornalista, a Lei da Radiotelevisão, o Regulamento da Carteira Profissional e a licenciatura em Comunicação Social.

Apesar disso, não deve ser negligenciada a importância do SJ na (re)organização da classe e reconstrução de uma consciência comum. Com efeito, no período que medeia entre o 25 de Abril de 1974 e 1993, o Sindicato teve um papel importante na organização da profissão, procurando colmatar os problemas herdados da ditadura e dos vazios legais que a legislação dos primeiros anos do regime democrático não preencheu. Durante esse período, o Sindicato dos Jornalistas atribuiu, por delegação de competências do Estado, a carteira profissional e, por via disso, teve um papel importante na reconfiguração e reordenamento da profissão. Em 1993, aprovou, em referendo, o Código Deontológico do Jornalista, ainda em vigor e, embora por imposição legal, colaborou nos anos seguintes no processo de criação da Carteira Profissional de Jornalista, bem como tentou responder publicamente às queixas dos cidadãos por violação das normas deontológicas

---

[7] Previstos na Constituição de 1976, os Conselhos de Informação funcionaram nos órgãos de comunicação social públicos. Arons de Carvalho refere que os Conselhos de Informação foram uma forma de «substituir a "influência gonçalvista" dos plenários de trabalhadores das empresas do sector público da comunicação social pelo tipo de legitimidade obtido pelo sufrágio eleitoral dos partidos» (*Liberdade de Informação e o Conselho de Imprensa – 1975-1985*, Lisboa, Direcção-Geral da Comunicação Social, 1986, p. 57).

dos jornalistas, aquando do vazio legal criado pela extinção do Conselho de Imprensa, em 1990.

Por ironia – mas não por acaso –, as funções estritamente corporativas atribuídas pelo Estado Novo ao então SNJ só se realizaram após o 25 de Abril de 1974. Efectivamente, nesta altura, o Sindicato adquiriu um verdadeiro papel negocial perante o Estado, assim como assumiu a função social de organização e representação da profissão. Esse poder estava sufragado pela esmagadora maioria da classe, que se encontrava sindicalizada, permitindo ao SJ liderar processos como o da aprovação do código de conduta e os instrumentos disciplinares conducentes a fazer aplicar essas normas.

3. Apogeu e queda do modelo de auto-regulação e da deontologia

Este clima perdurou até ao início da década de noventa do século passado. Com efeito, parece-nos sustentável dizer-se que os anos noventa representam o período de apogeu e queda da expressão do papel da deontologia e da auto-regulação entre os jornalistas.

Como defendemos noutro lugar[8], o primeiro sintoma de crise do actual modelo de organização do jornalismo tem como marco o fim do Conselho de Imprensa, em 1990. Até esta altura, o Conselho de Imprensa, criado em 1995, serviu de respaldo do modelo de responsabilidade social da profissão, funcionando, entre muitas outras atribuições, como órgão de discussão e de tratamento das queixas do público sobre abu-

---

[8] Cf. CAMPONEZ, Carlos, *Deontologia do Jornalismo – A Auto-regulação Frustrada dos Jornalistas Portugueses (1974-2007)*, Coimbra, Almedina, 2012.

sos da liberdade de imprensa[9], cujas deliberações os órgãos de comunicação social implicados estavam obrigados a publicar. Este facto permitiu que, durante este período, o Conselho Deontológico do SJ se dedicasse a analisar apenas os pedidos de parecer e as queixas feitas pelos próprios jornalistas.

Esta situação viria a alterar-se a partir de 1990 com o fim do Conselho de Imprensa, tendo por base o novo quadro regulador que resultou da revisão da Constituição, em 1989 (artigo 39), negociada entre os grupos parlamentares do PS e do PSD, para preparar a privatização da televisão em Portugal. Porém, a Alta Autoridade para a Comunicação Social, que lhe sucedeu, não substituiu as competências do Conselho de Imprensa, nomeadamente as relacionadas com a recepção, análise e pronunciamento das queixas efectuadas pelo público acerca de violações deontológicas dos jornalistas. Este facto foi justificado pelo então secretário de Estado para a Comunicação Social, Albino Soares, com o argumento de que «a defesa das questões éticas cai no âmbito das atribuições da sociedade civil e não nas atribuições do Estado». Esta posição não era, porém, partilhada pelos jornalistas que se manifestaram na Assembleia da República, no dia 6 de Março de 1990, contra a aprovação da lei que criava a Alta Autoridade para a Comunicação Social[10], sustentando que ela representava uma «clara regressão na eficácia dos dispositivos legais e constitucionais

---

[9] Inicialmente, o Conselho de Imprensa debruçava-se exclusivamente sobre casos da imprensa escrita, mas posteriormente passou a alargar as suas deliberações aos outros meios de comunicação social (cf. CARVALHO, Alberto Arons, *Liberdade de Informação e o Conselho de Imprensa – 1975-1985*, Lisboa, Direcção-Geral da Comunicação Social, 1985, pp. 50–52).

[10] Muitas vezes, os jornalistas referiam-se a esta entidade como a «Alta Autoridade *Contra* a Comunicação Social».

que garantem a liberdade de informação»[11]. Em consequência, o SJ ainda procurou nos anos seguintes reactivar um novo Conselho de Imprensa, mas sem sucesso.

Também em reacção a este vazio, o Conselho Deontológico do Sindicato dos Jornalistas foi assumindo um papel mais relevante a partir da década de noventa: as queixas que lhe eram dirigidas aumentaram significativamente, passando a substituir-se ao Conselho de Imprensa em matéria de deontologia, recebendo as queixas de cidadãos e não apenas de jornalistas, como acontecia até aí. Em resultado disso, a voz do Conselho Deontológico, quer através dos seus presidentes, quer dos pareceres emitidos, conhece um dos períodos de maior expressão nos *media*.

Como referimos já, é também nesta altura que se dá a discussão e aprovação do Código Deontológico, actualmente em vigor. Ainda que, desde 1979, os estatutos do Sindicato lhe dessem competências não subordinadas à direcção, em 1990, o Conselho Deontológico passou a ser eleito em listas autónomas da dos outros corpos sociais e a eleição seguiu o método de Hondt, com o propósito de permitir a expressão, no seu seio, de várias tendências e sensibilidades. Por duas vezes (1993 e 2009), o Sindicato tentou que este organismo abrangesse todos os jornalistas portugueses (sindicalizados ou não). Porém, tal situação nunca chegou a ser concretizada por impossibilidade legal de compaginar a intenção de alargar a todos os profissionais uma estrutura que era, por natureza, associativa e de adesão voluntária.

A dinâmica registada neste período da vida sindical não foi, no entanto, suficiente para estancar a ruína do edifício que sus-

---

[11] Segundo referia um documento de 6 de Março de 1990, assinado pelos Conselhos de Redacção, os Delegados Sindicais e a Direcção do Sindicato dos Jornalistas.

tentava a auto-regulação e a responsabilidade social dos jornalistas. É nesta altura que o SJ vê questionada a sua legitimidade em matéria de representação da classe por parte da Associação de Jornalistas Portugueses (AJP), que defendia que as funções do Sindicato se deveriam restringir às questões laborais. A AJP considerava que as competências de representação deveriam ser atribuídas a uma «associação pública», à semelhança das profissões organizadas em ordens, criada por iniciativa ou do governo ou da Assembleia da República. Embora esse objectivo viesse a ser rejeitado num referendo feito aos jornalistas, a AJP acabaria por conseguir que o Tribunal Constitucional retirasse ao Sindicato as competências na atribuição da carteira profissional.

Estes acontecimentos puseram a nu a fragilidade da auto-regulação dos jornalistas, assente no Conselho Deontológico. Na realidade, os jornalistas usufruíram até esta altura de todas as vantagens das ordens profissionais sem possuírem os seus óbices: o facto de, em 1990, cerca de 90% dos jornalistas estarem sindicalizados atribuía ao sindicato i) o papel de representante incontornável da classe dos jornalistas em matérias cruciais para a profissão, ao qual se acrescia ii) a sua natureza de associação livre – não obrigatória –, apoiada num sistema de monitorização e sancionamento da deontologia que emanava fundamentalmente de um poder externo – o Conselho de Imprensa –, limitando-se a dirimir as queixas e discussões entre jornalistas.

Efectivamente, apesar das tentativas, o Conselho Deontológico do Sindicato dos Jornalistas nunca conseguiu colmatar a fragilidade fundamental de, na prática, o poder sancionatório por violações deontológicas que lhe estava associado se aplicar apenas aos associados, situação que até aqui pôde ser resolvida pela existência do Conselho de Imprensa.

Acresce a este facto que, na década de noventa, a profissão assistiu à chegada às redacções de um grande número de jovens com formação superior nas áreas do Jornalismo e das Ciências da Comunicação, promovendo uma mudança na cultura socioprofissional dos jornalistas. A privatização dos meios de comunicação, o aumento da concorrência entre os *media* e entre os próprios jornalistas, a precarização crescente dos contratos de trabalho, a perda de influência dos organismos de decisão dos jornalistas dentro das redacções e a diminuição crescente da taxa de sindicalizados tornam difícil e ainda mais problemática a possibilidade de uma auto-regulação assente num modelo de livre associação[12].

4. O regresso do Estado e os desafios do futuro

O sentimento de crise resultante de uma certa desregulação momentânea do sistema vem, de alguma forma, justificar o regresso do poder regulador do Estado. Ele é marcado, a nosso ver, por três momentos essenciais: pela progressiva inclusão de preceitos deontológicos na Lei, nomeadamente no Estatuto do Jornalista de 1999[13] e de 2007[14]; pela criação da Entidade Reguladora da Comunicação Social, em 2005; e com o reforço dos poderes da Comissão da Carteira Profissional de Jornalista, nomeadamente em matéria de sanções, em 2008[15].

---

[12] Sobre algumas destas tendências, veja-se o estudo sociográfico realizado à profissão, coordenado por José Rebelo, *Ser Jornalista em Portugal – Perfis sociológicos*, Lisboa, Gradiva, 2011.

[13] Lei n.º 1/99, de 13 de Janeiro.

[14] Lei n.º 1/99, de 13 de Janeiro.

[15] Aviso n.º 23504/2008, II série do *Diário da República*, de 17 de Setembro de 2008. Segundo Vital Moreira, a Comissão da Carteira Profissional de Jornalista segue o modelo de um organismo profissional público, mas sem atribuições de defesa e representação profissional. Para aquele jurista, o modelo «não tem os escolhos que apresenta a delegação dos poderes públicos a associações profissionais privadas, sobretudo sob o ponto de vista das restrições à

Deste modo, o sistema português reconhece a três entidades competências para se pronunciarem sobre deontologia dos jornalistas, amalgamando a co-regulação da Comissão da Carteira (composta por jornalistas e representantes dos empresários), a regulação assegurada pela Entidade Reguladora para a Comunicação Social (ERC) e a auto-regulação, tendo por base o Conselho Deontológico do Sindicato dos Jornalistas, em perda de representatividade.

Tendo em conta o contexto traçado anteriormente, a deontologia dos jornalistas enfrenta um conjunto de desafios que passam por superar um certo marasmo em que se encontra o modelo de organização dos jornalistas portugueses e da sua responsabilidade social.

O primeiro desses desafios passa pela consensualização entre os jornalistas sobre o modelo institucional de organização e representação da classe, assim como do próprio modelo de exercer e tornar efectiva a responsabilidade social. Resolvidas estas questões, importa também reflectir sobre a actualidade do próprio código deontológico dos jornalistas, um documento que não é revisto desde 1993. Além disso, entre o 3.º e o 4.º Congresso Nacional de Jornalistas, realizado em Janeiro de 2017, decorreram mais de 20 anos sem que se tenha efectuado uma reunião magna[16] de profissionais, para que se debatesse, entre outros assuntos, as novas questões éticas e deontológicas que se colocam à profissão. Bastaria reflectir sobre as alterações que a profissão de jornalista sofreu nos últimos 25 anos para nos inquietarmos acerca do aparente consenso ou tranquilidade que existe sobre a actualidade do Código Deontológico.

---

liberdade de associação» (MOREIRA, Vital, *Auto-Regulação Profissional e Administração Pública*, Coimbra, Almedina, 1997, p. 296).

[16] Não obstante a Conferência Nacional de Jornalistas, realizada em 24 de Novembro de 2012, na Casa do Alentejo, em Lisboa.

A resistência que, apesar de tudo, o presente Código Deontológico tem demonstrado relaciona-se com o facto de ser constituído por um conjunto de referências que remetem mais para princípios éticos genéricos, por vezes mais dependentes da deliberação individual dos profissionais, do que de recomendações verdadeiramente normativas da profissão. Apesar de o Código Deontológico parecer actual nos seus princípios, ele não responde a novos problemas que, naturalmente, em 1993, estavam longe de revelar a acuidade que foram adquirindo nas últimas duas décadas.

Com efeito, a web 2.0 tornou o jornalismo mais rápido, mais acessível, mais interactivo, mais escrutinável, mais próximo e mais global. Porém, estas são também dimensões que suscitam problemas complexos que continuam sem ter uma verdadeira reflexão em termos deontológicos, em Portugal. Se é certo que o 3.º Congresso de Jornalistas Portugueses refere, na resolução 13, «defender um maior investimento de jornalistas e empresários numa formação que tenha em conta os desafios e os problemas éticos colocados pelas Novas Tecnologias»[17], a reflexão produzida nos últimos 20 anos em sede de auto-regulação socioprofissional parece parca, tendo em conta os objectivos e as preocupações manifestas.

Ao invés, os estudos realizados sublinham o impacto que as tecnologias têm tido no jornalismo, reflectindo-se quer nos projectos editoriais quer nas práticas produtivas dos jornalistas[18]. A este propósito, registe-se que entre o estudo realizado,

---

[17] AAVV, 3.º Congresso dos Jornalistas Portugueses – Conclusões, teses, documentos, Lisboa, Comissão Executiva do III Congresso dos Jornalistas Portugueses, 1998, p. 13.

[18] Cf. CANAVILHAS, João, «Retrato dos Jornalistas Online em Portugal», *Biblioteca online de Ciências da Comunicação*, 2005. Disponível em: http://www.bocc.ubi.pt/pag/canavilhas-joao-retrato-jornalistas-online-portugal.pdf, consultado a 10 de Agosto de 2016; BASTOS, Helder, *Ciberjornalistas em Portugal –*

em 2010, por Helder Bastos e o de Cátia Mateus, cinco anos depois, se verifica uma importante evolução da opinião dos jornalistas a propósito dos impactos ético-deontológicos resultantes das novas tecnologias da comunicação e da informação. Bastos constata que 96,9% dos jornalistas inquiridos no seu estudo consideram estarmos perante «os mesmos valores e standards» actualmente em vigor no jornalismo, embora 52,3% deles note a existência de novos problemas éticos[19]. Já Cátia Mateus, referindo-se especificamente às redes sociais, conclui, em 2015, que 62% dos 300 jornalistas inquiridos que constituíram o universo da sua investigação consideram que o Código Deontológico do Jornalista terá de ser «revisto e repensado, adequando-se aos desafios da nova realidade da profissão» e que as redes sociais impõem «regras específicas de actuação», tendo em conta os dilemas suscitados, até aqui inexistentes[20].

Ainda que o jornalismo contemporâneo continue comprometido com os valores da verdade e da imparcialidade, Ward considera que a revolução dos *media* pôs em causa o consenso acerca não só do *modus operandi* profissional, como inclusivamente das novas formas de jornalismo[21]. Por isso, defende a necessidade de encontrar respostas para novas realidades como: o exercício do jornalismo fora dos ambientes tradicionais de produção noticiosa dos órgãos de comunicação social;

Práticas, Papéis e Ética, Lisboa, Livros Horizonte, 2010; Mateus, Cátia, *A Utilização das Redes Sociais pelos Jornalistas Portugueses*, Covilhã, Livros LabCom, 2015.

[19] Bastos, Helder, *op. cit.*, p. 204.

[20] Mateus, Cátia, *op. cit.*, p. 101. A este propósito recomenda-se a consulta de Hohmann, James y Comité de Ética y Valores de ASNE 2010-2011, *Las 10 Mejores Prácticas para Medios Sociales. Guías Útiles para las Organizaciones Periodísticas*, 2011.

[21] Cf. Ward, Stephen, «Why We Need Radical Change for Media Ethics, Not a Return to Basics», 2013. Disponível em: http://mediashift.org/2013/08/why-we-need-radical-change-for-media-ethics-not-a-return-to-basics/.

as novas formas de trabalho em redacções integradas; a renovada importância do jornalismo de opinião, que vai além dos factos, e necessita de uma ética que integre conceitos como «comentário informado», «análise profunda», «boa interpretação»; a emergência do jornalista-activista, como ficou patente, no Brasil, com o denominado jornalismo Ninja (acrónimo de Narrativas Independentes, Jornalismo e Ação, um movimento que se apresenta como alternativa aos *media* tradicionais e se distingue pelo seu activismo socio-político de esquerda); e a construção de uma ética adaptada a um jornalismo global democrático.

Igualmente mal resolvidos continuam os problemas gerados pelos comentários insultuosos ou de ódio por parte de pessoas do público nos espaços de discussão das plataformas dos órgãos de comunicação social[22], ou os polémicos casos dos, assim denominados, «jornalistas assistentes», em que profissionais se constituem como parte interessada na investigação do Ministério Público, com o propósito de revelar informações em segredo de justiça.

5. Conclusão: o dever de auto-regulação dos jornalistas

Em jornalismo, a auto-regulação – de que os códigos deontológicos são uma das suas expressões maiores – deve ser entendida também como um dever, tal como refere a resolução 1003 do Conselho da Europa, e como, em nosso entendimento,

---

[22] Cf. AAVV, *A Informação e Liberdade de Expressão na Internet e a Violação de Direitos Fundamentais – Comentários em Meios de Comunicação Online* (Textos do Colóquio na Procuradoria-Geral da República), Lisboa, Imprensa Nacional – Casa da Moeda, 2014.

resulta das responsabilidades acometidas aos jornalistas na defesa da liberdade de expressão e da liberdade de imprensa.

Como dizia, a este propósito, Estrela Serrano, na altura membro do Conselho Regulador da ERC, o «endurecimento» da regulação por parte do poder político resulta da ausência de mecanismos que assegurem o pleno respeito das regras deontológicas e profissionais e de o sistema mediático só parecer preocupado em controlar as suas derivas perante a ameaça de medidas legais[23].

A opinião de Estrela Serrano parece-nos uma boa síntese da história e da situação actual da auto-regulação e do jornalismo em Portugal. Porém, se a história nos ajudou a explicar o presente, a responsabilidade social dos jornalistas chama-os a assumir os desafios do futuro.

Leituras recomendadas

AAVV, *A Informação e Liberdade de Expressão na Internet e a Violação de Direitos Fundamentais – Comentários em Meios de Comunicação Online* (Textos do Colóquio na Procuradoria-Geral da República), Lisboa, Imprensa Nacional – Casa da Moeda, 2014.

BASTOS, Helder, *Ciberjornalistas em Portugal – Práticas, Papéis e Ética*, Lisboa, Livros Horizonte, 2010.

CAMPONEZ, Carlos, *Deontologia do Jornalismo – A Autorregulação Frustrada dos Jornalistas Portugueses (1974–2007)*, Coimbra, Almedina, 2012.

CANAVILHAS, João, «Retrato dos Jornalistas Online em Portugal», *Biblioteca online de Ciências da Comunicação*, 2005. Disponível em: http://www.bocc.ubi.pt/pag/canavilhas-joao-retrato-jornalistas-online-portugal.pdf, consultado a 10 de Agosto de 2016.

---

[23] SERRANO, Estrela, «Pensar a Regulação dos *Media* numa Sociedade em Mudança», *Comunicação e Sociedade*, 11: 132, 2007.

CARVALHO, Alberto Arons, *Liberdade de Informação e o Conselho de Imprensa – 1975–1985*, Lisboa, Direcção-Geral da Comunicação Social, 1985.

CARVALHO, Alberto Arons, *A Censura à Imprensa na Época Marcelista*, Coimbra, Minerva, 1999.

CORREIA, Fernando & BAPTISTA, Carla, *Jornalistas – Do Ofício à Profissão: Mudanças no Jornalismo Português (1956-1968)*, Lisboa, Editorial Caminho, 2007.

FIGUEIREDO, Cristina & COSTA, Ricardo, «Alta Autoridade da Discórdia», *Expresso – A4*, 27 de Janeiro, 1990.

HOHMANN, James & Comité de Ética y Valores de ASNE 2010–2011, *Las 10 Mejores Prácticas para Medios Sociales. Guías Útiles para las Organizaciones periodísticas*, 2011. Disponível em: https://knightcenter.utexas.edu/mejores_practicas_SPANISH_2011.pdf.

MAIA, Alfredo, «O Imperativo da Auto-regulação», *Comunicação e Sociedade*, 11: 149–155, 2007.

MATEUS, Cátia, *A Utilização das Redes Sociais pelos Jornalistas Portugueses*, Covilhã, Livros LabCom, 2015.

MESQUITA, Mário, «Jornalismo – A Crise da Deontologia», *Diário de Notícias*, 15/04/1994, p. 11.

MESQUITA, Mário, «Estratégias Liberais e Dirigistas na Comunicação Social de 1974–1975», *Revista de Comunicação & Linguagens*, 8: 85–112, 1988.

MOREIRA, Vital, *Auto-Regulação Profissional e Administração Pública*, Coimbra, Almedina, 1997.

REBELO, José (coord.), *Ser Jornalista em Portugal – Perfis sociológicos*, Lisboa, Gradiva, 2011.

SERRANO, Estrela, «Pensar a Regulação dos *Media* numa Sociedade em Mudança», *Comunicação e Sociedade*, 11: 129–133, 2007.

SOBREIRA, Rosa, *Os Jornalistas Portugueses (1933–1974) – Uma Profissão em Construção*, Lisboa, Livros Horizonte, 2003.

Valente, José, *Elementos para a História do Sindicalismo dos Jornalistas Portugueses – I Parte (1834–1934)*, Lisboa, Sindicato dos Jornalistas, 1998.

Veríssimo, Helena, *Os Jornalistas nos Anos 30/40 – Elite do Estado Novo*, Coimbra, Minerva, 2003.

Ward, Stephen, «Why We Need Radical Change for Media Ethics, Not a Return to Basics», 2013. Disponível em: http://mediashift.org/2013/08/why-we-need-radical-change-for-media-ethics-not-a--return-to-basics/.

A deontologia dos jornalistas brasileiros

Luiz Martins da Silva
Jornalista/Professor da Universidade de Brasília

1. Por mais de dois séculos

A deontologia dos jornalistas brasileiros é um processo e, portanto, um percurso. Trata-se de um *ethos* em construção, com um rumo sabido, mas com polêmicas em torno desse próprio destino e com variações vicinais relativas a diferentes lugares de fala (capital e trabalho; privado e público) e que, por sua vez, remetem para distintas visões sobre o exercício da profissão e respectivos graus de regulamentação.

No Brasil, tecer considerações sobre o decoro jornalístico exige algumas contextualizações, históricas ou recentes; avanços e retrocessos; ou ainda correlatas a mutações estruturais e tecnológicas. Algumas das fases desta trajetória incluem: a vinda da imprensa régia (1808), o surgimento da imprensa de ideias republicanas, a imprensa de causas (abolicionistas; independentistas e outros engajamentos), a imprensa enquanto tribuna e púlpito de tribunos, a imprensa moderna empresarial, jornalistas patrões e jornalistas empregados, regulações e regulamentações, os códigos de ética e as comissões de ética sindicais, o papel dos observatórios e a ética nos currículos de jornalismo.

2. Idas e vindas; altos e baixos

O Brasil comemorará em 2022 o bicentenário de sua independência e, em paralelo, 133 anos de República. A Constituição Federal em vigor e considerada «a constituição cidadã» é de 1988. Com base nela, a «Lei de Imprensa» (5.250/1967) foi considerada inconstitucional pelo Supremo Tribunal Federal, em 2009, mas somente em 2015 a referida matriz foi regulamentada quanto ao Direito de Resposta (Lei 13.188), quatro anos depois de o Brasil ingressar no clube dos países que possuem leis de acesso a informações (Lei n.º 12.257/2011), na linha dos atos que asseguram transparência de dados públicos, algo na linha dos *Freedom of Information Acts*. Estamos, portanto, nos referindo a atavismos de heranças, mas também a conquistas e a recuos, como foi recentemente a perda de *status* da Empresa Brasil de Comunicação (EBC) que, em lugar de se despregar de vez de interferências governamentais e se consolidar como ente público e independente, recebeu de volta o cordão umbilical reimplantado diretamente ao fluxo político e à têmpera de quem esteja na Presidência da República. Entre outras alterações sofridas pela EBC, o mandato do dirigente da estatal voltou à tutela político-partidária e o conselho curador, de composição plural, foi dissolvido.

Um outro colegiado, mais remoto, o Conselho de Comunicação Social, previsto na mesma «carta magna», foi constituído com 13 anos de atraso. Tem sido pouco visível e pouco atuante, mesmo como simples órgão auxiliar do Poder Legislativo. Não é, portanto, uma instância nos moldes de uma alta autoridade, plural e à disposição direta dos cidadãos. No Brasil, enquanto o consumidor conta com amparos legais e institucionais e respectivos códigos – Código Brasileiro de Auto-Regulamentação Publicitária (1980) e Código de Defesa do Consumidor (1990) –, as relações do cidadão para com a mídia em geral e para com a imprensa em específico não dispõem de canais análogos, e tentativas nesse sentido foram qualificadas pela «grande imprensa» como saudosismo da antiga censura, abolida no texto constitucional vigente. Com frequência, porém, jornalistas são alvo de intimidações, como as que se originam no Judiciário, sob a forma da «censura togada»: a proibição, via liminar, de referências a pessoas sob investigação que buscam e obtêm a «cessação de danos». Judiciário, Ministério Público e a própria Polícia têm atuado como fornecedores constantes de «vazamentos» para a imprensa, ou seja, de informações sobre inquéritos inconclusos, sobretudo quando envolvem políticos de grande prestígio, citados sob «delação premiada». Paradoxalmente, jornalistas têm sido processados sob a acusação de quebra de sigilo de informações protegidas, mas, ironicamente, repassadas por fontes do Estado.

3. Formação histórica

Marcado por nuances pouco afeitas à independência política e econômica dessa instituição enquanto espaço público configurador de uma esfera pública, o pretendido quarto poder sempre foi marcado pela hibridização de interesses e pressões. Já em 1919, o jurista Rui Barbosa (1849–1923) queixou-se da falta de autonomia dos jornais com relação aos governos, na célebre conferência «A imprensa e o dever da verdade». Sendo ela «os olhos da sociedade», claudicaria no caminho se continuasse dependente de verbas orientadas por governantes. De lá para cá, não se pode dizer que esse fenômeno tenha desaparecido, tais as ligações políticas entre os «capitães-de-

-indústria» de meios massivos de comunicação e os regimes dominantes, a começar pelos maiores, Assis Chateaubriand (1892-1968) e Roberto Marinho (1904-2003), estrelas maiores no diminuto firmamento de famílias ligadas a «impérios» midiáticos no Brasil; *Diários Associados* e *Organizações Globo*.

A colonização portuguesa foi sovina para com duas instituições de base para a formação autêntica de público esclarecido e de opinião pública plural: a imprensa e a universidade. A imprensa até que desembarcaria mais cedo; as universidades propriamente ditas existiriam a partir da década de trinta (antes, eram faculdades isoladas). Em 1808, o primeiro jornal a ser impresso no Brasil veio na bagagem da família real, acossada pelas tropas de Napoleão. A imprensa régia veio a ser a *Gazeta do Rio de Janeiro* (hoje, *Diário Oficial da União*), no mesmo ano em que Hipólito José da Costa criou em Londres o *Correio Braziliense*, de cariz republicano.

A imprensa brasileira é uma espécie de abstração, pois é difícil identificar o momento em que seja algo uno, uma vez que foi, ao mesmo tempo, atividade cívica, política, econômica, capitalista, trabalhista, militante e liberal e, sempre, sinônimo de jornalismo, que tanto pode ser profissão, quanto campo-objeto de estudos. O conceito de imprensa é um pouco parecido com o de opinião pública, em nome do qual muitos segmentos se apresentam, e ora é tida como a vontade popular, ora como tendência de mercado, ora como um direito, referência ao artigo 19 da Declaração Universal dos Direitos Humanos.

Corriqueiras são as notas e declarações de associações (do capital e do trabalho) afirmando e reafirmando a imprensa como instituição garante da democracia e da cidadania. Não existe, porém, no Brasil uma instância nacional em favor de vítimas da imprensa. Quando muito, podem recorrer às comissões de ética dos sindicatos de jornalistas ou ir aos tribunais. Em resumo, no Brasil a imprensa é considerada o quarto poder e a ela se atribui um suposto Poder Fiscal. Fiscaliza tudo e todos, mas tem sido hostil à ideia de criação de conselhos. Mais aceitável é dispor de um *ombudsman*, ou provedor, mas são raras as grandes empresas que o mantêm.

Marco também histórico é a fundação, em 1908, da Associação Brasileira de Imprensa (ABI), por Gustavo Lacerda, embora o nome mais ligado à mesma seja o de Barbosa Lima Sobrinho (1897-2000), uma vida dedicada ao jornalismo e a lutas libertárias. É difícil, porém, separar um jornalista de grande representatividade do papel de intelectual – e no sentido do «intelectual universal» (expressão de Michel Foucault, em contraponto ao intelectual específico). O jornalista seria também um ativista e não somente um narrador de fatos. No passado, escritores e jornalistas se confundiam, pois eram, antes de mais nada, personalidades com forte presença no cenário público, haja vista o exemplo de Émile Zola, quando se posicionou no famoso caso Dreyfus, com o artigo *J'Accuse* (1898).

Grande jornalista profissional («jornalista político», mas, não político jornalista) e, secundariamente, escritor foi, por exemplo, Carlos Castelo Branco (1920-1993), em dado momento instado a assumir a presidência do Sindicato dos Jornalistas Profissionais do Distrito Federal, mesmo sem ser um sindicalista militante. Grande jornalista profissional foi Pompeu de Sousa (1914-1991). Em 1950, ele foi o autor do primeiro manual brasileiro de jornalismo (*style book*). Pompeu foi quem introduziu no jornalismo brasileiro o que foi, para a época, uma «revolução»: a adoção do *lead* e da «pirâmide invertida». Com a inauguração de Brasília, veio do Rio de Janeiro para a «Nova Capital», onde fundou a Faculdade de Comunicação da Universidade de Brasília e a sucursal da revista *Veja*. Pompeu se voltou, no entanto, para a política, coroando a sua carreira como senador. Esteve no miolo das articulações em prol do restabelecimento das liberdades democráticas, da anistia política e da retomada das eleições diretas para Presidente da República. Em tempos mais remotos, Assis Chateaubriand formou-se em Direito, foi senador, mas se notabilizou como «tribuno» no jornalismo e entrou para a História como fundador dos *Diários Associados*, conglomerado que abrigou numerosos jornais, rádios, primeira emissora de TV do país (Tupi) e a revista de maior notoriedade no passado, *O Cruzeiro* (1928--1975). Também foi responsável pela criação do Museu de Arte de São Paulo (1947).

Roberto Marinho, por sua vez, já teve o jornalismo no berço, mas também já nasceu determinado a ser empresário das comunicações. Filho de jornalista, destacou-se na família (eram três os «Irmãos Marinho»), e seu talento para empreendedor o conduziu ao sucesso de edificar todo um conjunto de negócios (jornal, rádio, TV, gravadora, revista, editora, etc.) que culminaram com a criação e com o crescimento das Organizações Globo, sob a qual se encontra a Rede Globo, uma das mais bem-sucedidas do mundo. Curiosamente, toda vez que alguma matéria dos veículos *Globo* se referia a ele, haveria de ser grafada a seguinte perífrase: «Nosso companheiro, jornalista Roberto Marinho». Mais do que ser um dos «barões da mídia» (como o foi, por exemplo, o mais notável animador de programa de auditório, Sílvio Santos, dono do Sistema Brasileiro de Televisão), Roberto Marinho reivindicou para si o título de jornalista, algo que vários concorrentes do seu tope não fizeram questão. Nota-se, porém, com Roberto Marinho, o indicador de que ser jornalista era pertencer não somente a uma profissão, mas a um *ethos* específico, com papel na sociedade e com decoro a zelar. Naturalmente jornalistas – também empresários por herança –, foram os membros das famílias Mesquita (*O Estado de S. Paulo*), Frias (*Folha de S. Paulo*) e Civita (*editora Abril*).

Marco divisor de tendências e criador de paradoxos entre os jornalistas foi o golpe militar de 31 de março de 1964. De maneira geral, os jornalistas compunham uma categoria contrária à ditadura; identificavam-se, mesmo que de maneira genérica e não militante, com «a esquerda»; mas empregados de uma «grande imprensa» tida como «de direita»; e as chances de «ganhar a vida» como jornalista na imprensa «alternativa» ou, às vezes, denominada como «nanica», eram quase inexistentes. Poucos jornalistas, no entanto, foram vetados nas redações por conta de suas tendências políticas, o que demonstra o quanto era forte a cultura organizacional das empresas jornalísticas economicamente sólidas, poderosas também no sentido de impor um certo estado de coisas, assim resumido: «você é pago para fazer jornalismo e não proselitismo». Houve, evidentemente, casos de prisões, tortura e até assassinato de jornalistas por motivos políticos, como foi o caso de Vladimir Herzog (1937–1975), fato, no entanto, que gerou repugnância no próprio âmbito das Forças Armadas e, nesse lastro, a demissão do ministro do Exército, Sylvio Frota (1997), pelo general-presidente Ernesto Geisel.

De algum modo, porém, estava subentendido que, num contexto de arbítrio, a própria circulação de informações sobre os «fatos» já era em si uma forma de práxis, ou seja, uma ação transformadora. E, como bem tratou desse paradoxo o jornalista Elio Gaspari[1], numa série de cinco livros, a ditadura militar brasileira tinha vergonha de si própria, nasceu e morreu jurando compromisso com a democracia, sendo histriônico o momento em que o então general-indicado-presi-

---

[1] Elio Gaspari nasceu em Nápoles, 1944; veio pra o Brasil em 1949. Radicado em São Paulo, tem-se destacado como um dos expoentes do jornalismo, sobretudo como editor (*Veja*) e colunista político (*Folha de S. Paulo, O Globo* e outros). Como escritor dedicou-se especialmente aos bastidores do regime militar pós-1964: *As Ilusões Armadas. A Ditadura Envergonhada*, vol. 1., São Paulo, Companhia das Letras, 2002; *As Ilusões Armadas. A Ditadura Escancarada*, vol. 2, São Paulo, Companhia das Letras, 2002; *O Sacerdote e o Feiticeiro. A Ditadura Derrotada*, vol. 3, São Paulo, Companhia das Letras, 2003; *A Ditadura Encurralada*, vol. 4, São Paulo, Companhia das Letras, 2004; *A Ditadura Acabada*, vol. 5, Rio de Janeiro, Intrínseca, 2016.

dente, João Baptista Figueiredo, declarou a propósito de quem fosse contra a «abertura democrática»: «É para abrir mesmo. Quem quiser que não abra, eu prendo e arrebento.»

4. Capital e trabalho

Divisor de águas, entretanto, já não seria o ser ou não jornalista, mas ser jornalista patrão ou jornalista empregado. Surge, portanto, no jornalismo brasileiro um orgulho de ser jornalista, mas, desta vez, não mais a distinção patronal, mas, sim, do jornalista-repórter que tem a missão de arrancar a custo as informações que o regime não queria ver publicadas e, muitas vezes, o impedia, por meio da censura. No início do regime militar pós-1964, a maioria dos «patrões» era simpatizante, ou mesmo colaboracionista, do golpe que depôs o presidente João Goulart. Praticamente todos não receberam de bom grado a presença dos censores nas redações e nem mesmo a censura indireta, quando passou a ser exercida por telex ou por telefone. E houve a lendária reunião do ministro da Justiça, Juracy Magalhães, durante o governo do primeiro presidente da «Revolução» de 1964, o marechal Castelo Branco. O governo tinha uma lista de «jornalistas comunistas» e a expectativa de que eles fossem demitidos, ocasião em que Roberto Marinho assim se teria pronunciado: «Ministro, o senhor faz uma coisa, vocês cuidam dos seus comunistas, que dos meus comunistas cuido eu.» E não os demitiu.

Se durante o último regime militar brasileiro a ABI foi uma das entidades ligadas a mobilizações contra o arbítrio, com o restabelecimento gradual das liberdades democráticas a mesma associação não se manteve tão atuante no cenário institucional, sobressaindo outras siglas, duas de grande representatividade patronal, a Associação Brasileira de Emissoras de Rádio e Televisão (ABERT) e a Associação Nacional de Jornais (ANJ), e uma terceira, guarda-chuva de sindicatos trabalhistas, a Federação Nacional de Jornalistas (FENAJ)[2]. A esse conjunto veio se juntar, posteriormente, a Associação Brasileira de Jornalismo Investigativo (ABRAJI), esta já não lutando somente por liberdades fundamentais, mas pelo fortalecimento da democracia e da integridade do trabalho da imprensa. Em momentos mais recentes em que a vida republicana e democrática brasileira enfrentou percalços, com frequência houve notas oficiais assinadas tanto por entidades patronais quanto sindicais, um diferencial, portanto com relação aos tempos do regime militar, quando o que era próprio da maioria dos «patrões» era a impotência contra a ditadura. E quando esta já se mostrava enfraquecida, a chamada «grande imprensa» brasileira noticiou com amplitude e entusiasmo a presença das multidões nas ruas, exigindo [eleições] «Diretas, já!».

Paradoxalmente, foi após a reconstrução das liberdades democráticas que a profissão de jornalista no Brasil passou pelos mais sérios abalos institucionais, precisamente em meados da década de 2000, quando caiu a Lei de Imprensa, que embora fosse considerada um «entulho autoritário», bem ou mal era um instrumento de regulamentação. Venceu a tendência segundo a qual regulamentações de imprensa e de jornalismo não fazem bem à saúde da liberdade e da democracia. E lá se foram abaixo também os decretos que regulamentavam

---

[2] Cf. página oficial da instituição: «Criada em 20 de setembro de 1946, a FENAJ sempre se destacou na longa e árdua jornada pela adoção de regras que organizassem a profissão e garantissem para a sociedade acesso público à informação ética e plural. Com mais de 40 mil jornalistas associados aos seus 27 sindicatos estaduais e quatro municipais, a Federação tem dado demonstrações históricas de preocupação com a liberdade na comunicação e com a democracia como valor inalienável do cidadão sem abrir mão de sua missão principal de lutar por melhores condições de vida e trabalho para os jornalistas profissionais.» Disponível em: http://fenaj.org.br/fenaj/a-federacao/.

a profissão de jornalista e exigiam para o exercício da profissão a obtenção de um diploma em Jornalismo, expedido por alguma faculdade reconhecida pelo Ministério da Educação, sem o qual não se conseguiria uma registro profissional em sindicato e, com ele, número de matrícula sindical e carteira de identidade profissional (válida como documento de identidade pessoal em todo o território brasileiro).

A profissão de jornalista no Brasil também enfrentaria percalços não somente quanto à questão do diploma, mas com relação à sua própria identidade, sendo de destacar, entre outros aspectos, a retração do mercado de trabalho, a pulverização da atividade nas redes sociais, e a exigência do Ministério da Educação de um currículo específico de jornalismo nas faculdades de Comunicação, já que isso era reivindicação da FENAJ, com apoio do Fórum Nacional de Professores de Jornalismo. Quanto aos aspectos deontológicos, faça-se justiça, quem mais trouxe a si o zelo pelo decoro na imprensa foi a FENAJ que, juntamente com sindicatos espalhados por todo o país, mantém em vigor um Código de Ética dos Jornalistas Brasileiros, embora no Brasil não haja obrigação legal de sindicalização. Ironicamente, a FENAJ e os sindicatos a ela filiados estão à disposição de qualquer jornalista que os procure por se sentir intimidado, ameaçado ou perseguido, mesmo sem manter com eles um vínculo. Mas é indispensável informar que a FENAJ e os sindicatos não têm o poder de impedir qualquer jornalista de exercer a profissão, mesmo que seja alvo de queixas por deslizes éticos. O máximo em punição seria a retirada da matrícula sindical, sendo o envolvido um sindicalizado. Nada o impedirá, portanto, a que prossiga na profissão. Em casos de grave quebra de decoro, o poder de uma Comissão de Ética sindical equivale a algo como uma censura moral pública, um texto publicado em um boletim sindical. Tudo isto em nome da ampla e irrestrita liberdade de expressão.

A FENAJ e os sindicatos a ela filiados (são 27 Estados da Federação) tornaram-se os guardiões da ética jornalística no Brasil, a partir da observância de um Código de Ética dos Jornalistas Brasileiros, cuja versão em vigor foi renovada em 2007, por meio de um texto votado em um congresso de jornalistas, tendo passado antes por fases de redação, sob os cuidados de uma Comissão Revisora e que nele introduziu algumas «novidades» para o cenário brasileiro de imprensa, como a cláusula de consciência, e uma certa leniência para com os jornalistas a serviço de assessorias de imprensa, representando igualmente uma polêmica, já que, em outros países, quando o jornalista migra de redações para assessorias tem de devolver a identidade profissional. No Brasil, a própria FENAJ foi a instituição que liderou campanhas em favor da compreensão de que trabalhar como jornalista em organizações é função e atribuição de jornalista.

Também a entidade patronal ANJ tem o seu Código de Ética, como o têm, em particular, várias redações; em alguns casos, incorporam preceitos éticos no contexto de seus manuais. Pode-se afirmar, todavia, que as letras dos códigos não são cláusulas que pairem sobre as consciências dos jornalistas brasileiros como se eles fossem portadores de um imperativo categórico adicional. Ao contrário, não é costumeiro que redações os ostentem nas paredes. Ou que, no cotidiano da profissão, os mesmos sejam bússolas face a dúvidas e dilemas. Nesse contexto, a deontologia jornalística se equipara mais a um discurso prático intuitivo (da moral e dos costumes) sobre a ação moral adequada, alimentada mais por deduções binárias (do que é ou não é ético) do que propriamente por um contexto discursivo sobre a melhor conduta a ser adotada diante de situações dilemáticas.

O atual código, por comparação, seria uma edição 4.0, pois houve versões em 1949, 1968, 1986 e 2007. Provavelmente haverá outras, pois o último recebeu numerosas críticas, entre elas uma análise bastante severa feita por Eugênio Bucci, professor da Universidade de São Paulo e ex-presidente da Radiobrás, a estatal das comunicações, transformada na EBC, a partir de mudanças promovidas ainda na gestão de Bucci, agora, em parte, desfeitas. Ele é autor de *Sobre Ética e Imprensa*, um dos mais importantes livros sobre deontologia jornalística. Bucci aponta contradições no referido Código. Por exemplo, num artigo escrito para o sítio do *Observatório da Imprensa*, Bucci critica algumas fragilidades do texto proposto e que veio a vigorar, especialmente quanto ao papel do jornalista em assessorias de imprensa[3]. Na avaliação de Bucci, a própria definição de jornalista ficou em jogo, quando o Código de Ética da FENAJ assegura que o assessor de imprensa é tão jornalista quanto «o jornalista propriamente dito», o que, para ele, «trata-se de uma ambivalência insustentável».

Para além das ambiguidades apontadas, o referido Código ora se dirige ao jornalista (individualizado), ora aos jornalistas (corporações). Outro momento delicado foi quando a FENAJ propôs a criação de um Conselho Federal de Jornalistas, órgão regulador análogo aos existentes em outras profissões, como em relação ao Conselho Federal de Medicina e à Ordem dos Advogados Brasileiros. Nesse embate, o que era visto pela FENAJ como uma salvaguarda para o profissional e para a profissão foi duramente criticado, principalmente por meio de matérias veiculadas na «grande imprensa» que trataram de carimbar a proposta como ânsia do Partido dos Trabalhadores em cercear a mídia. A ideia de um Conselho ou de uma Ordem Brasileira dos Jornalistas antecede a existência do Partido dos Trabalhadores, mas, como foi encaminhado

---

[3] Cf. Bucci, Eugênio, «Profissões Diferentes Requerem Códigos de Ética Diferentes», *in: Observatório da Imprensa*, São Paulo, edição 397, 05/09/2006. Disponível em: http://observatoriodaimprensa.com.br/jornal-de-debates/profissoes-diferentes-requerem-codigos-de-etica-diferentes/.

ao Congresso pelo Presidente «Lula», a interpretação tendenciosa foi de que era um tentáculo político. Assim que chegou à Câmara dos Deputados, o projeto estancou. Os críticos não foram sensíveis sequer aos argumentos de que um colegiado corporativo serviria também à sociedade, quando se trate de erros e condutas antiéticas.

5. Jornalismo investigativo e investigações

O preceito básico de checar a veracidade das informações lamentavelmente não tem sido observado à risca pelos jornalistas brasileiros, principalmente quando as fontes são de fé pública, ou seja, autoridades ou celebridades. Em geral, nesses casos, não se checa a informação. Possivelmente, a maior «barriga» (notícia falsa) da imprensa brasileira terá sido a do «Caso Escola Base» (1995), quando um delegado de Polícia, mesmo sem ter concluído as investigações, convocou uma coletiva para informar que diretores, professores e até o motorista de uma escola de um bairro de São Paulo abusavam sexualmente de crianças, supostamente levadas para um motel, onde viam filmes pornográficos e eram envolvidas em orgias.

Nessa «cascata» (narrativa verossímil, mas inverídica) não embarcou tão-somente um modesto e desaparecido jornal de São Paulo, o *Diário Popular*, cujo editor concedeu ao tão escabroso «fato» o beneplácito da dúvida. A escola foi execrada juntamente com os seus dirigentes, cujas vidas pessoais e reputação foram arruinadas. O caso percorreu sucessivas instâncias do Judiciário, numa litigância em que, inicialmente, demandou modestas indenizações do governo do Estado de São Paulo, mas ganhou um outro rumo indo parar em tribunais superiores e implicando reparações maiores, mas também em protelações. Infelizmente, o «Caso Escola Base» foi apenas um dos grandes erros da imprensa brasileira, apontada como useira e viseira de informações «oficiais», cacoete estudado pelo jornalista Solano Nascimento numa pesquisa de doutorado. Um dos cuidados do pesquisador, hoje professor da Faculdade de Comunicação da UnB, foi o de chamar a atenção para a existência de duas categorias de jornalismo: a do jornalismo investigativo (autônomo) e o «jornalismo sobre investigações», quando as «apurações» já vêm prontas. Foi dessa forma que se estabeleceu no jornalismo brasileiro uma espécie de imprensa-tribunal, que acusa e sentencia antes do próprio Judiciário.

É verdade que muitos crimes só recebiam como punição a exposição pública dos seus autores, tais as protelações, tecnicalidades e artifícios bem elaborados pelos advogados. E este foi um dos motivos que levou o Supremo Tribunal Federal brasileiro a aprovar a condenação de réus já em segunda instância de recursos. Houve um caso de um político de Brasília acusado de prática de corrupção desde os anos noventa, mas que só foi parar na prisão depois de duas décadas de tramitação do processo. E ainda se descobriu que ele, antes de virar detento, encontrou uma forma de promover reformas na ala em que permaneceria «encarcerado». Em outros casos, nem sequer houve cadeia, pois as acusações prescreveram enquanto os processos tramitavam.

Parte da reserva técnica, ou melhor, da reserva ética, em benefício do jornalismo brasileiro se deve à prática contínua da leitura crítica (*media watching*) exercida por diferentes modalidades de análise, destacando-se, de longe, a organização não-governamental *Observatório da Imprensa*, criado em 1996 por um dos mais renomados jornalista brasileiros, Alberto Dines (nascido em 1932), e liderado por ele com apoio de uma pequena equipe de *freelancers* e editores, mas, sobretudo, contando com a participação de articulistas voluntários. Destaque-se que os primórdios desse «cão de guarda» remontam ao tempo em que Dines atuou em Portugal. Posteriormente, ele aprimorou o projeto com apoio da Universidade de Campinas, contando também com o suporte de uns poucos patrocínios. Inicialmente impresso, o *Observatório da Imprensa* migrou para a TV (1996), para a internet (1998), onde se mantém, e para o rádio. No momento, a mais longa e bem-sucedida experiência brasileira de leitura crítica da mídia passa por problemas de sustentabilidade e pelo desafio do próprio Dines em se manter tão ativo com tão avançada idade.

Numerosas outras práticas de metalinguagem relacionadas à imprensa brasileira existiram e existem ainda, mas oscilando em altos e baixos e sempre dependendo de lideranças e estratégias de sobrevivência. Admiráveis pela resistência e persistência são, por exemplo, os coletivos Fórum Nacional pela Democratização da Comunicação (1990) e Intervozes (2003). Embora passando por dificuldades típicas, não se esgotou ainda a articulação denominada Rede Nacional de Observatórios de Imprensa (RENOI), de âmbito acadêmico, conectando numerosos projetos de pesquisa e extensão, alguns já veteranos, como o são: o SOS-Imprensa, da UnB (1996); o Grupo de Pesquisa sobre o Cotidiano e Jornalismo (Grupecj), da Universidade Federal da Paraíba (2002); e o ObjETHOS (2009), da Universidade Federal de Santa Catarina. Incansável tem sido outro veterano em *media criticism*, o professor Laurindo Leal, da USP, com o seu programa *Ver TV* (2006). Seria por demais enumerativo incluir todas as valorosas experiências brasileiras de observação, pesquisa, extensão e utilidade pública que ilustraram nas últimas décadas esse tipo de fortuna crítica, mas a deselegância seria ainda maior se não fosse mencionada a longa marcha da campanha «Ética na TV» (2002) da Comissão de Direitos Humanos da Câmara dos Deputados, liderada pelo ex-deputado Orlando Fantazzini, que manteve um disque e um sítio de internet abertos ao público e cujo lema é inesquecível: «Quem financia a baixaria é contra a cidadania». Em dado momento, essa lógica foi determinante para que anunciantes estatais retirassem o patrocínio a programas de

TV que exploravam conteúdos de entretenimento questionável e ofensivo aos direitos humanos.

6. Conclusão

Não se pode concluir sem o registro de que as faculdades, centros universitários e universidades brasileiras, públicas e privadas, universalizaram a oferta de disciplinas curriculares voltadas para a ética, ora de forma mais abrangente (Ética na Comunicação; Ética e Legislação dos Meios de Comunicação e, por último, Ética e Jornalismo), ora associando matérias expositivas interligadas com iniciação científica, projetos voltados para a comunidade e eventos organizados especificamente para debater a qualidade do jornalismo que se pratica no Brasil.

Ao longo das últimas seis décadas, há indicadores claros de mudanças estruturais no jornalismo brasileiro e é indiscutível a contribuição de dois fatores, entre muitos, que precisam ser destacados: a consolidação do jornalismo como uma atividade profissional – a despeito de instabilidades e polêmicas institucionais (importância ou não do diploma) – e a consolidação do jornalismo como uma formação cujo principal garante passou a ser a base acadêmica dos cursos de Comunicação, agora na fase de implantação de currículos específicos de Jornalismo.

Por fim, é possível deduzir que também houve mudanças estruturais nos padrões éticos, para melhor, e em função das quais apontamos três fatores: a cultura organizacional das empresas incorporou, década a década, graus de consciência em matéria de decoro e responsabilidade profissional; os códigos de ética foram se aperfeiçoando e, por analogia, pode-se afirmar que são uma referência obrigatória, embora pouco consultada; cursos de jornalismo, desdenhados quando surgiram na década de sessenta, afirmaram-se como a principal trajetória na formação do jornalismo. Lamentavelmente, o mercado de trabalho para jornalistas não adquiriu as dimensões correspondentes ao crescimento do Brasil e não tem, sobretudo, depois de crises econômicas alternadas, como abrigar contingentes egressos de centenas de cursos, nem sempre à altura das mutações tecnológicas da profissão. O saldo é positivo, mas distante de ser considerado satisfatório.

Leituras recomendadas

Bucci, Eugênio, *Sobre Ética e Imprensa*, São Paulo, Companhia das Letras, 2000.

Bucci, Eugênio, «Profissões Diferentes Requerem Códigos de Ética Diferentes», *in*: *Observatório da Imprensa*, São Paulo, edição 397, 05/092006. Disponível em: http://observatoriodaimprensa.com.br/jornal-de-debates/profissoes-diferentes-requerem-codigos-de-etica-diferentes/.

Christofoletti, Rogério & Motta, Luiz (org.), *Observatórios de Mídia: Olhares da Cidadania*, São Paulo, Paulus, 2008.

Conti, Mario, *Notícias do Planalto*. Companhia das Letras, São Paulo, 1999.

Fenaj, *Código de Ética dos Jornalistas Brasileiros*, Brasília, 2007. Disponível em: www.fenaj.org.br.

Karam, Francisco & Lima, Samuel (org.), *Jornalismo, Crítica e Ética*, Florianópolis, Insular, 2016.

Mendonça Jorge, Thaïs (org.), *Análise de Conteúdo no Jornalismo*, Florianópolis, Insular, 2015.

Pereira, Fábio, Moura, Dione & Adghirni, Zélia (org.), *Jornalismo e Sociedade*, Florianópolis, Insular, 2012.

Sant'Anna, Francisco, *Mídia das Fontes*, Brasília, Senado Federal, 2009.

Silva, Luiz Martins da, «Informação e Mudança: Repensando os Conceitos de Comunicação e Processo na Comunicação Social», *in*: Freitas, Luiz & Moraes, Ângela (org.), *Cidadania Comunicacional: Teoria, Epistemologia e Pesquisa*, Goiânia, FIC/UFG, vol. 1, 2016.

SILVA, Luiz Martins da & PAULINO, Fernando, «SOS-Imprensa: Da Vitimologia à Literacia, 20 Anos de Experiências de Ética e Comunicação», in: Anais do XIII Congresso da Associação Latino-Americana de Investigadores da Comunicação (Alaic), Cidade do México, 2016 (versão online).

SILVA, Luiz Martins da & PAULINO, Fernando, «Perspectivas de Ensino para Ética na Comunicação», in: *11.º Encontro Nacional de Pesquisadores em Jornalismo*, Brasília, UnB, Sociedade Brasileira de Pesquisadores em Jornalismo (SBPJor), 2013.

SODRÉ, N. W., *História da Imprensa no Brasil*, Rio de Janeiro, Civilização Brasileira, 1966.

MOREIRA, Manoel, *Do Partidarismo à Informação: As Mudanças Estruturais no Jornalismo Brasileiro e a Formação dos Impérios Midiáticos*. Tese de pós-graduação. Brasília, Programa de Pós-Graduação em Comunicação da Universidade de Brasília (UnB), 2015. Disponível em: http://repositorio.unb.br/bitstream/10482/19110/1/2015_ManoelHenriqueTavaresMoreira.pdf.

MOREIRA, Manoel & SILVA, Luiz Martins da, «A ABI e a Construção da Identidade Profissional dos Jornalistas Brasileiros», *Universitas: Arquitetura e Comunicação Social*, 13: 60–65, 2016.